학대와 방임

윤명길

창지사

머리말

우리나라가 산업화되어 감에 따라 전통가족주의 구조 또한 핵가족화 등으로 변화되어 왔다. 특히 가족지원체계는 아동의 건전한 성장과 가장 밀접한 관련을 갖고 있다. 하지만, 중요한 가족구조가 부부 중심적인 핵가족화로 제도화되면서 아동양육에 대한 가치관이 변화하고, 부모 역할에 대하여 최선을 다하지 못하는 부모와 올바른 가정을 유지하지 못하여 이혼함으로써 자녀를 또는 부모를 방임하거나 정서학대, 성적 학대, 신체학대를 가하는 사례가 점차 증가하고 있다.

이 문제는 일반가정에서 성장하고 있는 아동도 예외는 아니다. 일반 아동의 경우에도 성격 및 정서장애, 유기, 학대 등의 문제를 다양하게 표출하는데, 그중에서도 아동학대는 가정, 학교, 시설, 사회 등 다양한 곳에서 발생할 수 있으나 가장 근원적이며 지속적인 학대가 아동이 속해 있는 가정에서 주로 부모에 의해 이루어지는 점이 가장 큰 문제이다.

우리나라의 경우 물질적 생활수준의 향상과 보건 및 교육 여건의 개선에도 불구하고 급격한 산업화의 역기능과 사회 특유의 문화적인 배경에 의해 실질적으로 드러나지 않은 대다수의 아동이 가정과 학교, 사회로부터 신체적 학대와 심리·정서적 학대를 당하는 실정이다.

아동은 자신을 스스로 보호하거나 상황을 판단하여 문제를 해결하는 능력이 없기 때문에 부모의 학대에 대해 표현하거나 도움을 요청하지 못한다. 따라서 가정 내의 아동학대는 외부로 잘 노출되지 않고 있으며, 신고가 없을 경우 아동학대의 치료나 예방을 위한 개입은 불가능한 실정이다. 아동학대 및 방임에 대해 효과적인 행동을 취하기 위해서는 무엇보다도 학대받고 방임된 아동에 대한 확인이 먼저 시작되어야 한다.

보건복지부에 따르면 보호조치 아동 수는 현재 4,121명이다. '보호조치'란 보호가 필요한 아동을 원가정 대신 보육원이나 그룹홈, 입양가정 등에서 돌보는 것을 말한다.

저자는 이 책에서 아동뿐 아니라 앞으로 노인세대가 더욱 증가할 고령화 사회에서 노년의 삶을 가능한 한 행복한 삶으로 만들기 위하여 자기방임 노인의 문제를 보다 심도 있게 노인학대 관점, 불결의 문제로 보는 관점, 의사결정 능력의 제한 문제로 바라보는 관점 등으로 살펴보았다.

학대와 방임은 방대한 내용이지만, 이 책은 총 8장으로 목차를 구성하였으며 학대의 개요와 아동학대, 학대와 청소년문제, 가정폭력, 노인학대, 여성학대와 폭력, 장애인학대, 방임으로 이야기를 구성해 나갔다. 넘치는 의욕과 열정으로 시작하였으나 집필 후의 소감은 항상 아쉬움이 많이 남는다.

앞으로 부족한 부분을 보완해 드릴 것을 약속하며 많은 조언과 관심을 부탁드린다. 마지막으로 출판을 맡아 수고해 주신 도서출판 창지사의 편집부와 모든 분들의 노고에 진심으로 감사드린다.

2020년 2월

윤명길 올림

차 례

표 차례

01
CHAPTER

학대의 개요

1 학대의 개요

얼마 전 뉴스에 아들이 부모를 학대한 소식이 흘러나왔던 것이 생각난다. 저자는 고령자 학대를 고령자에게 타인이 해를 가하거나 위협하는 행위로 인지하고 있었는데, 타인이 아닌 친자식이 부모에게 학대행위를 한다는 것에 놀라움을 감출 수가 없었다.

우리 사회에서 학대받는 대상은 고령자만이 아니다. 특히 아동에 대한 학대는 심각한 사회문제로 볼 수 있다.

글을 쓰는 이 순간, 점차 잊혀져 가는 사건 하나가 문득 떠오른다. 2013년 대한민국 사회를 떠들썩하게 만든 '울산계모 사건'이다. 8살 의붓딸이 친구들과 소풍에 가고 싶다는 말을 했다는 이유로 계모가 아이의 머리와 가슴을 주먹과 발로 때려 갈비뼈 16개가 부러지고 그 뼈가 폐를 찔러 숨지게 한 사건이다. 당시 우리를 더 놀라게 한 것은 계모가 딸을 학대한 사실을 알았음에도 오랫동안 묵인하고 침묵한 친부의 모습이었다. 이들은 1심에서 각각 징역 10년과 15년 형을 선고받고, 현재 항소심이 진행 중이다. 두 아이의 죽음 후 국회에서 통과된 「아동학대범죄특례법」은 2014년 9월 29일부터 시행되었지만 실효성이 없다는 지적을 받았다(배혜경, 2014. 9. 17). 이후 「아동학대범죄의 처벌 등에 관한 특례법(아동학대처벌법)」이 2019년 7월 16일 시행되었다. 이 사건으로 인해 사회에서는 아동학대와 방임의 심각성에 대해 관심을 가지게 되었지만, 시간이 흐르자 그 관심은 금방 사라졌다.

2018년 4월경 아동방임에 관한 기사가 올라왔다. 20대 부부가 게임에 빠져 3형제를 방임한 것이다. 이 부부는 게임중독으로 이제 갓 2살 된 장남과 생후 15개월 된 쌍둥이를 방임하고 매일 PC방에서 4시간씩 게임을 했다. 또한, 아이들이 울어도 분유와 모유, 밥을 주지 않았으며 예방접종도 하지 않았다.

아이들은 영양실조가 질병으로 그냥 방치된 상태로 발견되었다. 만약 조금이라도 늦게 알았다면 모두 싸늘한 주검이 되었을 것이다. 이 부부는 아이들은 방치해 두고 계속해서 PC방에서 자신들이 좋아하는 컴퓨터 게임을 했다. 이는 3형제를 하나의 생명이자 인격으로 생각하지 않고, 부모로의 의무도 버린 것이다. 이러한 부모와 아동이 우리 주변 가까이에 있을 수 있다.

본서를 집필하던 2019년 11월 인터넷에 신생아를 학대하는 산후도우미의 모습이 담긴 동영상이 올라왔다. 이 동영상은 당시 실시간 검색어 1위를 하며 많은 사람이 보게 되었다. 이와 관련하여 11월 8일 청와대 국민청원 게시판에는 "정부 지원 산후도우미로부터 20여 일 가까이 지옥 같은 고통을 받아 죽을 뻔한 아이를 제발 도와 달라."고 호소하는 글이 올라왔다. "말도 못 하고 아무런 감정 표현도 할 수 없었던 아기가 건장한 어른의 손에 내동댕이쳐지고, 여러 차례 손찌검을 당하고 몸이 뒤집히는 등 잔혹한 폭행을 당했다."라고 하며, 이 산후도우미는 '아기가 잠을 제때 자지 않고 딸꾹질을 해 자신을 힘들게 한다.'는 이유로 아이에게 잔혹한 행동을 했다고 설명하였다.

서울시의회 김소양 의원이 서울시로부터 제출받은 자료에 따르면, 여성가족부는 아동학대 예방교육을 연 1회에서 2회로 확대하는 등의 대책을 내놓았다고 한다. 그러나 실제로는 당사자인 아이돌보미가 아닌 서비스 제공기관의 실무자를 대상으로 하는 교육만 2회 실시된 것으로 파악됐다.

자료에 따르면 2019년 9월 말 현재 활동 중인 3,492명 아이돌보미 중 신규양성교육을 받은 돌보미는 단 107명이다. 보수교육(補修教育)은 262명으로 밝혀졌으며, 아동학대 예방교육을 받은 아이돌보미는 극히 일부로 보인다.

정부는 아동학대 사례가 발견된 아이돌보미 자격정지 기간을 6개월에서 1년으로 늘릴 계획을 발표했다. 당초 자격정지 기간을 2년으로 늘리는 관련 법 개정안을 내놨지만, 국회 처리가 지연되면서 시행규칙 개정 범위 내에서 먼저 할 수 있는 조치를 하겠다는 방침이다.

여성가족부는 「아이돌봄 지원법 시행규칙」 일부 개정령안을 준비 중이다. 주요 개정내용은 아이돌보미 자격정지 사유별 정지 기간을 현재 '3개월 또는 6개월'에서 '6개월 또는 1년'으로 확대하는 것이다. 「아이돌봄 지원법」은 아이에 대한 폭행, 상해 등 사유에 따라 1년 이내 범위에서 여성가족부령으로 아이돌보미 자격을 정지할 수 있도록 규정하고 있는데, 시행규칙에서는 자격정지 기간을 최대 6개월로 정하고 있다.

현재 여성가족부가 준비 중인 시행규칙 개정안에 따르면, 아이의 신체에 폭행을 가하거나 상해를 입힌 경우, 아이를 유기하거나 의식주를 포함한 기본적 보호를 소홀히 한 경우, 아이의 주거지에서 절도 등 불법행위를 한 경우, 아이돌보미가 업무수행 중 고의나 중대한 과실로 아이 또는 보호자에게 신체상 또는 재산상 손해를 입힌 경우에는 아이돌보미 자격정지 기간이 6개월에서 1년으로 늘어난다. 또한, 영리를 목적으로 보호자에게 불필요한 서비스를 알선·유인하거나 이를 조장한 경우 자격정지 기간은 3개월에서 6개월로 확대된다. 단, 보수교육을 연속하여 3회 이상 받지 않은 경우 자격정지 기간은 3개월로 유지될 전망이다.

2 학대의 개념 및 특성

1) 학대의 개념

학대는 아동의 건강한 성장과 발달을 위협하며 이후 성인기의 삶에도 부정적인 영향을 미치고 아동 자신은 물론 가족과 사회, 국가의 안녕에도 심각한 결과를 초래하기 때문에 우리나라는 물론 세계적으로도 심각한 사회문제로 간주되고 있다.

학대의 개념은 대상과 특별한 관계에 있는 자 등이 대상에게 불필요한 고통을 주거나 가혹하게 대우하는 형태를 말한다. 종종 욕설(abuse)이나 방치(neglect)라는 일반적인 용어로 사용되기도 한다. 대개 학대의 대상은 노약자나 어린이 등 심신이 연약한 사람이다. 학대의 형태는 의도적으로 물리적인 힘으로 신체에 상해나 통증을 가하는 신체학대가 있고, 공갈·모욕·위압 등 언어 또는 비언어적 수단으로 정서와 심리적인 고통을 의도적으로 유발하는 정서·심리학대가 있다. 그리고 의도적 또는 결과적으로 양육이나 치료 제공자가 양육과 치료 의무를 하지 않는 방임이 있으며, 허가 없이 대상의 금전, 재산, 기타 소지품을 빼앗는 금전적·물리적 착취가 있다. 또한, 본인과의 합의 없이 성적 접촉을 강요하는 성학대가 있다(네이버 백과사전).

1999년 세계보건기구는 아동학대를 "양육과 보호에 책임을 지고 있거나 신뢰 관계, 권위를 가진 사람에 의한 모든 형태의 신체·정서적으로 가혹한 처사, 성적 학대, 방임 또는 비보호와 태만으로 상업적이거나 건강, 생존과 발달 및 존엄성에 해가 되는 것과 그러한 가능성을 초래하는 것"으로 아동·청소년 발달의 모든 영역에 관련된다고 보고하였다.

우리나라는 2000년 「아동복지법」을 개정하고 전국에 아동보호전문기관을 설치하여 국가적으로 아동학대의 조기 발견과 개입에 노력해 왔으나 경제적인 어려움이나 가족해체 등으로 인해 아동학대 피해 사례는 해마다 증가하는 추세이다. 아동보호전문기관에서 피해아동을 보호한 사례는 2001년 2,015건에서 2012년 6,403건으로 지난 12년 동안 4,388건이 증가한 것으로 나타났다(보건복지부·중앙아동보호전문기관, 2013).

더 큰 문제는 재학대문제로, 재학대 신고 사례는 2012년의 경우 최초 사례가 종결된 이후 1년이 지난 시점에 다시 학대가 발생한 사례가 전체 재학대 신고 사례의 67.7%를 차지하므로, 재학대 발생 예방을 위하여 지역사회의 관심과 지원이 지속적으로 필요하다. 특히 아동에 대한 학대는 아동에게 신체적, 정신적으로 고통을 주기도 하지만, 위축, 불안, 우울, 공격성, 과잉행동, 비행 등과 같은 문제행동을 포함하여 심리사회적 적응에 부정적인 영향을 미친다(김광혁, 2009a; 정익중, 2008).

2018년 아동보호전문기관에서 집계된 아동학대 전체 신고접수 건수는 36,417건으로 전년 대비 약 6.6% 증가했다. 이 중 응급아동학대 의심사례는 1,187건, 아동학대 의심사례는 32,345건으로 총 아동학대 의심사례는 전체 신고접수의 92.1%로 나타났으며 이외 동일신고는 420건(1.2%), 일반상담은 2,464건(6.8%)이었다.

〈표 1-1〉 신고접수 건수

(단위: 건, %)

아동학대 의심사례			동일 신고	일반 상담	해외 발생 사례	계
응급아동학대 의심사례	아동학대 의심사례	소계				
1,187 (3.3)	32,345 (88.8)	33,532 (92.1)	420 (1.2)	2,464 (6.8)	1 (0.0)	36,417 (100.0)

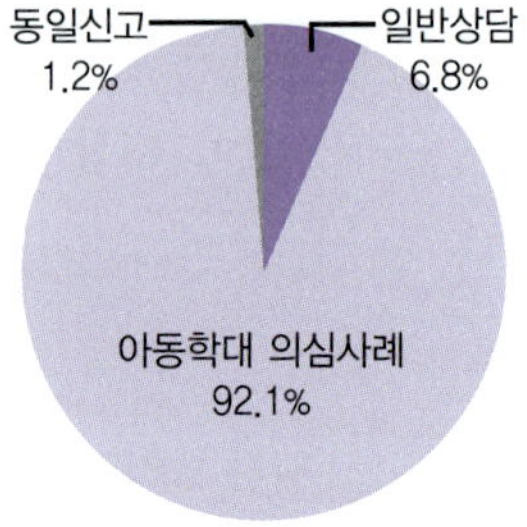

출처: 보건복지부·아동보호전문기관(2019). 2018 아동학대 주요통계, p. 11.

(1) 광의의 개념

학대는 넓은 의미로 자유를 박탈하는 행위, 아동·청소년의 성장과 발달을 저해하는 행위, 방임의 조건과 제도를 모두 포함하여 가정 내에서뿐 아니라 사회제도, 환경에서 행해지는 모든 범위를 포함한다(김혁돈·손지아, 2018). 이는 건강 및 복지를 해치는 행위가 아동·청소년의 발달상 욕구충족에 실패한 모든 환경을 학대로 보고 신체학대, 정서학대, 성학대, 방임(유기)을 포함하여 현재 저해하는 모든 영역상의 손상을 의미하고 있다(도미향 외, 2018).

(2) 협의의 개념

협의의 개념으로 학대는 비신체적 학대의 규정과 범위보다 용이하고 외관적 검증에 의존하여 법적 증거자료 제출 및 학대에 대한 사후처리 개입이 편리하나, 학대에 대한 판정 과정에서의 행위자 처벌에 대한 모호한 점이 많아 보호체계의 운용이 단순화될 수 있으며, 비신체적 학대를 포괄하지 못하여 고의적인 것과 우발적인 것을 구분하는 데 문제를 가져올 수 있다(이세원, 2018).

「아동복지법」 제3조 제7호에서는 아동학대를 "보호자를 포함한 성인에 의하여 아동의 복지를 해치거나 정상적 발달을 저해할 수 있는 신체적·정신적·성적 폭력 혹은 가혹행위로 보호자에 의하여 이루어지는 방임 및 유기"라고 규정하였다. 즉,

아동에 대한 신체적 가해행위뿐 아니라 정서학대, 언어 폭력, 성적인 괴롭힘 등으로 아동의 발달을 저해하는 환경, 부모의 불화, 애정결핍, 가정폭력의 노출도 해당되며, 나아가 아동의 권리 침해까지 포함하게 된다.

(3) 학대의 분류

「아동복지법」에서는 보호자를 포함한 성인이 건강과 복지를 해치거나 정상적 발달을 저해할 수 있는 행위를 학대라고 명시하고 있다. 유형을 살펴보면 「아동복지법」 제3조 제7호에서는 신체학대, 정서학대, 성학대, 방임 및 유기의 네 가지 유형으로 분류한다.

① 신체학대

신체학대는 보호자뿐만 아니라 성인이 영유아, 아동, 청소년에게 고의적으로 신체적 손상을 입히거나 신체적 손상을 입도록 허용한 모든 행위를 말하며 생후 36개월 이하의 영아에게 가해진 체벌은 이유를 막론하고 모두 신체학대에 해당된다.

박재연(2010)은 폭력으로부터 안전하게 보호받을 수 있는 권리와 보호로 부모의 역할에 대한 중요성을 강조하고 있으며, 자녀를 자신의 소유물로 생각하고 양육, 보호한다는 명목 아래 체벌을 가하거나 자녀의 전반적인 발달에 무관심하고 거부적인 태도는 인권 침해로 학대에 해당됨을 강조하고 있다.

신체학대의 예

- 손이나 발 등으로 때리거나 꼬집고 물어뜯거나 조르고 비틀어서 할퀴는 행위 등 직접적으로 신체에 가해지는 행위
- 도구로 때리거나 흉기 및 바늘이나 포크, 이쑤시개 같은 뾰족한 도구로 신체에 손상을 주는 행위
- 힘을 사용하여 강하게 흔들거나 신체 부위를 묶거나 벽에 밀어붙이는 행위, 약물이나 화학물질로 신체에 해를 입히거나 화상을 입히는 행위 등

출처: 보건복지부 · 중앙아동보호전문기관(2017).

② 정서학대

정서학대란 보호자를 포함한 성인이 영유아, 아동, 청소년의 건강 또는 복지를 해치거나 정상적 발달을 저해할 수 있는 정신적 폭력 또는 가혹한 행위를 하는 것으로 부모를 포함한 성인이 아동에게 행하는 언어적 모욕, 정서적 위협 또는 감금이나 억제를 비롯한 가해적인 행동을 말하며 언어학대, 정신적인 학대, 심리적인 학대가 이에 포함된다(보건복지부 · 중앙아동보호전문기관, 2017).

윤혜미(1997)는 모든 측면에서 정상적 발달을 저해하는 실질적인 가혹 및 폭력행위를 포함하고, 눈에 보이는 좁은 의미의 학대뿐만 아니라 정서적 방임과 같이 겉으로 드러나기 쉽지 않은 학대의 의미까지 포함한다. 또한, 잠재적인 가능성을 가진 영유아, 아동, 청소년의 정상적인 성장을 방해하고 부정적인 상호작용으로 부당하고, 부적절한 발달 환경을 학대의 개념으로 설명하고 있다(보건복지부 · 중앙아동보호전문기관, 2017).

정서학대는 눈에 보이지 않고 그 결과가 당장 나타나지 않기 때문에 그 후유증을 모르는 채 지나칠 수도 있다는 점에서 문제의 심각성이 있으며 국가형벌권 행사의 대상이라기보다는 행위자와 아동과의 정서적 교감을 향상시킨다든가 심리적 치료를 우선해야 할 사안이다(김혜경, 2001).

정서학대의 예

- 원망적, 거부적, 적대적, 경멸적인 내용이 있는 언어를 사용하는 행위
- 일부러 잠을 재우지 않는 행위, 연령에 상관없이 벌거벗겨 내쫓는 행위, 형제나 친구 등과 비교하고 편애하며 차별을 하는 행위
- 가족 안에서 감정 등을 무시하거나 모욕을 주는 행위
- 부부싸움을 하거나 배우자를 때리는 행위
- 가정폭력을 자주 목격하도록 하는 행위
- 버리겠다고 협박하거나 짐을 싸서 집 밖으로 쫓아내는 행위
- 미성년자가 출입할 수 없는 업소에 데리고 다니거나 미성년자에게 또 다른 학대를 강요하는 행위
- 보호자의 종교를 강요하는 행동, 연령에 부적절하고 과도한 일을 시키는 행위 등

출처: 보건복지부 · 중앙아동보호전문기관(2017).

③ 성학대

마지막으로, 성학대란 보호자를 포함한 성인이 자신의 성적인 만족을 위해서 영유아, 아동, 청소년의 정상적인 발달을 저해할 수 있는 성적 폭력 등의 가혹행위를 하는 것을 성학대로 정의하고 있다(보건복지부 · 중앙아동보호전문기관, 2017). 또한, 성인의 성적인 신체 부위 접촉, 성관계 맺기 등 사회적인 금기에 위배되는 성적인 활동을 하는 것을 성학대라고 한다.

성학대의 예

- 성학대의 행위를 관음적 행위나 성관계 장면을 노출시키는 행위, 옷을 다 벗거나 성기 노출 또는 자위행위, 음란물을 노출시키는 행위
- 자신의 성적 만족을 위해서 영유아, 아동, 청소년을 살펴보거나 성적인 노출을 하는 행위
- 구강성교, 항문성교, 성기삽입을 하는 행위, 성매매를 시키는 행위 등
- 성학대는 보고가 잘 되지 않는 학대 유형에 속하는데, 그 이유로는 성학대를 증명하기가 어렵고, 진술에 신빙성이 떨어지며, 친인척의 성학대의 경우에는 다른 가족 구성원이 진술하지 않는 경우가 많아 사실을 알리지 못하게 하는 분위기가 팽배하기 때문이다.
- 성학대는 조기발견이 어려우며 발견이 늦어지는 관계로 대처 및 해결에 어려움이 따른다.

출처: 보건복지부 · 중앙아동보호전문기관(2017).

이상과 같은 국내외 학자의 학대에 관한 경험적 연구 개념을 정리하면 다음과 같다〈표 1-2〉.

〈표 1-2〉 국내외 학자의 학대에 관한 경험적 연구 개념

연구자	연도	학대의 개념
Gil	1975	개인, 가정, 제도, 사회에서 가해지는 부정적 행위로 아동의 평등과 권리를 박탈하거나 아동의 자유를 억압함으로 성장·발달을 저해하는 모든 행위를 의미함.
Lau와 Wong	1999	신체적·심리적·물질적 학대, 권리와 자유의 침해 등으로 구분하여 학대를 설명함.
Hildyard	2007	부모 또는 주 양육자가 일시적 혹은 지속적으로 아동을 보호하지 않는 행위로 신체적 학대, 정서적 학대, 성학대로 구분하여 학대를 정의함.
Kazemian 외	2001	노동의 착취·유해하거나 불건전한 환경에 노출 등과 정서적인 학대, 성적인 학대, 신체적인 학대 등의 포괄적 개념으로 정리함.
주영희	1984	아동을 돌보는 부모나 양육자의 의도성 여부와 신체적 체벌을 포함하여 아동의 적절한 발달을 저해하는 모든 행위를 학대로 설명함.
신영희	1986	부모나 양육에 책임이 있는 성인이 아동의 적절한 발달을 저해하는 적극적인 행위로서 가벼운 형태의 학대행위부터 정도가 심한 행위까지 포함하는 연속체 모형으로 정의함.
이소희	1988	아동 개인의 특성과 아동의 보호를 책임진 부모, 가족, 사회 등의 물리적 환경과의 관계에서 신체적·인지적·정서적 발달에 역기능적(부정적) 손상을 주는 것을 의미함.
허남순	1993	아동을 보호할 책임이 있는 부모, 보호자, 사회, 제도가 성장·발달을 저해하는 부정적 행위를 가져오는 상황에 처하도록 방치하는 모든 행위를 말함.
이현순	2014	아동의 신체적, 정신적, 성적인 모든 측면에서 정상적 발달을 저해하는 실질적인 가혹·폭력행위 등을 학대로 정의함.
장휘숙	2014	미시체계에 속하는 가정은 아동의 발달에 직·간접적인 영향으로 전인적 발달을 도모해야 하지만 발달을 해치는 모든 행위 의미함.
허진아	2017	부모가 자녀에게 가한 폭력행위 등의 결과로 적극적인 학대행위인 신체학대, 정서학대뿐만 아니라 소극적인 행위인 방치를 포함함.
정한나	2017	부모 또는 주 양육자가 아동, 청소년을 해치고자 하는 의도를 갖고 행하는 공격적·계획적·적대적인 행동으로 금지된 언행을 아동, 청소년에게 가하는 행위를 말함.

출처: 박은실(2019).

3 학대로 인한 징후

학대는 적극적 가해 행위로 "행하지 말아야 할 것을 행하는 행위"이며 환경적 위협이나 부정적 반응이 '가해지는(acts of commision) 속성'을 의미한다(신민정 · 최지영, 2015).

첫째, 신체학대로 인한 징후는 정신지체 및 언어장애와 발달지연과 관련된 중추신경계장애, 과잉충동성과 운동성, 자아기능의 손상, 신체적 위협으로 인한 심리적 충격을 느끼는 증상이다(윤혜진, 2008).

둘째, 정서학대로 인한 징후는 자아존중감에 대한 욕구결핍과 아동의 정서적 발달의 훼손이다. 특히 정서적 학대 경험이 있는 아동은 감정이 풍부하지 못하고 의욕과 자신감이 부족한 편이다(김광혁, 2009). 또한, 모든 유형의 아동학대의 부정적 결과는 시간이 경과된 이후에 일반적으로는 정서적인 것으로 나타나기 때문에 정서적 학대는 다른 학대보다 본질적인 것이다(윤혜진, 2008).

셋째, 성학대로 인한 징후는 성장한 후에도 심각한 영향을 미친다. 특히 가장 신뢰하고 믿고 의지하는 사람에 대한 불신, 성 의식의 왜곡 및 성적 정체감 등은 정상생활이 힘들게 하며 가족 내 성학대의 경우는 성적 학대당한 것을 '자신의 잘못'이라 자책하므로 후유증이 특히 심각하다.

성학대는 외부로 잘 노출되지 않는데, 이것은 가해자에 의한 협박과 성 문제에 대한 언급을 꺼리는 사회적인 분위기에 기인한다고 볼 수 있다(윤혜진, 2008; 이현순, 2014). 이와 같은 기반에 의거하여 신체학대로 인한 징후, 정서학대로 인한 징후, 성학대로 인한 징후를 정리하면 〈표 1-3〉과 같다.

〈표 1-3〉 신체학대, 정서학대, 성학대로 인한 징후

구분	학대
신체학대로 인한 징후	[설명하기 어려운 신체적 상흔] • 눈두덩에 나타나는 멍 자국, 목에 난 상처 • 골격 손상 및 관절의 부자연스러운 움직임 • 담뱃불 자국, 뜨거운 물에 데인 화상 자국 • 없어지거나 흔들리는 치아, 물린 자국 • 겨드랑이, 팔뚝 안쪽, 허벅지 안쪽 등 다치기 어려운 부위의 상처 • 스트레스에 의한 원형 탈모, 고막 파열, 사지골절 및 안구 출혈, 내부 장기 파열, 두뇌 손상, 사망 등
정서학대로 인한 징후	[행동장애(반사회적, 파괴적 행동장애)] • 공격적 행동, 과잉행동, 퇴행행동, 과도하게 타인의 눈치를 봄 • 주의가 산만하며 충동성과 인내심 부족으로 집중력이 결여된 상태 [실수에 대한 과잉반응] • 미숙한 정서 반응, 지나치게 수동적이거나 공격적인 성향, 불행이나 슬픔, 절망감 등에 의한 정서 불안 등 • 위축이나 우울, 공포, 낮은 자존감, 새로운 상황에 대한 두려움 등 • 등교 거부, 학습·학업 부진, 식욕 및 섭식장애, 흥분으로 인한 호흡곤란, 자해행동, 언어장애, 대인관계 기피로 인한 사회성 결여 등을 의미
성학대로 인한 징후	[성적 학대로 인한 신체적 징후] • 복부통증 및 생식기 항문의 가려움, 소변 시 통증 등 • 항문의 좌상 및 출혈, 성기 팽창, 성기 및 요로감염 • 곰팡이 감염 및 성병 외, 처녀막 파열, 임신과 낙태 • 만성적인 원인불명의 목쉼, 후두염, 작은 심인성 질환 • 속옷이 찢어지고 외음부의 상처로 피가 묻은 경우, 외관적인 피부나 옷 등에 정액이 묻은 경우, 걷거나 앉는 데 어려움을 호소하는 경우 등 [성적 학대로 인한 행동적 징후] • 갑작스러운 체중 감소 및 증가, 퇴행 및 자위행위의 증가, 성적 행동 표출, 부적절한 성적 행동 • 조숙한 성 놀이, 성과 관련된 그림 그리기, 또래 집단에 비해 해박한 성 지식, 음란용어 사용 등 • 자기 파괴적 행동, 집중도 결여, 불안감, 공포, 불신감, 분노와 적대감, 우울감, 죄의식, 수치심 등

출처: 보건복지부·아동보호전문기관(2017). 기존 연구 내용을 기반으로 연구자 정리·재인용.

함께 생각해 봅시다

01 아이돌보미 자격정지 사유별 정지 기간을 현재 '3개월 또는 6개월'에서 '6개월 또는 1년'으로 확대하는 것에 대해 이야기 나누어 봅시다.

02 학대로 인한 징후에 대해 생각해 봅시다.

03 신체학대, 정서학대, 성학대의 사례를 찾아 피해의 심각성에 대해 생각해 봅시다.

02

CHAPTER

아동학대

1 아동학대의 개요

우리 사회는 가부장제의 전통과 유교의 영향으로 가정 내에서는 자녀를 하나의 독립된 인격체로 보기보다는 부모의 가르침이나 양육을 받는 대상 혹은 부모의 소유물로 인식하였다. 이에 부모의 자녀에 대한 폭력은 훈육을 위해 필요한 것으로 여겨 별다른 문제가 되지 않았다.

가정 내에서 자녀에 대한 폭력이 발생해도 가족의 사적인 문제로 생각하여 다른 사람이나 사회적 개입이 바람직하지 않은 것으로 인식되어 왔다. 그러나 부모와 자녀 사이에 발생하는 자녀폭력의 문제는 피해자가 신체적·정서적으로 미성숙한 상태에 있는 어린 자녀로 자기방어의 능력이 없다는 점, 가해자가 신뢰하고 의존하는 보호자라는 점, 폭력의 결과가 자녀에게 부정적인 영향을 미치고 폭력사회를 조장한다는 점에서 문제의 심각성이 크다.

그러므로 아동학대 문제를 이제 가정만의 문제가 아니라 사회가 적극적으로 개입해야 할 사회문제로 인식하고, 적절한 대책방안을 세워야 할 것이다.

1) 아동학대의 개념

아동학대는 청소년의 심리사회적으로 건강한 성장과 발달을 저해할 뿐만 아니라 성인기의 삶에도 부정적인 영향을 미친다. 아동학대를 경험한 청소년은 가정폭력, 학교폭력, 사회폭력의 가해자로 역할 변환이 일어날 가능성이 크다.

자녀폭력이나 아동학대에 대한 명확한 개념은 아직 정립되어 있지는 않지만, Kempe(1962)에 의해 내려진 아동학대에 대한 가장 고전적인 정의는 "보호자에 의해 가해지는 심각한 손상"이다. 그리고 1991년의 유니세프 한국위원회가 정의한 내용은 "신체적 구타(폭력), 부적절한 취급(양육), 유기, 신체적·성적 착취나 가해 그리고 성적인 측면의 어느 한 부분 또는 그 이상에서 아동의 건강이나 복지를 위협하는 것"으로 정의하고 있다.

아동학대는 방임이 포함된 광의의 개념과 협의의 개념으로 구분하는데, 협의의 개념은 보호자나 돌보는 사람이 아동에게 위해를 가하는 눈에 보이고 두드러진 의도적 행위로서, 보통 신체학대와 동일한 의미로 쓰이는 것을 말한다. 광의의 개념은 아동의 보호자를 비롯한 아동을 돌보는 사람이나 주위의 환경이 아동의 적절한 발달을 저해할 가능성이 있거나 현재 저해하고 있는 것을 포함하는 내용을 말한다.

아동학대는 우울, 불안, 대인관계의 위축, 공격성 등 정서적으로 부정적인 결과를 초래하고, 이러한 요인은 청소년 비행이나 문제행동에 대한 위험요소가 된다(김경호, 2014).

「아동복지법」 제2조 제4호에서는 "아동학대라 함은 보호자를 포함한 성인에 의하여 아동의 건강·복지를 해치거나 정상적 발달을 저해할 수 있는 신체적·정신적·성적 폭력 또는 가혹행위 및 아동의 보호자에 의하여 이루어지는 유기와 방임을 말한다."라고 정의하고 있다.

아동학대는 아동의 복지나 아동의 잠정적인 발달을 위협하는 더 넓은 범위의 행위를 포함하므로 신체학대뿐만 아니라 정서학대, 언어폭력, 성적 괴롭힘, 방임, 아동의 발달을 저해하는 행위와 좁은 개념으로 폭행, 협박, 음란을 제외한 정신적·육체적 고통을 주는 일체의 행위를 말하는 것으로(배종대, 2010, p. 192) 정의한다.

즉, 학대는 학대 당시 피해아동에게 육체적·정신적인 고통을 수반하는 것에 그치지 않고 학대의 경험으로 인하여 장래에 정서장애, 신체장애, 행동장애 등의 여러 가지 장애요인을 유발할 가능성이 매우 크기 때문에 결코 가정의 문제로 치부하여 묵인하여서는 안 되며 사회 및 국가의 적극적인 개입이 요구된다.

2) 아동학대의 유형

이 장에서는 아동기부터 성인기에 이르기까지 영향을 미치는 외현화 문제행동 중에서 가장 대표적인 것인 아동학대의 유형에 대해 설명하고자 한다.

정익중(2008)은 빈곤아동 904명을 조사한 결과, 아동학대가 공격성에 영향을 미쳐 또래집단으로부터 소외를 초래한다고 보고하였다. 보건복지부와 숙명여자대학교 산학협력단(2011)의 연구에서는 저위험군 아동보다 고위험군 아동이 공격성이 높다고 보고한다.

아동학대에 관하여는 「아동복지법」 외에 「가정폭력범죄의 처벌 등에 관한 특례법」, 「성폭력범죄의 처벌 등에 관한 특례법」, 「청소년보호법」, 「아동 · 청소년의 성보호에 관한 법률」 등에서도 이를 규율하고 있다. 「아동복지법」은 아동학대 전반에 관한 사항을 규정하고 있고, 아동학대 예방과 피해자 보호 · 지원에 관한 업무 및 아동보호전문기관에 관한 업무는 보건복지부가 담당하고 있다. 다만, 아동학대범죄의 처벌과 절차에 관한 업무는 법무부가 담당한다. 따라서 아동학대 사건에 대하여 소관 부처가 능동적으로 대처하는 세부 유형은 ① 신체적 폭력, ② 정신적 폭력, ③ 성적 폭력, ④ 가혹행위, ⑤ 유기행위, ⑥ 방임행위로 규정하고 있지만, 실무에서는 ① 신체학대, ② 정서학대, ③ 성학대, ④ 방임 총 네 가지의 형태로 아동학대의 유형으로 분류하는 것이 일반이다.

〈표 2-1〉 아동학대의 세부적인 유형별 현황

(단위: %)

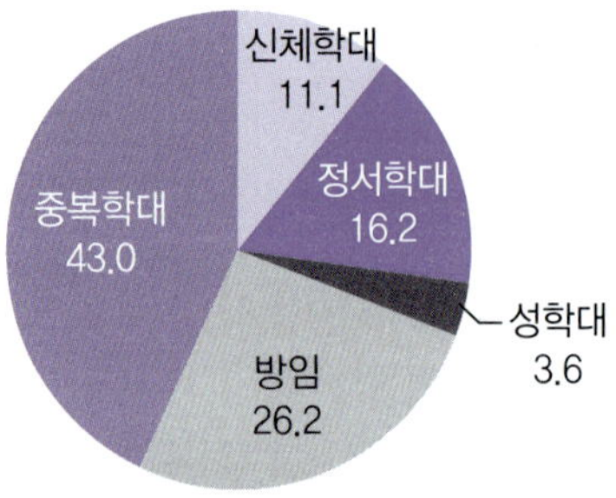

출처: 보건복지부 · 중앙아동보호전문기관(2014. 6). 2013 전국아동학대 현황보고서, p. 90.

유형		건수(비율)
신체학대		461 (7.2)
정서학대		936 (14.0)
성학대		278 (4.3)
방임		1,73 (26.8)
중복학대	신체학대, 정서학대	1,746 (27.3)
	신체학대, 성학대	23 (0.4)
	신체학대, 방임	134 (2.1)
	정서학대, 성학대	52 (0.8)
	정서학대, 방임	546 (8.5)
	성학대, 방임	7 (0.1)
	신체학대, 정서학대, 성학대	58 (0.9)
	신체학대, 정서학대, 방임	421 (6.0)
	신체학대, 성학대, 방임	2 (0.0)
	정서학대, 성학대, 방임	13 (0.2)
	신체학대, 정서학대, 성학대, 방임	13 (0.2)
계		6,403 (100.0)

출처: 보건복지부 · 중앙아동보호전문기관(2014). 2013 전국아동학대 현황보고서, p. 90.

3) 아동학대 사례 유형

어린 시절에 경험한 학대는 타인의 고통에 대한 무감각성을 가져올 수 있다. 그 근거로 최근의 각종 강력범죄를 저지른 범인 대부분이 어린 시절 아동학대를 당하는 등 불우한 어린 시절을 보냈다는 공통점을 가지고 있다는 분석이 있을 정도로 아동학대의 문제는 우리 사회를 이끌어 나갈 미래 세대에 관한 문제이기도 하다.

(1) 피해아동 성별

2018년 아동보호전문기관으로 신고접수된 사례 중 아동학대로 판단된 24,604건 중 여아가 12,737건(51.8%), 남아가 11,867건(48.2%)으로 여아가 약 3.6% 많은 것으로 나타났다.

〈표 2-2〉 피해아동 성별

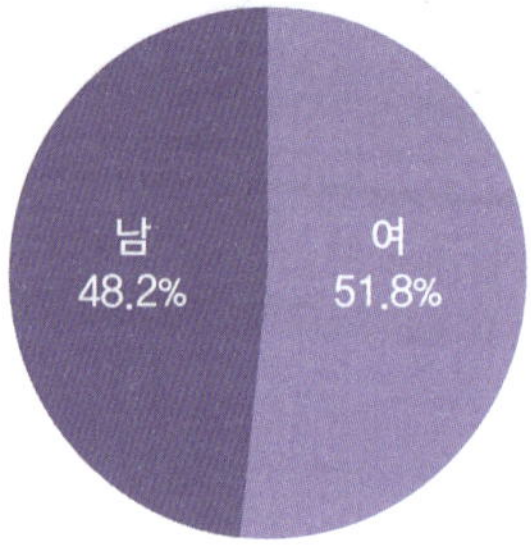

출처: 보건복지부 · 아동보호전문기관(2019). 2018 아동학대 주요통계, p. 19.

(2) 피해아동 연령

피해아동의 연령은 중학생에 해당하는 만 13~15세의 아동이 전체의 24.7%로 가장 큰 비중을 차지하였고, 그다음으로는 만 10~12세가 22.1%, 만 7~9세가 17.3%로 나타났다.

〈표 2-3〉 피해아동 연령

(단위: %)

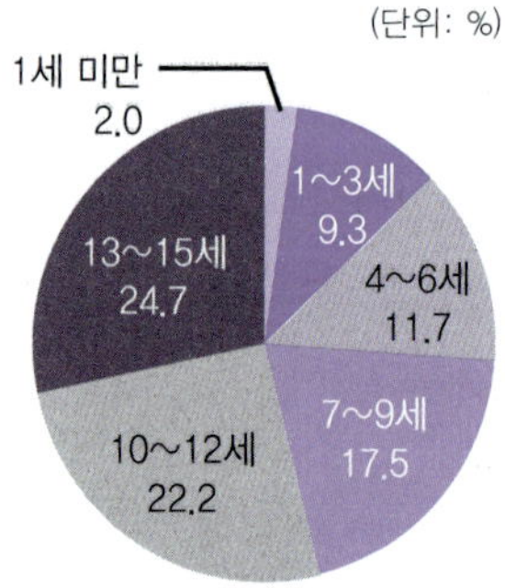

출처: 보건복지부 · 아동보호전문기관(2019). 2018 아동학대 주요통계, p. 20.

(3) 피해아동 가족 유형

아동학대 사례로 판단된 피해아동의 가족 유형의 경우, 친부모가족이 13,546건(55.1%), 친부모가족 외 형태는 8,682건(35.3%), 대리양육 형태는 258건(1.0%), 기타는 2,118건(8.6%) 순으로 나타났다.

〈표 2-4〉 피해아동 가족 유형

(단위: %)

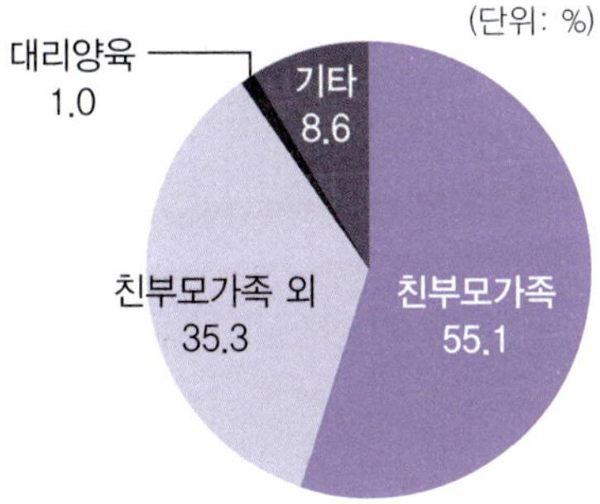

출처: 보건복지부·아동보호전문기관(2019). 2018 아동학대 주요통계, p. 20.

2018년 아동보호전문기관으로 신고접수된 사례 중 아동학대로 판단된 24,604건의 아동이 아동학대를 경험하고 있는 것으로 분석된다. 더 큰 문제는 피해아동의 학대후유증이 청소년의 학교폭력 등 사회문제로 이어질 수 있다는 점이다. 따라서 아동학대의 조기 발견 및 치료가 중요한 과제로 제기되어야 하며 신고의무자의 확대, 아동학대 예방 홍보 강화 및 모든 국민의 아동학대 예방에 대한 관심 및 인식이 증대되어야 한다.

(4) 학대행위자 연령

2018년 아동보호전문기관 조사 결과 학대행위자 연령은 40대가 11,065건(45.0%)으로 가장 많았으며, 30대 6,520건(26.5%), 50대 3,926건(16.0%), 20대 1,866건(7.6%), 60대 577건(2.3%), 70세 이상 245건(1.0%), 19세 이하 86건(0.3%)의 순으로 나타났다.

〈표 2-5〉 피해아동 학대행위자 연령

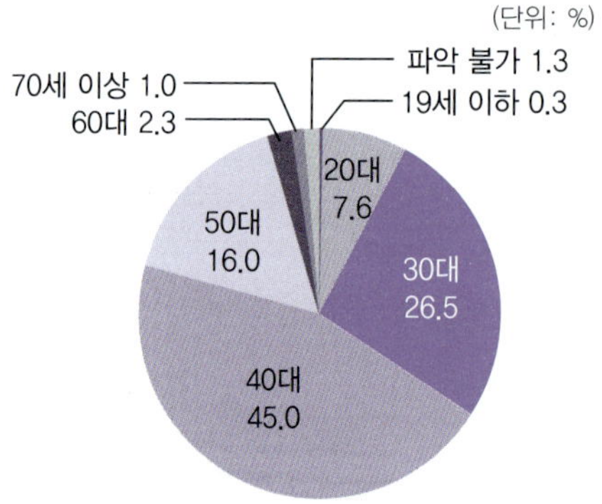

출처: 보건복지부 · 아동보호전문기관(2019). 2018 아동학대 주요통계, p. 22.

(5) 학대행위자와 피해아동과의 관계

2018년에 아동학대로 판단된 24,604건을 바탕으로 학대행위자와 피해아동과의 관계를 살펴본 결과, 부모 18,919건(76.9%), 대리양육자 3,906건(15.9%), 친인척 1,114건(4.5%), 기타 665건(2.7%) 순으로 나타났다. 부모에 의한 학대(76.9%)가 가장 높았으며, 그중 친부에 의해 발생한 사례가 10,747건(43.7%), 친모는 7,337건(29.8%), 계부 480건(2.0%), 계모 297건(1.2%) 순으로 높게 나타났다. 대리양육자 중에서는 초 · 중 · 고교 직원이 2,060건(8.4%)으로 가장 높았다.

〈표 2-6〉 학대행위자와 피해아동과의 관계

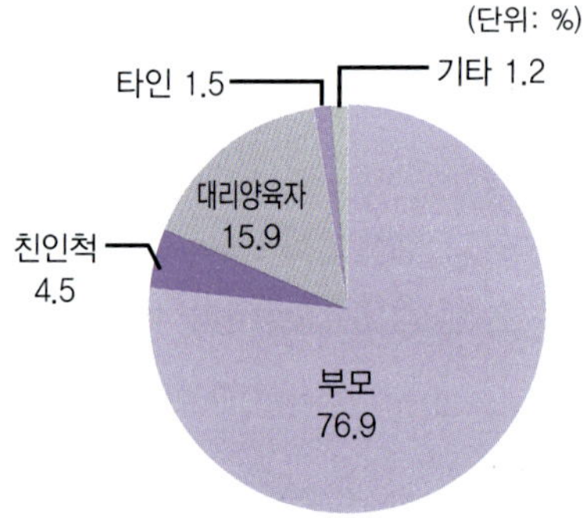

출처: 보건복지부 · 아동보호전문기관(2019). 2018 아동학대 주요통계, p. 24.

(6) 학대행위자 상황

2018년 아동학대로 판단된 24,604건을 바탕으로 학대행위자 상황 중 고소·고발 등 사건처리 결과를 제시하였다. 이는 고소·고발뿐 아니라 아동학대 사건에 대한 법적 조치를 진행한 경우를 포함하여 7,988건이다.

〈표 2-7〉 학대행위자 상황 (단위: 건)

아동학대 사례 건수	고소·고발 등 사건처리
24,604	7,988

아동학대 사례 유형별 학대행위자 상황 중 고소·고발 등 사건처리 결과의 경우 정서학대 5,334건(43.0%), 신체학대 4,624건(37.2%)의 순으로 높게 나타났다.

〈표 2-8〉 아동학대 사례 유형별 학대행위자 상황 (단위: 건, %)

구분	신체학대	정서학대	성학대	방임	계
고소·고발 등 사건처리	4,624 (37.2)	5,334 (43.0)	1,107 (8.9)	1,354 (10.9)	12,419 (100.0)

* 중복 포함

「아동학대처벌법」에 따른 조치 현황을 집계하였다. 2018년도 아동학대 사례는 24,604건이며, 이 중 2,290건(9.3%)이 「아동학대처벌법」으로 조치되었다.

〈표 2-9〉 「아동학대처벌법」 조치 사례 비율 (단위: 건, %)

아동학대 사례	「아동학대처벌법」 조치 사례	「아동학대처벌법」 조치 사례비율
24,604	2,290	9.3

출처: 보건복지부·아동보호전문기관(2019). 2018 아동학대 주요통계, p. 31.

(7) 피해아동 응급조치 현황

피해아동 응급조치 현황을 살펴보면, 상담원이 응급조치를 실시한 건수는 873건(74.4%), 경찰이 응급조치를 실시한 건수는 301건(25.6%)으로 총 1,174건이 있었다. 응급조치 내용 중 상담원이 가장 많은 조치를 취한 내용은 3호(피해아동 보호시설 인도)가 813건(80.4%)이었고, 다음으로 2호(피해아동으로부터 행위자 격리) 89건(8.8%), 4호(피해아동 의료기관 인도) 88건(8.7%), 1호(학대행위 제지) 21건(2.1%) 순으로 나타났다. 경찰이 가장 많은 조치를 취한 내용은 상담원과 마찬가지로 3호(피해아동 보호시설 인도) 245건(47.6%)이었다. 다음으로 2호(피해아동으로부터 행위자 격리)는 125건(24.3%), 1호(학대행위 제지) 102건(19.8%), 4호(피해아동 의료기관 인도) 43건(8.3%) 순으로 나타났다.

〈표 2-10〉 피해아동 응급조치 세부 내용

(단위: %)

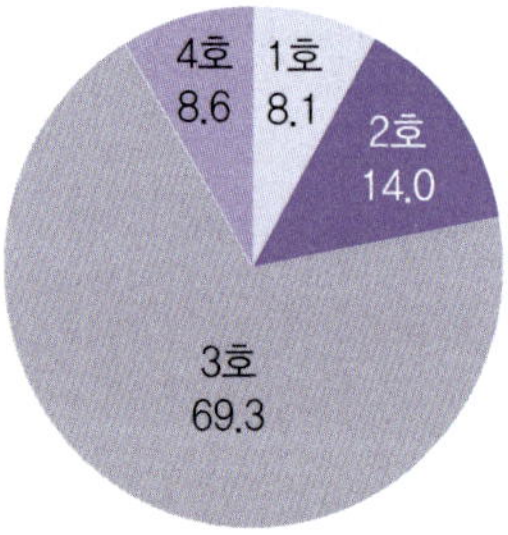

1호	아동학대 범죄행위 제지
2호	아동 학대행위자를 피해아동으로부터 격리
3호	피해아동을 아동학대 관련 보호시설로 인도
4호	긴급치료가 필요한 피해아동을 의료기관으로 인도

출처: 보건복지부 · 아동보호전문기관(2019). 2018 아동학대 주요통계, p. 32.

(8) 임시조치 결정 현황

임시조치 최종 결정 현황에 대해 살펴보면 다음과 같다. 피해아동 · 피해아동의 법정대리인 · 변호사 · 아동보호전문기관장이 경찰 또는 보호관찰관에게 임시조치 청구신청을 요청하거나 검사에게 임시조치 청구를 요청한 경우, 경찰 또는 보호관찰관이 검사에게 임시조치를 신청한 경우 혹은 판사 직권으로 임시조치가 결정된 사례는 총 1,558건(87.7%)에 해당하고, 청구가 기각된 사례는 218건(12.3%)이었다.

먼저, 임시조치 세부 내용을 살펴보면, 임시조치 5호(아동보호전문기관 등에의 상담 및 교육 위탁)가 1,134건(35.4%)으로 가장 높았고, 다음으로 임시조치 2호(100m 이내 접근 금지)가 1,011건(31.6%)으로 높은 비율을 보이고 있다.

임시조치 2호(100m 이내 접근 금지) 조치는 주거, 학교 및 학원, 보호시설, 병원, 그 외의 장소로 중복 집계가 가능하다. 이 중 보호시설로의 접근 금지가 712건(35.6%)으로 가장 많았고, 다음으로 학교 및 학원으로의 접근 금지가 678건(33.9%), 주거로의 접근 금지가 514건(25.7%) 순으로 높았다. 5호와 2호를 제외하고 3호(전기통신 접근 금지)가 697건(21.8%)으로 높게 나타났다.

〈표 2-11〉 임시조치 결정 세부내용

(단위: %)

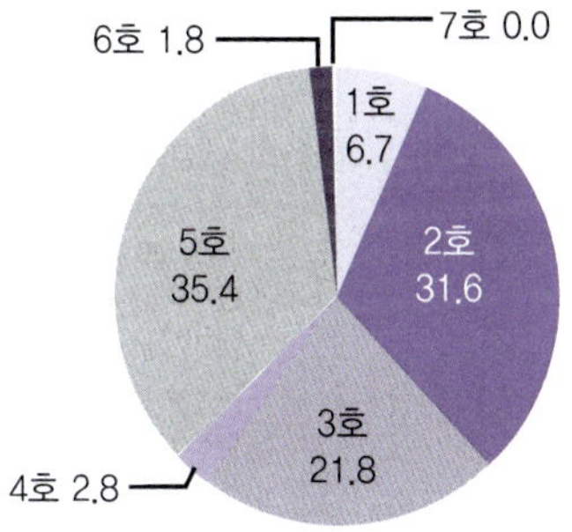

1호	피해아동 또는 가정 구성원의 주거로부터 퇴거 등 격리
2호	피해아동 또는 가정 구성원의 주거, 학교 또는 보호시설 등에서 100m 이내 접근 금지
3호	피해아동 또는 가정 구성원에 대한 전기통신을 이용한 접근 금지
4호	친권 또는 후견인 권한 행사의 제한 또는 정지
5호	아동보호전문기관 등에의 상담 및 교육 위탁
6호	의료기관이나 그 밖의 요양시설에서의 위탁
7호	경찰관서의 유치장 또는 구치소에의 유치

※ 파악 불가의 경우 「아동학대처벌법」 제14조(임시조치의 청구)에 따른 피해아동, 그 법정대리인, 검사 또는 사법경찰관 등의 청구 또는 신청 요청으로 임시조치가 청구되었으며, 아동보호전문기관이 이에 대한 결과만 통보받은 경우 국가아동학대정보시스템에 입력한 것으로 신청(청구)인 파악이 어려울 수 있음.

출처: 보건복지부 · 아동보호전문기관(2019). 2018 아동학대 주요통계, p. 34.

(9) 피해아동보호명령 결정 현황

피해아동보호명령이 결정된 총 314건 중 임시보호명령이 필요하다고 판정받은 건수는 213건으로 나타났고, 임시보호명령이 필요하지 않다고 판정한 건수는 127건이었다.

구체적으로 피해아동보호명령 결정 건수에 대해 살펴보면 아동보호전문기관장이 청구하여 결정된 건수는 257건 중 기각된 22건을 제외한 235건이었다. 변호사는 57건을 청구하여 54건이 결정되었다. 피해아동의 법정대리인은 14건을 청구하여 13건이 결정되었으며, 피해아동 본인이 청구하여 결정된 건수는 6건이었고, 판사직권으로 피해아동보호명령이 결정된 건수는 6건으로 집계되었다.

피해아동보호명령 결정 내용을 살펴보면 4호(피해아동 보호위탁)가 233건(28.8%)으로 가장 높았고, 2호(학대행위자의 접근 제한 조치)가 221건(27.4%), 3호(전기통신 접근 제한) 195건(24.1%), 7호(친권 제한 또는 정지) 54건(6.7%) 순으로 나타났다.

〈표 2-12〉 피해아동보호명령 결정 현황

(단위: %)

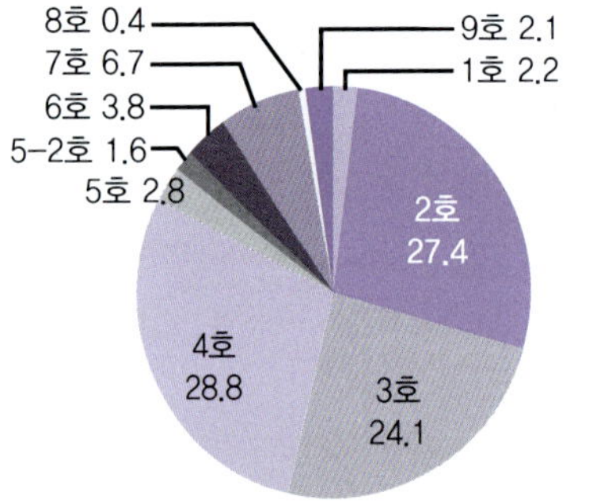

1호	아동 학대행위자를 피해아동의 주거지 또는 점유하는 방실로부터의 퇴거 등 격리
2호	아동 학대행위자가 피해아동 또는 가정 구성원에게 접근하는 행위의 제한
3호	아동 학대행위자가 피해아동 또는 가정 구성원에게 「전기통신기본법」 제2조 제1호의 전기통신을 이용하여 접근하는 행위의 제한
4호	피해아동을 아동복지시설 또는 장애인복지시설로의 보호위탁
5호	피해아동을 의료기관으로의 치료위탁
5-2호	피해아동을 아동보호전문기관, 상담소 등으로의 상담·치료위탁
6호	피해아동을 연고자 등에게 가정위탁
7호	친권자인 아동 학대행위자의 피해아동에 대한 친권 행사의 제한 또는 정지
8호	후견인인 아동 학대행위자의 피해아동에 대한 후견인 권한의 제한 또는 정지
9호	친권자 또는 후견인의 의사표시를 갈음하는 결정

출처: 보건복지부·아동보호전문기관(2019). 2018 아동학대 주요통계, p. 35.

2 학대의 영향과 위험요인

1) 학대의 영향

부모로부터 학대를 경험한 아동 및 청소년은 가정 내에서 자신에게 학대를 행하는 부모의 행동을 내면화하거나 문제해결 수단으로 폭력 외에 다른 대안을 학습할 기회가 부족한 점이 원인이 될 수 있다.

첫째, 아동학대로 인해 발현되는 문제행동 기저에는 손상된 자아개념이 있다. 즉, 아동 및 청소년이 부모로부터 학대를 경험한 경우 자아탄력성 및 자아존중감 등의 자아개념이 손상됨으로써 공격성과 우울 등의 문제행동으로 표출된다.

『범죄백서』에 따르면 2017년 폭력범죄 피해자 중 20세 이하가 1.7%(25,069명)로, 피해자 10명 중 1명 이상이 아동 및 청소년인 것으로 나타났다(법무연수원, 2018).

아동과 청소년의 폭력피해는 가정 내 학대로 시작될 공산이 높다. 대부분 인간은 출생 이후 가정에서 1차적인 사회화를 경험함에 따라 주 양육자의 양육태도에 종속될 수밖에 없음에 기인한다. 이는 가정 내에서의 학대가 발생했다는 사실 자체만으로도 가정 내의 보호력이 낮은 수준임을 의미한다.

열악한 가정환경은 정서적 박탈, 낮은 사회적 기술에 영향을 미치고, 이러한 낮은 수준의 자기 보호력은 가정 내(intra-familar) 폭력피해뿐만 아니라 가정 외(extra-familar) 피해에도 취약함을 알 수 있다.

둘째, 높은 수준의 심리정서적인 부적응과 자살시도 위험이다. 최근 증가하는 우리나라의 아동학대율은 사회적 이슈가 되고 있다(통계청 · 여성가족부, 2017). 아동학대, 즉 보호자가 미성년자인 자녀에게 가하는 신체적 및 정신적 학대와 방임은 아동 · 청소년의 발달 전반에 걸쳐 악영향을 미치고, 특히 우울과 불안을 가장 많이 호소하는데(곽영호, 2012), 이는 학교적응과 대인관계의 문제를 야기할 뿐만 아니라 우울장애, 불안장애 등 정신병리와 자살위험을 예측하여 매우 심각한 문제라고 할 수 있다.

셋째, 학대는 청소년의 학교생활 적응에 부정적인 영향을 미치는 것으로, 부모의 학대를 경험한 청소년은 학교생활 적응이 낮다. 학교생활 적응을 위해서는 부모의 학대를 감소시키고, 청소년의 자아탄력성을 증진시키려는 노력이 가정, 학교, 지역사회에서 필요하다.

학교는 아동과 청소년이 가정과 더불어 가장 많은 시간을 보내는 곳이며, 학습의 장이자 그들이 자신을 이해하고 타인과 상호작용하면서 성숙한 인격체로 성장하도록 돕는 장소이다. 따라서 청소년의 학교생활 적응 여부는 그들이 성장하여 사회의 한 구성원으로서 올바르게 생활해 나갈 수 있는지를 결정하는 중요한 기준이 된다.

넷째, 부모의 방임과 학대를 경험한 청소년은 학교생활 적응이 낮은 것으로 나타났다(박현영 외, 2011).

부모의 학대나 방임을 경험하고 있는 청소년을 위해 자아탄력성을 높일 수 있도록 지원해 주어야 한다. 긍정적인 자아탄력성은 부모의 방임과 학대뿐 아니라 학업스트레스, 학교스트레스 및 자살생각과 같은 위기상황에서 청소년이 긍정적으로 적응하도록 돕고, 심리적인 안녕감을 주는 요인으로 작용한다.

청소년들의 학교생활적응을 높이고 부모의 방임과 학대를 감소시키기 위한 노력으로 부모를 대상으로 부모의 방임과 학대가 청소년의 학교생활적응에 미치는 부정적인 영향에 대해 적극적으로 교육하고 상담해 주는 활동이 학교 현장과 지역사회에서 활발하게 이루어져야 할 것이다. 특히, 청소년이 대부분의 시간을 보내는 학교 현장에서 그들의 자아탄력성을 증진시킬 수 있는 활동이 적극적으로 이루어짐이 바람직할 것이다.

2) 아동학대로 청소년 일탈행위의 위험요인(new risk factor)

(1) 휴대전화 중독

요즘은 버스, 지하철 등 대중교통 안에서나 길을 걸어가면서 휴대전화를 사용하는 사람들을 흔히 보게 된다. 휴대전화의 사용은 다양한 정보 획득, 실시간 소통 기능과 편리함을 주는 생활의 혁신을 일으켰지만, 과도하게 사용할 경우 사회문제가 되고 있다. 특히 청소년의 경우 휴대전화 중독률이 꾸준히 증가하는 추세이다.

우울은 휴대전화 중독에 매우 중요한 요인으로 볼 수 있다. 아동학대는 피해자에게 스트레스나 긴장을 야기하는 우울의 선행변수가 될 수 있고, 휴대전화 중독이라는 청소년의 문제행동은 우울의 결과변수가 될 수 있다(강민정 · 이명순, 2014).

청소년의 가정환경은 그들의 삶에 매우 중요한 역할을 하기 때문에 청소년 발달에 영향을 미치는 다른 어떤 요인보다 중요하다(김재엽, 2001). 특히 아동학대를 많이 경험한 청소년은 일반 청소년에 비해 많은 행동상의 문제점이 나타날 것이다.

휴대전화 중독률은 여학생이 남학생보다 높으며(김재엽 · 황현주, 2015; 김희민 · 신성희, 2015). 우울 증상이 심할수록 휴대전화의 중독적 사용 또한 더 심각한 것으로 나타났다. 그 이유는 남학생의 경우 오락성과 기술적 측면에 관심을 나타내는 반면, 여학생은 사회적 관계망 형성과 유지를 위한 의사소통의 도구인 문자 커뮤니케이션에 대한 욕구가 높은 경향 때문이다(성윤숙, 2005).

최근 급격한 가족 패러다임의 변화로 인해 가족 간의 대화가 점점 줄어들 뿐만 아니라 대화의 단절 현상도 흔하게 보게 되었다. 이러한 사회환경에서 부모가 아이를 키우고 보살피는 방법을 배우고 정보를 제공받을 수 있는 사회제도와 부모교육 사업이 요구되고 있다. 따라서 학교와 지역사회복지관 등 관련 기관에서는 청소년을 둔 부모를 대상으로 올바른 자녀양육을 위한 교육과 상담을 시행하거나 청소년의 휴대전화 중독, 인터넷게임중독, 학교폭력 등 다양한 사회문제를 예방할 수 있는 교육내용을 마련하여 실시하여야 한다.

(2) 우울

아동학대는 우울이나 불안, 위축 등의 개인 심리적 변수에 밀접하게 영향을 미친다. 부정적 정서가 과도하게 통제되어 내부로 향할 경우 우울, 불안 등 내재화 문제가 나타난다(Achenbach, 1991; 이근영, 2012).

청소년의 우울은 우울 감정이 감춰진 형태, 즉 가면성 우울(masked depression)의 형태로 표현되는 경우가 많은데, 성인 우울증에서 전형적으로 보이는 우울감, 흥미상실 등의 증상이 아닌 무단결석, 게임중독, 가출, 비행 등 겉으로 보기에 우울과 관계없는 위험한 문제행동으로 표출되는 경향이 있다. 즉, 청소년은 우울감을 직접 표출하지 못하고 문제행동이라는 간접적 수단을 통해 자신이 얼마나 힘들고 외로운지를 주변에 알리는 것이다.

청소년들이 경험하는 아동학대와 관련된 긴장이 누적되면서 점차 우울을 증가시켜 일탈행동이나 비행에 이르게 된다고 많은 경험적 연구에서 밝히고 있다(김재엽·이동은, 2014).

학교와 지역사회에서는 아동학대와 같은 1차적인 문제의 경험으로 우울이나 부정적인 심리요인을 보이는 청소년을 조기에 발견하여 긴밀한 진단과 사정을 하고, 신속하고 적절한 개별 개입을 통하여 우울 감소에 힘써야 한다. 이를 통해 휴대전화 중독이라는 2차적인 문제도 예방할 수 있을 것이다. 또한, 우울을 정기적으로 진단하여 우울이 높거나 증가된 학생에게는 집중 프로그램을 통한 우울 감소를 도모하고, 우울이 적정 수준인 학생의 경우에도 이를 유지하거나 높아지지 않도록 진단과 예방 프로그램을 지속적으로 진행해야 한다.

(3) 불안

미국 캘리포니아 종합건강관리기관인 카이저-퍼머넌트센터의 내과의사 빈센트 펠리티(V. Felitti)와 질병관리센터의 로버트 앤더(R. Anda)가 1995년부터 1997년까지 17만여 명을 대상으로 '10가지 아동기 부정적 경험(ACE: Adverse Childhood Experiences)'을 묻는 설문조사를 한 결과, ACE 점수가 높을수록 중독성 행위부터 만성

질병에 이르기까지 거의 모든 안 좋은 것들과 높은 상관관계를 보였다.

ACE 점수가 4점 이상인 사람은 0점인 사람에 비해 흡연 가능성이 2배, 알코올중독 가능성이 7배, 18세 이전에 성관계를 가질 확률이 7배나 높았다. 또한, ACE 점수가 5점 이상인 남성은 0점인 남성보다 약물을 오용할 가능성이 46배나 컸고 ACE 점수가 6점 이상인 사람은 0점인 사람보다 자살시도 가능성이 30배 이상 컸다.

본 조사 결과를 정리하면 불안정한 애착과 양육, 정서적 또는 신체적 · 성적 학대, 가정폭력, 부모의 정신병리 등 아동기에 경험하는 부정적인 경험은 아동의 뇌 발달, 내분비 및 면역 기능의 이상을 초래하여 심각한 신경생리적, 정서적, 행동적 문제를 초래한다. 특히 학대받은 아동이 청소년기에 접어들면 자해, 가출 등 충동적인 행동을 반복하고 학교생활이나 또래관계에서 부적응을 초래하며, 세상에 대한 불신과 미래에 대한 절망감 등으로 위험한 상황에 처해질 가능성이 크다. 나아가 이러한 청소년이 성인이 되면 폭력과 질병, 가난의 대물림 현상이 계속되고, 심각한 사회병리의 한 축을 이루는 위험을 초래한다는 것이다(학생정신건강지원센터, 2018. 10).

호주의 연구에서는 2004~2005년 동안 심각한 아동학대로 인해 치료서비스 기관에 의뢰된 18세 미만 558명 아동의 62%가 우울장애와 불안장애 등 적어도 한 가지 이상의 진단을 받은 것으로 나타났다(Frederico, Jackson, & Black, 2008). 또한, 미국의 전국 정신질환 조사(National Comorbidity Survey)에 따르면 아동학대를 경험한 15세 873명을 조사한 결과, 아동학대가 청소년기와 성인기의 주요 우울장애나 불안장애와 유의미한 관계가 있는 것으로 나타났다(Afifi, Boman, Fleisher, & Sareen, 2009). 이러한 경향은 국내에서도 김재철 외(2012)가 한국복지패널을 사용하여 만 12~15세 612명을 대상으로 아동학대와 부정적인 정서 간의 관계를 살펴본 결과, 부모의 학대 경험이 많은 아동일수록 우울과 불안 수준이 높은 것으로 나타났다. 또한, 전국의 18세 미만 아동 중에서 지난 1년간 아동학대를 경험한 1,310명을 조사한 결과에서도 저위험군 아동보다 고위험군 아동이 우울과 불안이 더 높았다(숙명여자대학교 산학협력단, 2011).

3 아동학대 예방 및 피해아동 보호 현황

1) 연도별 아동학대 예방 및 피해아동 보호 현황

신고의무자 범위와 관련하여 2011년 기준 아동학대 신고의 접수 경로를 살펴보면, 아동학대 신고전화인 1577-1399에 의한 경우 9,720건(8.%), 보건복지콜센터 129에 의한 경우 426건(3.9%), 안전신고센터 119에 의한 경우 13건(0.1%), 아동보호전문기관의 인터넷에 의한 경우 93건(0.8%), 기관방문의 경우 691건(6.3%) 등으로 나타났다(보건복지부, 2013).

「아동복지법」 제26조(아동학대 신고의무와 절차) 제1항에서는 "누구든지 아동학대를 알게 된 때는 아동보호전문기관 또는 수사기관에 신고할 수 있다."라고 규정하고, 제2항에는 아동학대 신고의무자를 명시하며 이들에게는 '그 직무상 아동학대를 알게 된 때'로 되어 있다.

신고의무자가 신고의무 불이행 시 전문자격증을 박탈하거나 신고의무자 소속기관이나 기관장을 처벌하는 등의 강력한 조치도 요구된다. 아동학대 발견 시 피해학대 아동이 평소 다니는 기관이나 그동안 접촉했던 신고의무자들을 역추적하여 이들에 대해 경고와 법적 제재를 가하여 신고의무자의 책임을 더 확실히 물을 필요가 있다(안재진, 2013). 한편, 신고의무자들이 소속되어 있는 기관의 아동학대 신고 활성화를 위해 인센티브를 제공하는 방안도 고려할 필요가 있다.

(1) 연도별 신고접수 건수

아동학대 신고 중 아동학대 의심사례가 차지하는 비중은 지속적으로 증가하였으며, 2014년부터는 80% 이상의 높은 수치를 보이고 있다. 2018년의 경우 작년 대비 신고접수 건수가 6.6% 증가하였고 전체 아동학대 신고 건수 중 92.1%가 아동학대 의심사례였다.

〈표 2-13〉 연도별 신고접수 건수

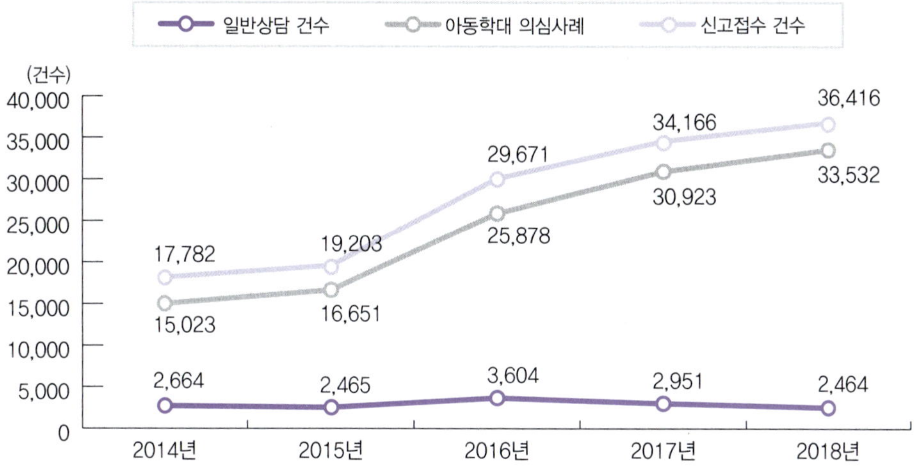

출처: 보건복지부 · 아동보호전문기관(2019). 2018 아동학대 주요통계, p. 48.

(2) 연도별 신고자 유형

연도별 아동학대 신고의무자에 의한 신고는 2014년 4,358건(29.0%)에서 2016년 8,288건(32.0%)까지 증가했다가 2018년 9,151건(27.3%)으로 나타났다.

신고의무자 유형을 세부적으로 살펴보면 신고의무자 중 초 · 중 · 고교 직원이 가장 많은 아동학대 의심사례를 신고하는 것으로 나타났다. 2014년 1,988건(13.2%)에서 2018년 6,406건(19.1%)으로 5개년 연속 신고의무자 중 신고비율이 가장 높게 나타났다. 초 · 중 · 고교직원에 이어 두 번째로 사회복지전담공무원은 2014년 700건(4.7%)에서 2017년 819건(2.6%)으로 증가하였다. 비신고의무자 직군의 신고 분포를 살펴보면 2014년부터 2016년까지 사회복지 관련 종사자가 신고한 비율이 가장 높았다가 2016년 이후 아동보호전문기관장과 부모가 높게 나타났다. 아동이 신고한 비율은 2014년부터 계속 증가하면서 2018년에는 4,512건(13.5%)으로 나타났다.

(3) 연도별 아동학대 사례 건수 및 아동보호전문기관 수

연도별 아동학대 사례 건수 및 아동보호전문기관의 수는 꾸준히 증가하였다. 아동학대 사례 건수는 2016년은 전년 대비 약 50% 이상 증가하였고, 2018년의 경우 전년 대비 아동학대 사례 증가율이 10.0%였다. 기관 수의 경우 2014년 51개소에서 2018년 62개소로 증가했다.

〈표 2-14〉 연도별 아동학대 사례 건수 및 아동보호전문기관 수

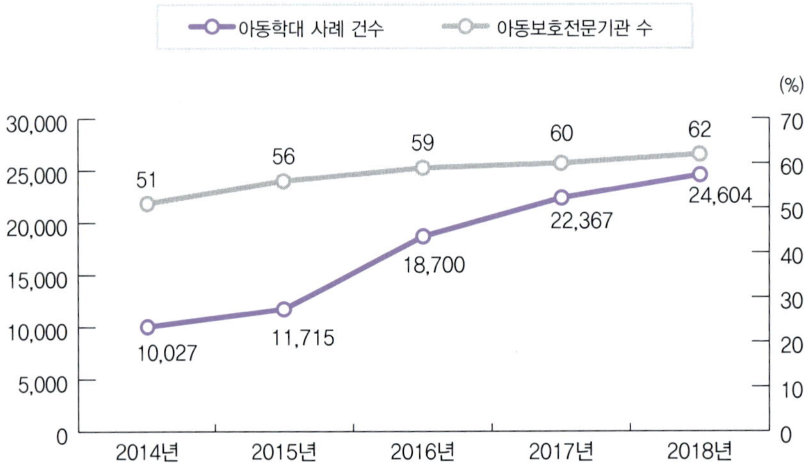

출처: 보건복지부 · 아동보호전문기관(2019). 2018 아동학대 주요통계, p. 52.

(4) 연도별 피해아동 발견율

추계아동인구(만 0~17세)를 기준으로 인구 1,000명당 피해아동 발견율을 산출하여 연도별로 비교한 결과, 2014년부터 2018년까지 추계아동인구는 꾸준히 감소하였으나, 피해아동 발견율은 꾸준히 증가하였다.

〈표 2-15〉 연도별 피해아동 발견율

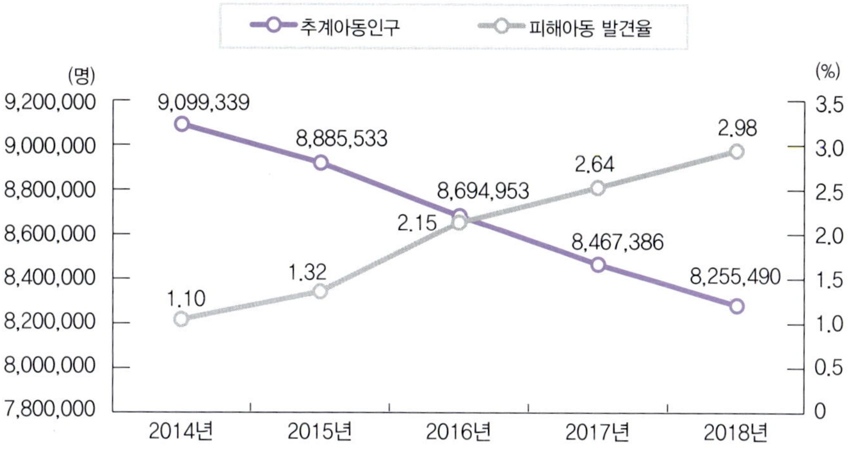

출처: 보건복지부 · 아동보호전문기관(2019). 2018 아동학대 주요통계, p. 52.

(5) 연도별 아동학대 유형(중복학대는 별도 분류)

2014년 이후 중복학대와 정서학대가 가장 높게 나타났다. 정서학대는 2014년부터 2018년까지 지속적으로 증가하고 있으며, 2018년 중복학대에 이어 두 번째로 높은 비율을 차지했다. 방임은 2014년 1,870건(18.6%) 이후 2018년 2,604건(10.6%)으로 감소하고 있다.

〈표 2-16〉 연도별 아동학대 유형

(단위: 건, %)

연도	신체학대	정서학대	성학대	방임	중복학대	계
2014년	1,453 (14.5)	1,582 (15.8)	308 (3.1)	1,870 (18.6)	4,814 (48.0)	10,027 (100.0)
2015년	1,884 (16.1)	2,046 (17.5)	428 (3.7)	2,010 (17.2)	5,347 (45.6)	11,715 (100.0)
2016년	2,715 (14.5)	3,588 (19.2)	493 (2.6)	2,924 (15.6)	8,980 (48.0)	18,700 (100.0)
2017년	3,285 (14.7)	4,728 (21.1)	692 (3.1)	2,787 (12.5)	10,875 (48.6)	22,367 (100.0)
2018년	3,436 (14.0)	5,862 (23.8)	910 (3.7)	2,604 (10.6)	11,792 (47.9)	24,604 (100.0)

출처: 보건복지부 · 아동보호전문기관(2019). 2018 아동학대 주요통계, p. 53.

(6) 연도별 피해아동 가족 유형

연도별 피해아동 가족 유형을 살펴보면 2014년부터 2018년까지 친부모가족 형태는 계속 증가하여 2018년에는 13,546건(55.1%)을 나타냈다. 친부모 가족 외 형태의 경우 점차 감소하고 있다.

〈표 2-17〉 연도별 피해아동 가족 유형

(단위: 건, %)

가족유형		2014년	2015년	2016년	2017년	2018년
친부모가족		4,458(44.5)	5,779(49.3)	9,931(53.1)	12,489(55.8)	13,546(55.1)
친부모 가족 외 형태	부자가정	1,887(18.8)	1,855(15.8)	2,623(14.0)	2,732(12.2)	2,997(12.2)
	모자가정	1,414(14.1)	1,483(12.7)	2,203(11.8)	2,632(11.8)	2,865(11.6)
	미혼부 · 모가정	208(2.1)	240(2.0)	347(1.9)	361(1.6)	404(1.6)
	재혼가정	750(7.5)	869(7.4)	1,366(7.3)	1,318(5.9)	1,435(5.8)
	친인척보호	297(3.0)	320(2.7)	444(2.4)	487(2.2)	483(2.0)
	동거(사실혼 포함)	53(3.5)	403(3.4)	688(3.7)	532(2.4)	490(2.0)
	소년소녀가정	10(0.1)	7(0.1)	10(0.1)	16(0.2)	8(0.0)
	소계	4,919(49.1)	5,177(44.2)	7,681(41.1)	8,078(36.1)	8,682(35.3)
대리 양육 형태	가정위탁	24(0.2)	31(0.3)	28(0.1)	38(0.2)	27(0.1)
	입양가정	39(0.4)	34(0.3)	79(0.4)	56(0.3)	44(0.2)
	시설보호	208(2.1)	155(1.3)	227(1.2)	218(1.0)	187(0.8)
	소계	271(2.7)	220(1.9)	334(1.8)	311(1.4)	258(1.0)
기타		43(0.4)	58(0.5)	86(0.5)	137(0.6)	2,118(8.6)
파악 안 됨		336(3.4)	481(4.1)	668(3.6)	1,352(6.0)	–
계		10,027(100.0)	11,715(100.0)	18,700(100.0)	22,367(100.0)	24,604(100.0)

출처: 보건복지부 · 아동보호전문기관(2019). 2018 아동학대 주요통계, p. 56.

이러한 아동학대 사실을 우리가 무관심하게 지나친다면 아동학대 피해를 경험한 아동은 심각한 후유증으로 올바른 성장을 할 수가 없다.

〈표 2-18〉 학대행위자의 주요 특성 (단위: 건, %)

특성	건수(비율)	특성	건수(비율)
신체적 장애	208 (1.0)	사회·경제적 스트레스 및 고립	4,883 (22.4)
정신적 장애	179 (0.8)	어릴 적 학대 경험	393 (1.8)
장해의심	278 (1.3)	폭력성	939 (4.3)
양육 태도 및 방법 부족	7,099 (32.6)	전과력	136 (0.6)
중독문제	1,275 (5.9)	성문제	212 (1.0)
질환문제	261 (1.2)	원치 않은 아동	229 (1.1)
성격 및 기질문제	1,543 (7.1)	부부 및 가족 갈등	2,049 (9.4)
위생문제	415 (1.9)	종교문제	57 (0.3)
나태 및 무기력	324 (1.5)	특성 없음	748 (3.4)
난독해, 난작문	28 (0.1)	파악 안 됨	532 (2.4)
계			21,788 (100.0)

* 중복 포함

출처: 보건복지부·중앙아동보호전문기관(2014). 2013 전국아동학대 현황보고서, p. 84.

최근의 생계형 방임사례가 증가하고 있는 부분에 대해서는 저소득층 가정을 대상으로 하는 가족지원이나 수급권의 연계, 아동수당의 지급 등을 통한 경제적 지원과 지역아동센터 등의 복지기관뿐만 아니라 학교의 방과 후 프로그램의 활성화 등 지역사회에서의 보호가 강화되어야 할 것이다.

한편 약물이나 알코올 등에 의한 중독은 아동학대를 유발하는 핵심 요인 가운데 하나라고 할 수 있다. 가해자에 대한 법적 개입의 한계와 가해자 치료 부분의 의무화와 관련하여 아동학대의 재발 방지를 위해서는 단순히 학대행위자를 형사처벌하는 데 그치는 것이 아니라 가해자의 성행을 교정·치료하여 재학대가 일어나지 않도록 변화를 꾀하는 일이 반드시 수반될 것이 요청된다.

아동학대 사례를 통해 본 많은 사건에서 가해자의 알코올 의존증이 심각하여 제대로 자녀양육을 못 함으로 인해 아동방임과 폭행으로 이어진 사건의 경우가 많아서 가해자에 대한 알코올 치료 등의 개입이 논의된 바가 많았다. 이런 경우에 가해자 스스로가 알코올 치료를 동의하는 경우가 거의 없으므로 강제적인 개입이 필요한 경우가 대부분이다.

하지만 「정신보건법」 제21조에 따르면 정신질환자의 「민법」상의 부양의무자, 또는 후견인은 정신질환자의 보호의무자가 되고, 보호의무자가 없거나 의무를 수행할 수 없을 때는 주소지 관할 시장 · 군수 · 구청장을 보호의무자로 하고 있다.

「정신보건법」상의 정신의료기관에의 입소방법은 정신질환자 본인의 자의에 의한 입원(제23조), 보호의무자에 의한 입원(제24조), 시장 · 군수 · 구청장에 의한 입원(제25조 1항), 응급입원(제26조 1항)이 규정되어 있으나, 실제로 가해행위자에 대한 서비스 개입을 하고 있는 아동보호전문기관장에 의한 입원은 규정하고 있지 않다.

정신질환을 갖고 있거나 아동학대를 행한 가해자 및 보호의무자들이 아동학대 가해자의 정신질환 치료에 대하여 동의를 하지 않을 경우에는 구청장에게 「정신보건법」에 따른 조치를 의뢰하게 되지만, 민원을 의식한 행정으로 인하여 현실적으로 실현되기는 어려운 것이 사실이다.

아동 학대행위자 중 알코올 중독과 같은 학대행위자에 대한 치료적 개입을 위하여 일선에서 아동학대에 대해 사정하고 판정하는 실천현장인 아동보호전문기관에게 가해자를 입소시킬 수 있는 권한을 부여하는 것을 검토할 필요가 있다.

「아동복지법」 제12조(친권상실 선고 등의 청구) 제1항에서는 "시 · 도지사 또는 시장 · 군수 · 구청장은 아동의 친권자가 그 친권을 남용하거나 현저한 비행, 기타 친권을 행사할 수 없는 중대한 사유가 있는 것을 발견한 경우 아동의 복지를 위하여 필요하다고 인정할 때는 법원에 친권행사의 제한 또는 친권상실의 선고를 청구하여야 한다."라는 친권 제한 및 상실에 관한 조항을 두고 있어서 부모에 의한 아동학대가 발생한 경우에 지방자치단체의 장은 이들의 친권상실을 청구할 수 있도록 하고 있다. 그러나 현실적으로 부모에 의해 아동학대가 발생한 경우에도 이를 친권남용으로 인정하여 아동학대 부모에 대하여 친권행사의 제한 또는 친권상실 선고가 거의 이루어지지 않고 있다.

이는 「아동복지법」에서 아동학대로 인한 친권상실청구의 요건에 대하여 구체적으로 규정하고 있지 않은 것에도 그 이유가 있다고 할 것이므로 이에 관한 처벌기준과 범위가 구체적으로 명시되어 있지 않은 것은 물론, 관련 절차와 지원체계를 구체화활 것이 요청된다.

아동에게 최선의 보호를 제공하는 것이 부모의 의무이지만 이러한 의무가 충족되지 못할 경우에는 건전한 미래사회를 만들기 위해서는 정확하고 강력한 법 개정을 통하여 아동학대의 예방과 치료를 국가적 우선순위로 두어야 할 것이다. 왜냐하면 아동의 건전한 발달은 부모와 가정만의 책임이 아니라 국가와 우리의 역사가 함께 져야 할 책임이기 때문이다.

우리나라 「아동복지법」은 2000년 전면 개정되고, 국가의 공적 개입의 근거를 처음으로 만들면서 이후 몇 차례 일부 개정되어 수정 · 보완되었지만 아동학대와 관련된 현행 「아동복지법」은 여전히 원칙 위주이고 실행 방안에 대한 언급은 거의 없다고 해도 과언이 아닐 것이다.

아동학대문제는 아동학대의 예방, 개입, 보호 그리고 치료 등이 함께 이루어져야 하는 매우 포괄적인 문제이며, 더욱이 여러 분야에서 제공되는 서비스영역을 필요로 하는 통합적인 접근이 필요한 영역이다. 그러므로 「아동복지법」에서 별도의 장을 마련하여 아동학대 방지와 관련된 내용을 구체적으로 규율함으로써 아동보호에 대한 사회 전체의 책임을 더 강조한 실효성과 공공성이 있는 법률로 기능하도록 할 필요가 있다. 입법론적으로는 독자적인 아동학대방지법을 제정하여 대처할 것이 요청된다.

4 아동학대 사망사례 분석

1) 아동학대 사망사례 현황

2018년에 학대로 인해 사망한 아동은 총 28명이었으며, 전체 아동학대 피해아동 사례 중 약 0.1%를 차지하였다. 2018 아동학대 주요통계를 보면 사망아동 통계는 아동보호전문기관에 신고접수된 아동학대 사례를 바탕으로 집계한 결과이며, 수사기관을 통한 신고 및 진행된 사건은 제외될 수 있다. 따라서 사망아동 사례 현황을 우리나라에서 발생한 전체 학대로 인한 아동 사망 사건으로 보기에는 한계가 있다.

〈표 2-19〉 아동학대 사망사례 현황

(단위: 명, %)

연도	사망아동 인원	아동학대 피해아동 수 중 사망아동 수 비율
2014	14	0.2
2015	16	0.2
2016	36	0.3
2017	38	0.2
2018	28	0.1

출처: 보건복지부 · 아동보호전문기관(2019). 2018 아동학대 주요통계, p. 61.

2) 아동학대 사망사례의 피해아동

(1) 사망사례 피해아동의 일반적 특성

① 사망사례 피해아동 성별

사망사례의 피해아동 성별의 경우 남아가 15명(53.6%), 여아가 13명(46.4%)으로 남아가 더욱 높은 비중을 차지하였다.

〈표 2-20〉 사망사례 피해아동 성별 (단위: 명, %)

구분		사망사례 피해아동	
		인원	비율
피해아동 성별	남아	15	53.6
	여아	13	46.4
총계		28	100.0

출처: 보건복지부 · 아동보호전문기관(2019). 2018 아동학대 주요통계, p. 61.

② 사망사례 피해아동 연령

사망사례 피해아동의 연령의 경우 만 1세 미만이 10명(35.7%)으로 가장 많았으며, 1세가 8명(28.6%), 4세와 5세, 7세가 각각 2명(7.1%)으로 나타났다.

〈표 2-21〉 사망사례 피해아동 연령 (단위: 명, %)

구분		사망사례 피해아동	
		인원	비율
피해아동 연령(만)	1세 미만	10	35.7
	1세	8	28.6
	4세	2	7.1
	5세	2	7.1
	6세	1	3.6
	7세	2	7.1
	8세	1	3.6
	9세	2	7.1
총계		28	100.0

출처: 보건복지부 · 아동보호전문기관(2019). 2018 아동학대 주요통계, p. 62.

③ 사망사례 피해아동 교육기관

사망아동이 참여한 교육기관의 경우 다니지 않는 아동이 53.6%(15명)으로 가장 많은 것으로 파악되었다. 그다음은 어린이집 17.9%(5명), 초등학교 17.9%(5명), 유치원 7.1%(2명)의 순으로 나타났다. 이는 사망아동이 영유아기(0~6세)에 많이 분포하고 있는 것과 관련이 있다고 할 수 있다.

〈표 2-22〉 사망사례 피해아동 교육기관

(단위: 명, %)

구분		사망사례 피해아동	
		인원	비율
피해아동 교육기관	다니지 않음	15	53.6
	어린이집	5	17.9
	유치원	2	7.1
	초등학교	5	17.9
	기타(자료 없음 등)	1	3.6
총계		28	100.0

출처: 보건복지부 · 아동보호전문기관(2019). 2018 아동학대 주요통계, p. 62.

(2) 사망사례 피해아동의 환경적 특성

① 사망사례 피해아동 가족 유형

사망사례 피해아동의 가족 유형은 친부모가정이 64.3%(18명)로 가장 높은 비율을 차지하였으며, 그다음으로 모자가정 14.3%(4명), 미혼부모가정 10.7%(3명) 순으로 나타났다.

〈표 2-23〉 사망사례 피해아동 가족 유형

(단위: 명, %)

구분		사망사례 피해아동	
		인원	비율
피해아동 가족 유형	친부모가정	18	64.3
	부자가정	1	3.6
	모자가정	4	14.3
	미혼부모가정	3	10.7
	동거(사실혼 포함)	2	7.1
총계		28	100.0

출처: 보건복지부 · 아동보호전문기관(2019). 2018 아동학대 주요통계, p. 63.

② 사망사례 피해아동 가구소득

사망사례 피해아동의 가구소득은 소득 없음이 35.7%(10명)로 가장 높은 것으로 보고되었다. 피해아동 가구소득의 경우 재판 중 등의 이유로 해당 자료의 확인이 어려운 경우가 많았으나, 자료 확인이 가능한 사례 중에서 그다음으로 높은 것은 100만 원 이상에서 150만원 미만과 300만 원 이상이 각각 10.7%(3명)로 나타났다.

〈표 2-24〉 사망사례 피해아동 가구소득

(단위: 명, %)

구분		사망사례 피해아동	
		인원	비율
피해아동 가구소득	소득 없음	10	35.7
	50만 원 미만	1	3.6
	50만 원 이상~100만 원 미만	1	3.6
	100만 원 이상~150만 원 미만	3	10.7
	150만 원 이상~200만 원 미만	0	0.0
	200만 원 이상~250만 원 미만	1	3.6
	250만 원 이상~300만 원 미만	0	0.0
	300만 원 이상	3	10.7
	기타(자료 없음 등)	9	32.1
총계		28	100.0

출처: 보건복지부 · 아동보호전문기관(2019). 2018 아동학대 주요통계, p. 63.

③ 사망사례 피해아동 국적 및 다문화가족 여부

사망아동의 내국인 여부에서 사망아동은 모두 내국인이었으며, 다문화가족 여부를 살펴보면 사망아동은 모두 다문화가족이 아닌 것으로 확인되었다.

〈표 2-25〉 사망사례 피해아동 국적 및 다문화가족 여부 (단위: 명, %)

구분		사망사례 피해아동	
		인원	비율
피해아동 내국인 여부	내국인	28	100.0
피해아동 귀화 여부	해당 없음	28	100.0
피해아동 다문화가족 여부	일반	28	100.0

출처: 보건복지부·아동보호전문기관(2019). 2018 아동학대 주요통계, p. 64.

3) 아동학대 사망사례의 학대행위자

(1) 사망사례 학대행위자의 일반적 특성

① 사망사례 학대행위자 성별

아동학대 사망사례의 학대행위자 성별의 경우, 총 30명의 학대행위자 중 남성은 10명(33.3%), 여성은 20명(66.7%)으로 나타났다.

〈표 2-26〉 사망사례 학대행위자 성별 (단위: 명, %)

구분		사망사례 학대행위자	
		인원	비율
성별	남성	10	33.3
	여성	20	66.7
총계		30	100.0

출처: 보건복지부·아동보호전문기관(2019). 2018 아동학대 주요통계, p. 64.

② 사망사례 학대행위자 연령

사망사례 학대행위자 연령은 20대가 14명(46.7%)으로 가장 많았으며, 30대 8명(26.7%), 40대 6명(20.0%), 19세 이하와 50대 각각 1명(3.3%) 순으로 보고되었다.

〈표 2-27〉 사망사례 학대행위자 연령

(단위: 명, %)

구분	사망사례 학대행위자	
	인원	비율
19세 이하	1	3.3
20대(20~29세)	14	46.7
30대(30~39세)	8	26.7
40대(40~49세)	6	20.0
50대(50~59세)	1	3.3
총계	30	100.0

출처: 보건복지부 · 아동보호전문기관(2019). 2018 아동학대 주요통계, p. 64.

③ 사망사례 학대행위자 최종학력

학대행위자의 최종학력의 경우 재판 중 등의 이유로 자료가 없는 경우가 가장 많았으나, 파악 가능한 자료에 한해서는 고등 졸업과 대학 졸업이 각각 5명(16.7%)으로 많게 나타났다.

〈표 2-28〉 사망사례 학대행위자 최종학력

(단위: 명, %)

구분	사망사례 학대행위자	
	인원	비율
중등 중퇴	2	6.7
중등 졸업	2	6.7
고등 중퇴	2	6.7
고등 졸업	5	16.7
대학 졸업	5	16.7
대학원 졸업	1	3.3
기타(자료 없음 등)	13	43.3
총계	30	100.0

출처: 보건복지부 · 아동보호전문기관(2019). 2018 아동학대 주요통계, p. 65.

(2) 사망사례 학대행위자의 환경적 특성

① 사망사례 학대행위자 가구소득

사망아동의 학대행위자의 경우 재판 중 등의 이유로 해당 자료 확인이 어려운 경우가 11명(36.7%)으로 가장 많았다. 하지만 소득 없음이 그다음으로 가장 높게 나타났는데(7명, 23.3%), 이러한 분석결과는 앞서 살펴본 학대행위자 직업 유형에 무직 및 주부가 집중되어 있는 것과 관련이 깊은 것으로 유추할 수 있다.

〈표 2-29〉 사망사례 학대행위자 가구소득

(단위: 명, %)

구분		사망사례 학대행위자	
		인원	비율
학대행위자 가구소득	소득 없음	7	23.3
	50만 원 미만	1	3.3
	50만 원 이상~100만 원 미만	1	3.3
	100만 원 이상~150만 원 미만	4	13.3
	150만 원 이상~200만 원 미만	0	0.0
	200만 원 이상~250만 원 미만	1	3.3
	250만 원 이상~300만 원 미만	0	0.0
	300만 원 이상	5	16.7
	기타(자료 없음 등)	11	36.7
총계		30	100.0

출처: 보건복지부 · 아동보호전문기관(2019). 2018 아동학대 주요통계, p. 66.

② 사망사례 학대행위자 국적 및 다문화가족 여부

학대행위자의 경우 모두 내국인이었으며, 귀화 이력 및 다문화가족인 경우도 없는 것으로 보고되었다.

〈표 2-30〉 사망사례 학대행위자 국적 및 다문화가족 여부 (단위: 명, %)

구분		사망사례 학대행위자	
		인원	비율
학대행위자 내국인 여부	내국인	30	100.0
학대행위자 귀화 여부	해당 없음	30	100.0
학대행위자 다문화가족 여부	일반	30	100.0

출처: 보건복지부 · 아동보호전문기관(2019). 2018 아동학대 주요통계, p. 66.

4) 아동학대 사망사례 학대행위자와 피해아동과의 관계

(1) 사망사례 학대행위자와 피해아동의 동거 여부

사망사례 학대행위자와 피해아동과의 동거 여부는 피해아동과 동거를 하는 학대행위자가 19명(63.3%)으로 비동거인 11명(33.3%)에 비해 많은 것으로 밝혀졌다.

〈표 2-31〉 사망사례 학대행위자와 피해아동의 동거 여부 (단위: 명, %)

구분		사망사례 학대행위자	
		인원	비율
동거 유형	동거	19	63.3
	비동거	11	33.3
총계		30	100.0

출처: 보건복지부 · 아동보호전문기관(2019). 2018 아동학대 주요통계, p. 67.

(2) 사망사례 학대행위자와 피해아동과의 관계

사망사례 피해아동을 학대했던 행위자는 친모(53.3%, 16명)가 가장 많았고 그다음이 친부(30.0%, 9명)로, 아동이 사망하기 전에 친부모에 의한 학대행위가 가장 많은 것으로 드러났다. 그다음은 보육교직원(어린이집 종사자)이 10.0%(4명)로 나타났다.

〈표 2-32〉 사망사례 학대행위자와 피해아동과의 관계 (단위: 명, %)

관계		사망사례 학대행위자	
		인원	비율
부모	친부	9	30.0
	친모	16	53.3
	소계	25	83.3
친인척		1	3.3
대리양육자	보육교직원	3	10.0
	베이비시터(아이돌보미)	1	3.3
	소계	4	13.3
총계		30	100.0

출처: 보건복지부 · 아동보호전문기관(2019). 2018 아동학대 주요통계, p. 67.

5) 사망사례의 아동학대 유형

학대행위자가 피해아동이 사망에 이르기까지 행한 학대 유형을 살펴보면, 신체학대가 53.3%(16명)로 가장 큰 비중을 차지하였다. 그다음으로는 방임(30.0%, 9명), 방임 · 신체학대(4명, 13.3%) 순으로 나타나 사망아동이 취약한 학대 유형이 신체 및 방임인 것으로 파악되었다.

〈표 2-33〉 사망사례의 아동학대 유형 (단위: 명, %)

구분		학대행위자	
		인원	비율
신체		16	53.3
방임		9	30.0
중복학대	신체 · 방임	4	13.3
	신체 · 정서	1	3.3
총계		30	100.0

출처: 보건복지부 · 아동보호전문기관(2019). 2018 아동학대 주요통계, p. 69.

6) 아동학대 사망사례 학대행위자 재판 결과

(1) 사망사례 학대행위자 재판 결과

학대행위자에 대한 재판 결과를 살펴보면 다음과 같다. 아직 재판 중으로 정확한 결과를 알기 어려운 경우가 많았으나(11명, 36.7%), 파악 가능한 자료에서 가장 높은 비율을 보였던 것은 1년 초과에서 5년 이하의 양형(7명, 23.3%)을 받게 된 경우이다. 그다음으로는 집행유예(3명, 10.0%)가 많았다. 10년 초과에서 15년 이하와 5년 초과에서 10년 이하, 내사종결된 경우가 각각 2명(6.7%)으로 그 뒤를 이었다. 가장 높은 형을 받은 경우는 15년을 초과(25년 형)하여 받은 1명이었다.

〈표 2-34〉 사망사례 학대행위자 재판 결과

(단위: 명, %)

구분		학대행위자	
		인원	비율
집행유예		3	10.0
양형	1년 이하	1	3.3
	1년 초과~5년 이하	7	23.3
	5년 초과~10년 이하	2	6.7
	10년 초과~15년 이하	2	6.7
	15년 초과(25년)	1	3.3
재판 중		11	36.7
내사종결		2	6.7
수사 중		1	3.3
총계		30	100.0

* 2019.8.12. 확정된 재판 기준

출처: 보건복지부 · 아동보호전문기관(2019). 2018 아동학대 주요통계, p. 69.

5 아동학대와 심리사회적 적응

1) 심리사회적 적응

나이가 어릴수록 학대의 상황을 피하기 어렵고, 학대에 대처하는 인지적 기술을 가지고 있지 않으므로 아동기의 학대가 청소년기의 학대보다 더 큰 스트레스를 유발하는 것으로 생각해 볼 수 있다. 이는 아동기보다는 청소년기에 학대의 부정적인 영향으로부터 자기를 보호할 수 있는 내적인 통제감이 더 발달하고, 무엇보다 아동이 성장할수록 집에서 보내는 시간이 줄어들어 또래 친구나 학교, 선생님 등의 다른 대체 자원이 많이 생기게 되기 때문이라고 판단된다.

변화하는 상황적 요구나 좌절, 스트레스가 많은 환경에 융통성 있게 반응하는 자아탄력성은 단순히 불안에 대한 민감성을 없애는 것뿐 아니라 세상에 대한 긍정적인 참여와 경험에 대한 개방성을 갖도록 함으로써 스트레스와 어려움을 극복하는 데 도움을 준다.

자아통제와 자아탄력성은 한 개인의 동기, 정서, 행동 등을 이해하는 데 중요한 개념으로, 최근에는 자아탄력성은 부적응을 방지하고 대처의 효율성을 증진시킬 수 있으며 불안에 대한 민감성을 낮추고 삶에 긍정적인 참여를 가능하게 하는 요인으로 여긴다.

학대의 형태나 심각성 수준이 어떠하든 아동과 청소년의 심리·정서적 측면과 학업 측면 등 다양한 영역에 영향을 미치므로, 학대피해 아동·청소년이 위기 경험에 긍정적으로 적응하고 이해하는 데 있어 자아탄력성은 중요하다.

2) 학대피해 경험과 사회적 지지

인간은 사회적인 욕구를 지니며 타인과의 상호작용은 발달을 촉진한다. 개인의 사회적 욕구충족을 위해 필요한 것이 사회적 지지이다. 회복탄력성은 가족과 친구에게 받는 사회적 지지와 정적 상관을 나타냈고, 사회적 지지는 갈등을 해결하는 문제해결 기술과 자아탄력성을 증가시킨다. 이것은 사회적 지지가 전반적으로 부정적인 사건에 대하여 스트레스 반응을 감소시키는 보호기제로서의 역할을 하고 있다고 본다.

사회적 지지란 사회관계를 통해 타인으로부터 사랑이나 인정, 정보, 물질적 원조 등의 얻을 수 있는 모든 형태의 긍정적 자원을 의미하는 것으로, 인간의 기본적인 사회적 욕구를 충족시켜 주고 환경에 대한 통제 능력을 향상시켜 개인의 발달과 적응에 중요한 역할을 하는 환경 변인이다.

Cohen과 Hoberman에 따르면 사회적 지지란 한 개인이 대인관계로부터 얻을 수 있는 모든 긍정적인 자원을 의미한다고 하였으며, Cohen은 질환에 시달리는 사람들을 보호해 주는 것을 사회적 지지라고 정의하였다. 사람은 누구나 타인으로 하여금 관심을 받는 대상이고 가치 있는 존재라는 인식이 중요하다고 강조하며, 사회적 지지를 사랑받는 느낌, 가치 있거나 존중받는 느낌으로 표현하였다.

이처럼 사회적 지지는 청소년이 주위 환경과 대인관계로부터 제공받을 수 있는 주요한 심리사회적 변인으로 청소년이 지각하는 사회적 지지에 대한 주관적인 만족도를 포함하며 청소년의 발달과 적응에 영향을 준다. 또한, 사회적 지지는 양육과 안전, 다른 사람과의 관계에 대한 소속감을 제공하는 지속적이고 의미 있는 관계의 유용성으로서, 청소년이 대인관계를 구분할 수 있는 긍정적인 도움으로 청소년이 지각하는 심리적·물질적 자원을 의미하기도 한다.

사회적 지지의 개념은 사회심리적 자산, 사회적 유대, 의미 있는 사회적 집촉, 사회적 조직망, 지지체계, 관계 제공 등으로 불리며 연구자에 따라 조금씩 다르게 정의되고 있다.

사회적 지지는 학대를 경험한 아동의 부적응을 완화시킬 수 있는 자원으로 확인되었다. 개인이 가족, 친지, 친구, 지역사회 내의 다양한 구성원과 단체로부터 받는 정서적 지지와 직접적 지지는 역경이나 어려움 또는 예기치 못한 생활 사건들을 경험하는 개인과 가족의 적응과 안녕에 도움을 주는 대표 자원이다.

장덕희(2001)의 연구에서는 가정폭력 경험에 노출된 청소년의 적응에 미치는 개인, 가족, 지역사회의 등 각 차원의 사회적 지지의 보호요인이 확인되었다. 즉, 청소년에게 미치는 개인적인 보호요인으로는 자긍심과 내적 통제였으며, 가족 보호요인에서는 가족의 지지가, 지역사회 보호요인으로는 친구의 지지가 기여한다는 것이다. 즉, 사회적 지지가 학대피해아동에 대하여 얼마나 긍정적으로 작동하는가에 따라 아동학대의 악영향을 최소화하고 아동과 청소년의 발달에 긍정적인 결과를 가져올 수 있음을 뜻하는 것이기도 하다.

이에 학대피해 경험에도 불구하고 자아탄력성을 높이기 위하여 학대 경험 아동과 청소년에게 적절한 사회적 지지가 제공되어야 한다. 즉, 현실적으로 아동과 청소년의 학대가 부모의 훈육방법과 양육의 한 형태로 유형화되고 있어 학교와 지역사회, 국가의 개입이 실질적으로 조기에 이루지기 어려운 점에 대한 보완책이 필요함을 뜻한다. 그러므로 가정이나 학교 등 아동과 청소년의 생활권 내에서 발생하는 학대에 대하여 다양한 사회적 관심과 사회적인 지지의 표명으로 학대 자체에 대한 예방과 이미 발생한 학대의 부정적인 결과를 최소화할 수 있는 방안 마련이 요구된다.

3) 학대피해 경험과 레질리언스(resilience)

아동과 청소년의 학대피해에 대해 살펴보기 위해서는 아동학대의 개념에서 출발하는 것이 바람직할 것이다. 이는 우리나라 「아동복지법」상 아동의 연령을 18세 미만을 하여 청소년의 대부분이 포함되기 때문이다.

자아탄력성은 상황적 요구에 알맞은 융통성과 문제해결 책략을 동원할 수 있는 능력일 뿐만 아니라 자신이 처한 어려운 상황이나 위기를 성공적으로 극복하는 개인의 과정과 능력을 의미한다. 또한, 자아탄력성은 환경에 따른 스트레스, 역경 혹은 위험에도 불구하고 행동적·정서적 문제를 보이지 않고 건강하게 적응해 가는 아동을 설명하기 위해 구성된 심리학적 개념이다.

탄력성의 사전적 의미는 '다시 되돌아오는 경향', '회복력', '탄성'이며 역경이나 어려움 속에서도 그 기능을 수행하며 이전의 적응 수준으로 돌아오고 회복할 수 있는 능력을 의미한다.

(1) 레질리언스의 개념

레질리언스(resilience)는 존재하는(being) 것과 되어 가는(becoming) 과정을 의미하고 당사자 본인의 경험이라는 점이며 자신이 삶을 능동적으로 가꾸어 나갈 수 있는 능력이 있는 존재로 여긴다(전수미, 2014). 회복의 원칙은 자기－지시적이며 당사자가 스스로 역량을 부여하고 회복을 위한 계획과 실행 평가를 통해 회복해 나가는 것이다.

회복의 목표는 정상적인 사회 구성원으로 활동하는 것이다. 사람은 삶 속에서 끊임없이 스트레스 상황에 노출되더라도 모든 사람이 부정적 생활 사건이나 일상적 스트레스를 견디지 못하고 심각한 부적응 상태에 빠지는 것은 아니다. 그 어려움을 견뎌내고 새로운 삶을 살아가게 하는 원동력의 개념이다(김수안 외, 2001).

이 개념은 자신이 당면한 역경과 어려움을 도약의 발판으로 삼는 힘으로, 학문적으로는 '정신적 저항력'을 의미하고(신우열, 2009) 앞으로 닥칠 어려운 역경을 예방하는 데 긍정적인 영향을 미친다. 즉, 개인이 어려운 역경에 직면해서도 극복이 가능하고 적응적인 기능을 수행할 수 있다는 관점으로 보는 것이다(김희경, 2010).

(2) 레질리언스의 기본 요인

레질리언스가 낮은 사람은 스트레스 상황에서 경직되고 고집을 부리거나 혼란스러워하거나 산만해져 적응을 하지 못하고 자신의 실수나 역경을 회피하려는 성향이 매우 높지만, 레질리언스가 높은 사람은 설령 실수를 하더라도 그로부터 피드백을 적극적으로 받아들이는 습관이 들어 있다(이명훈, 2016).

예를 들면, 알코올중독자는 일반인보다 스트레스에 더 민감하게 반응하고 영향도 많이 받기 때문에 더 쉽게 다시 음주를 하게 된다(박병선, 2011). 음주만이 유일한 취미이며 그렇지 않은 사람에 비해서 인지 · 행동 · 정서면에서 많은 문제를 가지므로 회복에 있어 사회적 지지가 중요한 요소가 된다(한미영, 2003).

자아탄력성에 영향을 미치는 보호요인을 규명하면 다음과 같다.

첫째, 개인적 수준에 해당하는 보호요인은 활동적인 기질, 성별, 연령, 사회적 기술, 지능, 자기효율성, 유머, 타인에 대한 매력, 공감 능력 등이다.

둘째, 따뜻하고 지지적인 부모, 좋은 부모 – 자녀 관계, 부모의 화합 등이다.

셋째, 가족 외의 사회적 관계망에 해당되는 보호요인으로 가족 이외의 사회적 지지는 개인의 대처 능력에 영향을 미치는 중요한 변수가 된다.

넷째, 자신에게 닥친 사건에 대해 긍정적이고 객관적이며 정확한 스토리텔링을 할 수 있다. 부정적인 스토리텔링은 '나에게만 일어난 일인가?', '이번에만 어쩌다 그런 것인지, 나만, 언제나, 항상 다 그런가?'라는 식으로 생각하고 그 의미를 축소해서 받아들인다. 그러나 회복탄력성이 높은 사람은 나쁜 일은 덤덤하게 그 의미를 축소하고, 좋은 일에 대해 일반화해서 받아들인다.

다섯째, 대인관계 능력이다. 자기 자신과 타인을 얼마나 동일시하는지에 달려 있는 관계성은 긍정적 지지를 해 주면 긍정적인 정서가 높아지고 자아확장력이 높아져 관계 맺기에 적극적이게 된다(김주환, 2001).

(3) 레질리언스 구성

레질리언스는 위험에 직면하였을 때 이를 극복할 수 있는 가족의 회복력을 강조하는데, 구성요인은 학자마다 다양하게 제시하고 있다.

Cowen과 Hetherington은 응집력, 유연성, 공개적 의사소통, 문제해결과 신념체계 확신으로, McCubbin은 가족형태, 가족쉐마, 가족자원, 가족기능, 사회적 지지, 문제해결과 대처를 제시하고, Singer와 Power은 유연한 의미 해석, 균형 잡힌 대처, 유연한 상호의존으로, Walsh는 신념체계, 가족응집력, 의사소통 과정을 제시하였다(신준옥, 2013).

① 신념체계

신념체계는 가족기능의 핵심이며 레질리언스의 강력한 힘으로, 위기를 당한 당사자에게 응집력을 제공하고 당면한 문제에 대처하는 행동에 영향을 미친다. 그리고 당면한 역경에 의미를 부여하는 것은 위기 극복 후의 삶을 어떻게 살 것인가에 대해 새로운 비전과 목적을 가지고 변화할 수 있도록 돕는다.

역경을 잘 이겨 내면 가족 구성원과 주위 사람 사이에 믿음과 신뢰가 생기고, 과거에 어려운 역경을 극복한 경험 또한 현재 당면한 역경을 견디어 내는 데 자신감을 줄 것이다. 역경에 대한 긍정적 시각은 인내와 격려, 용기, 소망을 주며 위기나 실패를 도전으로 보고 더 강해지는 데 도움을 준다.

② 조직 유형

가족의 조직 유형은 가족 단위의 통합을 지지하고 관계를 정의하며 행동을 규제하는 신념체계에 의해 강화된다. 따라서 하부 개념을 통해 조직 유형이 어떻게 가족체계에 영향을 미치는지 이해하는 것이 중요하다.

첫째, 역할 안정성 및 융통성은 가족생활주기의 주요한 전환점이나 경제적 어려움, 가족 갈등, 기타 어려움 등 혼란의 시기에 중요하며, 위기상황에 대처하기 위한 역할 변화에도 필요하다. 레질리언스가 있는 가족은 가족 간의 역할 분담을 통해 위기나 스트레스 상황에서 기능적으로 대처할 수 있다.

둘째, 연결성은 가족 간의 역할과 지지, 협력하는 능력을 말하며 지지적인 가족은 함께 시간을 공유하고 의사결정하며 서로 지지한다.

셋째, 사회·경제적 자원은 가족 외부의 자원을 동원하고 활용하는 것으로 확대가족, 친척의 지지를 포함하여 지역사회의 지지망을 확립한다(홍정애, 2016).

③ 의사소통 과정

의사소통은 사회·경제적, 실질적, 도구적 문제해결과 관련한 모두를 포함하는 정보의 교환으로, 가족기능에 필요한 요인이다. 의사소통은 명료성, 개방적 정서표현, 상호 협력 문제해결 등 세 개의 하위요인으로 구성되며 역경의 시기에 더욱더 그 필요성이 확대된다.

첫째, 의사소통의 과정은 정보의 교환이라고 정의하며(Walsh, 1998), 명료성(명확화)은 명확하고 일관성 있는 언행을 뜻한다. 가족 구성원이 침묵하거나 왜곡된 해석을 통하여 견디기 힘든 정보를 감추고 보호하려고 한다면 의사결정할 때 장벽을 만들게 된다. 그러므로 스트레스 상황일수록 명료화는 중요하다.

둘째, 개방된 정서표현(감정표현)은 가족 구성원 사이의 다양한 감정과 욕구를 자연스럽고 서로를 존중하며 사려 깊은 방식으로 표현하게 한다. 이러한 개방적 의사소통을 위해서는 즐거움, 희망, 고통, 공포 등의 광범위한 감정을 공유할 수 있어야 한다.

셋째, 기능적인 가족은 문제가 없는 가족이 아니라 갈등을 잘 조정하고 문제를 함께 잘 다루어 나가는 가족, 즉 상호협력하여 문제를 해결하는 가족이다. 가족은 관용을 바탕으로 갈등과 문제를 회피하지 않고 직면함으로써 문제해결 기술을 향상시킬 수 있다.

6 제언

지금까지 언급한 아동학대와 관련하여 가정해체, 방임, 학대, 빈곤 등 위기 가정으로 인해 사회적 보호가 필요한 아동, 청소년에게 가정과 같은 형태의 보호·양육 서비스를 제공하는 곳이 있다. 바로 소규모 아동보호시설인 '그룹홈'이다. 이 그룹홈은 가정의 형태를 띠고 있어 시설 아동이 겪는 낙인을 예방하는 등의 장점이 있으며 전국에서 아동이 보호받고 있다.

흔히 그룹홈이라 부르지만, 정확한 명칭은 '공동생활가정'이다. 부모 등 주 양육자로부터 이탈되어 보호자가 부재한 아동에게 대응하는 방법은 크게 입양, 가정위탁, 공동생활가정 입소, 아동양육시설 입소 네 가지이다.

여기서 공동생활가정은 대규모 시설을 탈피하여 가정과 가장 유사한 환경에서 생활할 수 있도록 구성된 보호서비스이고, 아동양육시설은 흔히 보육원, 지금은 사용되지 않지만 고아원이라 불리던 대규모시설을 말하기에 그와 대비되는 개념이다. 공동생활가정은 보호가 필요한 아동에게 가정과 같은 주거 여건과 보호, 양육, 자립지원 서비스를 제공하는 것을 목적으로 한다.

이렇게 부모가 없는 아이들 혹은 부모로부터 제대로 양육받지 못하는 아이들을 잘 기르는 데 있어 국가는 어느 정도의 의지를 갖고 있을까? 사회취약계층을 시설에 한 데 모아놓는 시설 위주의 복지에서 지역생활 기반의 돌봄으로 복지 패러다임이 바뀌면서 이제는 아동뿐만 아니라 노인, 장애인을 위한 그룹홈도 늘어나고 있다.

그러나 재원 형태는 다르다. 노인 그룹홈은 중앙정부가 100% 책임지는 일반회계에서 조달하고, 장애인은 각 지자체 예산, 아동은 예산 안정성이 취약한 기금에 묶어 놓고 있다. 이 부분이 정말 중요하다. 종사자의 처우문제가 크게 차이가 나기 때문이다.

아동그룹홈 예산이 애초부터 기금 사업이었던 것은 아니었다. 원래는 보건복지부의 일반회계 사업이었다가 2014년 박근혜 정부 때 '증세 없는 복지'를 실현하는 과정에서 기금사업으로 옮겨졌다.

「사회복지사 등의 처우 및 지위 향상을 위한 법률」 제3조 제1항을 보면 "국가와 지방자치단체는 사회복지사 등의 처우를 개선하고 복지를 증진함과 아울러 그 지위 향상을 위해 적극적으로 노력해야 한다."라고 정하고 있으며, 제2항에서는 "국가와 지방자체단체는 사회복지사 등의 보수가 사회복지 전담공무원의 보수 수준에 도달하도록 노력해야 한다."라고 명시되어 있다.

그러나 아동그룹홈의 열약한 처우는 매우 열악하다. 지역아동복지센터 부분도 마찬가지이다. 그룹홈은 「아동복지법」 제52조에 근거한 아동복지시설임에도 불구하고 아동그룹홈 예산은 복지예산이 아닌 기획재정부 복권기금에서 편성하고 있다. 그나마 지역아동센터는 부족한 국고보조금에서 '우수 지역아동센터 지원'이라는 차별적 예산지원을 받고 있다.

그러면 그룹홈 종사자 처우개선을 위한 개선안은 무엇일까? 첫째, 비분권 (중앙) 복지사업 중 사회복지사 인건비 가이드라인에 적용받지 못한 지역자활센터와 노숙인 및 장애인 거주시설, 정신요양시설의 경우 최소한의 임금체계인 자체 가이드라인을 가지고 있는데, 지역아동센터와 아동그룹홈은 자체 가이드라인조차 없다. 그러므로 직급과 연차에 따른 기준이 필요하며 사회복지 종사자 인건비 가이드라인의 도입이 필요하다고 본다.

둘째, 아동그룹홈의 경우 2015년부터 보건복지부 일반예산에서 복권기금으로 편성되어 있기 때문에 사업의 안정적 발전을 위해서는 일반예산으로 전환하는 것이 필요하다.

셋째, 아동그룹홈(기타 지역아동복지센터 종사자 이하) 종사자의 경우 유사직급의 여타 종사자보다 상당히 낮은 급여를 받으며 일하고 있다. 이러한 급여 차이는 아동복지 실현에 헌신하고 있는 종사자들에게 경제적인 어려움을 겪게 할 뿐만 아니라 심각한 차별을 느끼며, 사회적 지위 격하와 심리적 소외감, 자존감 저하, 자기 회의 등의 심리·정서적인 부분에까지 영향을 미치고 있다.

넷째, 종사자들에게도 호봉제 등을 포함한 인건비 가이드라인의 적용이 필요하다. 즉, 사회복지시설 종사자 지원 기준과 동일하게 지급되어야 할 것이다.

함께 생각해 봅시다

01 부모의 학대·방임은 초기청소년의 삶의 만족도에 영향을 미치는가?

02 교사 애착은 부모의 학대, 방임이 초기청소년의 삶의 만족도에 미치는 영향을 조절하는가?

03 정서적 학대 및 방임, 자살 사고, 청소년의 상위정서철학 간의 관계는 어떠한가?

04 정서적 학대 및 방임과 자살 사고 간의 관계에서 청소년의 상위정서철학은 매개적 역할을 하는가?

05 다음의 사례를 읽고 아동학대 예방을 위한 실천적 접근 방법을 논의해 봅시다.

사례 1

청주 4세 여아 암매장 사건 1년…시신 행방은?

친모 학대에 숨진 4세 시신까지 암매장

친모 스스로 목숨 끊어…시신 암매장 계부 징역 3년 확정

청주 4세 여아 암매장 사건에 피해자 A 양은 2007년 8월 청주에서 태어났다. 하지만 당시 미혼에 28살이었던 친모 한 모 씨(38)는 아이를 키울 수 없었고 아동위탁가정과 보육원을 전전한 A 양은 2011년 4월이 되어서야 다른 사람과 결혼을 한 친모와 함께 살게 됐다.

이제 평범한 가정에서 그동안 몰랐던 가족의 사랑을 받으며 살 수 있을 것 같았지만 A 양의 불행은 이때부터 시작됐다. 함께 살게 된 지 3개월이 지난 7월부터 부부 사이가 좋지 않을 때마다 친모 한 씨는 A 양에게 책임을 돌렸고 이는 밥을 주지 않거나 폭행을 하는 등 학대로 이어졌다. 상처를 받은 A 양이 계부 안 모 씨(40)에게 의지하는 모습을 보이자 오히려 한 씨는 딸이 남편을 유혹하려 한다는 말도 안 되는 망상에 빠지게 된다. 아내의 편집증적 행동에 안 씨 역시 A 양을 멀리하게 됐고 때때로 아내와 A 양에게 손찌검하기 시작했다. 결국 이 가족의 위태로운 생활은 2011년 12월 21일 파국에 달했다.

한 씨는 딸이 소변을 가리지 못한다는 이유로 욕조에 물을 받아 아이의 머리를 집어넣었고, A 양은 숨졌다. 한 씨는 퇴근한 남편에게 이러한 사실을 전하면서도 신고를 말렸다.

임신한 아내의 말에 안 씨 역시 신고를 하지 않았고 이들 부부는 숨진 딸의 시신을 나흘가량 집 베란다에 방치한 뒤 진천의 한 야산에 유기했다. 그날은 대부분의 어린이가 선물을 받고 가족과 행복한 시간을 보내는 성탄절이었다. 그렇게 시간이 흘렀고 두 부부는 아이를 낳고 이사를 하며 평범하게 지내 왔다.

A 양이 초등학교에 입학할 때가 되자 입학 신청을 해 아이가 멀쩡한 것처럼 서류를 꾸몄지만, 막상 입학식 이후에는 학교 등에 홈스쿨링을 하겠다고 둘러댔다. 학교의 가정방문은 거부했다. 교육 당국 역시 A 양을 정원 외 관리대상자로 지정하면서 더는 관심을 두지 않았고 부부는 위기를 넘겼다.

하지만 2015년 연말 인천 맨발 소녀 사건과 2016년 2월 평택 원영이 사건이 발생한 뒤 정부의 미취학 아동에 대한 대대적인 전수조사가 실시되면서 A 양의 행적에도 의문이 생겼다. 교육 당국과 청주시는 계부인 안 씨에게 A 양의 소재를 물었고 명확한 설명을 듣지 못하자 경찰에 신고했다. 2016년 3월 18일 경찰에서 A 양 소재와 관련된 조사를 받은 한 씨는 집으로 돌아온 뒤 4년 전 딸을 숨지게 하고 시신을 유기했다는 내용의 유서를 남긴 채 스스로 목숨을 끊었다.

경찰은 안 씨를 긴급체포하고 A 양의 시신을 찾기 위해 8차례에 걸쳐 수색에 나섰지만 성과를 거두지 못했다. 대규모 인력과 굴착기 등 장비, 경찰 탐지견과 지표면 투과 레이더까지 동원했지만 소용없었다. 친모 한 모 씨(37)는 자신의 아이를 숨지게 하고 유기한 뒤 스스로 목숨을 끊었다.

출처: 남궁형진(2017. 3. 19).

사례 2

아동학대 뉴스 많은 인천, 실제로도 그럴까?

지난 28일 포털사이트 네이버의 한 육아 커뮤니티에는 '왜 항상 아동학대 어린이집은 인천일까요?'라는 제목의 글이 올라왔다. '어린이집 아동학대 뉴스가 나오면 배경이 인천인 경우가 많은 이유가 궁금하다.'라는 내용이었다.

인천에서는 아동학대 사건이 꾸준히 발생했다. 최근에는 인천 서구 한 어린이집 보육교사 A 씨(41, 여)가 원생 B 군(6)을 학대했다는 신고가 접수돼 경찰이 수사에 나섰다. 경찰은 A 씨가 B 군의 머리를 2차례 강하게 때리는 어린이집 폐쇄회로(CCTV) 영상을 확보하고 조사를 벌이고 있다.

이달 중순에는 원생들을 상습 학대한 혐의로 연수구 한 어린이집 원장 C 씨(55, 여)와 그의 딸인 보육교사 D 씨(30)가 경찰에 붙잡혔다. 이들은 1~2세 아이들을 두 다리 사이에 끼우고 밥을 강제로 먹이고 때리거나 방치한 혐의를 받고 있다.

2015년 1월 30일에 보육교사가 네 살 여아가 바닥에 넘어질 정도로 뺨을 강하게 때리는 영상이 공개돼 사회적 공분을 산 사건도 인천 송도동에서 발생했다. 이 사건은 어린이집 CCTV 설치와 영상을 60일 이상 보관할 것을 의무화한 「영유아보육법」 개정까지 이끌어냈다.

2012년 9월부터 2015년 12월까지 3년 4개월간 집에 감금된 채 음식물 쓰레기를 먹고 구둣주걱으로 맞는 등 친부(34)와 그 동거녀(38)에게 학대를 당하다 혼자서 맨발로 탈출한 11살 소녀 사건도 인천 연수구에서 있었던 일이다.

이 사건 이후 전국 장기결석 아동에 대한 전수조사가 진행돼 경기 부천 초등학생 살인 사건 등이 추가로 드러났다(2016 전국아동학대 현황보고서).

그렇다면 아동학대가 인천에서 정말 많이 발생했을까? 중앙아동보호전문기관이 지난달 공개한 '2016 전국아동학대 현황보고서'를 보면 지난해 아동학대 의심사례 신고접수 건수는 모두 25,878건에 달했다. 경기가 5,953건(23.0%)으로 가장 많았고, 서울 3,439건(13.3%), 인천 1,823건(7.0%), 전북 1,775건(6.9%), 경북 1,677건(6.5%) 등 순이었다. 기초자치단체에선 경기 안산시 단원구 542건(2.1%), 인천 남동구 477건(1.8%), 안산시 상록구 399건(1.5%)이 1~3위를 차지했다.

반면 아동인구 1,000명당 피해아동 발견율은 전북이 4.66%, 전남 4.23%, 강원 4.01%, 충북 3.50%, 울산 3.18%, 경북 2.51% 순이었다. 인천은 2.32%로 여덟 번째였다. 전국 평균은 2.15%였는데, 아시아 선진국 피해아동 발견율이 4~8%에 이르는 만큼 2.0% 가까이 숨겨진 피해아동이 있다는 게 전문가들의 분석이다.

성인을 포함한 인구 1,000명당 아동학대 신고건수는 전북이 0.96건으로 가장 많았고, 전남 0.84건, 강원 0.82건, 충북 0.77건, 제주 0.74건 등이 뒤를 이었다. 인천은 경북과 함께 0.62건으로 일곱 번째였다.

아동보호전문기관 관계자는 "언론에 보도되는 사례가 많다고 해서 아동학대가 많다고 단정할 수는 없다. 어린이집·유치원에서 아동학대가 많이 발생하는 것으로 보이지만 가해자의 80%는 부모."라고 말했다. 지난해 학대행위자의 80.5%는 부모였다. 보육교직원은 3.1%, 아동복지시설 종사자는 1.4%에 불과했다. 학대 발생장소도 가정이 82.2%, 어린이집·학교·유치원은 3.2%였다.

황옥경 서울신학대 보육학과 교수는 "인천, 경기는 젊은 층이 많아 영유아 인구 비중이 높고 사회적 이슈에 대한 민감도가 높아 시설 종사자나 부모들의 내부 고발, 신고가 많은 것으로 보인다. 시설들이 관습, 관행에 젖은 채 편법, 부실 운영하는 것이 근본적인 원인으로 지방자치단체에서 이 부분에 관심을 갖고 시설들도 높아진 학부모들의 기대에 맞게 달라져야 한다."라고 말했다.

출처: 이환직(2017. 12. 3).

사례 3

울산 입양아동 학대 사망 사건

2살 입양아 학대 숨지게 한 엄마, 살인죄 적용

양육하던 25개월 아동을 쇠파이프(옷걸이 지지대)로 수십 회 폭행해 사망에 이르게 한 피의자 김 모 씨(46, 여)를 경찰이 체포해 수사한 결과, 살인행위로 밝혀졌다고 4일 밝혔다.

울산지방경찰청(청장 김성근) 성폭력특별수사대에 따르면 김 씨는 지난해 12월 9일 피해자 A 모 아동(25개월, 여)을 입양한 후, 평소에 피해자가 자신의 말을 잘 듣지 않는다고 수시로 폭행하고 학대행위를 했다.

지난 25일에는 피해아동이 콘센트에 젓가락을 꽂는 장난을 한다는 이유로 약 75cm의 쇠파이프로 엉덩이, 허벅지, 팔 등을 수십 회 폭행하던 중 머리를 문과 방바닥에 부딪혀 경막하 출혈 등으로 사망케 했다.

경찰은 남은 자녀 2명의 안전을 최대한 보장하기 위해 보호시설에 보호하고, 심리전문요원(CARE), 해바라기센터 등과 함께 병원 진료와 심리 치료를 하고 있다.

앞서 지난 26일 아동의 모가 119에 아동 사망 사건 신고하고 후송한 병원인 C 병원 응급실에서 피해자의 전신에 멍든 자국을 통해 폭행 사실이 밝혀졌다.

경찰수사에서 김 씨는 최초 진술에서 플라스틱 자로 폭행했다고 했으나 수사 결과 쇠파이프로 확인됐으며, 약 30분간 피해자의 엉덩이, 허벅지, 팔 등 전신을 수십 회 폭행했다. 또한, 매운 고추를 잘라서 물에 타서 마시게 하고, 샤워기로 차가운 물을 얼굴을 비롯한 전신에 뿌리는 학대행위로 경막하 출혈, 다발성 출혈 등으로 사망에 이르게 한 것이 확인됐다.

김 씨는 아동을 입양하기 위해 재산 관계를 부풀려 양육 능력을 증명하는 자료로 사용하고, 살고 있는 집, 사무실, 식당 등의 부동산임대차계약서, 사설무용협회장 명의 재직증명서를 위조했다.

경찰은 "남편 전 모 씨(50)를 상대로 수사한 결과 양육비를 제대로 지급치 않아 도시가스가 끊어지고, 단전·단수가 될 지경에 이르도록 보호 의무를 제대로 이행하지 않는 등의 방임행위가 확인돼 형사입건했다."라고 밝혔다.

출처: 박기동(2014. 11. 4).

사례 4

칠곡 계모 아동학대 사망 사건

내 새끼 내 맘대로 할 수 있다는 생각부터 버려야

2013년 10월 경북 대구지역 조간신문에는 '8세 여아 때려 숨지게 한 친언니와 계모 사법처리'라는 제목의 단신 기사가 실렸다. 당시 12세였던 언니 김 모 양은 여동생 배를 여러 차례 폭행해 숨지게 한 주범으로 소년법원에 넘겨졌고, 폭행에 가담한 계모 임 모 씨가 종범으로 기소됐다는 이 기사는 큰 주목을 받지 않았다. 단순한 가족분쟁 정도로만 여겼기 때문이다. 하지만 이듬해 4월 동생을 죽인 것은 임 씨이고 임 씨의 학대가 두려워 김 양이 동생을 죽였다고 허위진술을 했다는 사실이 공개되면서 세간의 공분을 자아냈다. 이른바 '칠곡 계모' 사건으로 알려진 아동학대 사건이었다. 이후 상해치사 혐의로 재판을 받게 된 임 씨에게 대법원은 징역 15년을 선고했다.

중앙선데이는 이 사건에서 김 양 측을 도왔던 이명숙 변호사(55)를 지난 12일 서울 서초동 사무실에서 만나 아동학대 방지를 위한 근본 해법을 물었다. 칠곡 계모 사건 이후 「아동학대 범죄의 처벌 등에 관한 특례법」이 제정되는 등 수많은 대책이 시행됐지만, 유사 사건이 빈번히 발생하고 있기 때문이다. 최근에만 해도 '고준희 양 실종 사건', '광주 3남매 화재 사망 사건' 등 안타까운 사건들이 이어졌다. 한국여성아동인권센터를 설립해 아동학대 피해자들에 대한 공익적 법률 지원 활동을 이어 나가고 있는 이 변호사는 "'내 새끼 내 마음대로 할 수 있다'는 인식부터 바꿔야 한다."라고 강조했다.

"왜 체벌에 무감각할까?"라는 질문에

"유교적 문화의 영향이 크다. 병든 노부모를 위해 자기 아이를 먹였다는 얘기가 미담처럼 전승되기도 했던 사회 아니었던가. 자녀를 부모 소유물로 인식하고 때려서라도 가르쳐야 한다는 문화가 사회 전반에 퍼져 있다. 법에도 반영돼 있다. 「민법」 제915조 '친권자는 그 자를 보호 또는 교양하기 위하여 필요한 징계를 할 수 있다.'라는 규정이 대표적이다. 또 자녀가 부모를 살해하는 존속살해의 경우 가중처벌하지만 부모가 자녀를 살해한 경우는 별도 규정이 없고 오히려 형이 일반 살인 사건보다 감경되는 경우가 많다. 전형적인 성인 위주의 법체계인 셈이다. 이 같은 사회 문화적 요소들이 우리 인식 전반에 퍼져 있는 탓에 체벌이 허용되는 거 같다."

"어떻게 바꿔야 할까?"라는 질문에

"아주 약한 정도의 부모 체벌도 금지해야 한다. 학교에서 체벌이 금지되니 이제는 때리는 교사를 찾기가 힘들지 않나. 불과 10여 년 전만 해도 선생님한테 맞은 애들이 부지기수였는데 요즘엔 정말 많이 줄었다. 법으로 강제하니 그렇게 된 것이다. 일단 법으로 부모 체벌도 금지해야 한다. 수년 전에 어린이집 학대 문제가 불거져 CCTV 설치가 의무화됐는데 이건 전시행정, 예산 낭비다. 사실 CCTV가 필요한 건 오히려 가정이다. 학대 가해자의 80%가 부모이기 때문이다. 가정에서부터 폭력을 막아야 한다."

"부모는 왜 학대하나?"라는 질문에

칠곡 계모 아동학대 사망 사건은 계모가 의붓딸을 마구잡이로 폭행하여 숨지게 한 혐의로 계모와 친아버지가 구속기소된 사건이다.

2014년 5월 24일, SBS "그것이 알고 싶다" 제작진이 〈새엄마를 풀어 주세요 - 소녀의 이상한 탄원서〉 제목으로 사건에 대해 보도했다.

2019년 5월 22일, 사건을 모티브로 한 영화 '어린 의뢰인'이 개봉하였다.

의붓어머니 임 씨는 2013년 8월 14일 오후 의붓딸 A 양(사망 당시 만 8세)을 때린 뒤 복통을 호소하는데도 병원에 데려가지 않아 장간막 파열에 따른 복막염으로 숨지게 한 혐의 등으로 구속기소됐다. 또한, A 양의 언니(만 12세)에게 동생을 죽였다는 허위진술을 강요하여 공범으로 기소되게 하였으며, 추가 수사 과정에서 A 양 언니는 공범이 아닌 피해자로 밝혀졌다.

임 씨는 A 양 언니에게 말을 듣지 않는다며 세탁기에 가둬 돌리고, 성추행과 욕조에 가둬 물고문을 하였다. 또한, 친아버지 김 모 씨는 범행에 가담한 혐의로 함께 구속기소 되었다. 숨진 A 양의 장례식 지원비를 문의하러 군청에 갔으나 사회복지 공무원 측은 장례식 지원비는 소득과 일정한 직업이 없는 기초생활수급자만 지급하게 되었으니 본인이 신청할 수 없다는 결론을 내려 임 씨는 빈손으로 돌아갔다.

이를 수상이 여긴 칠곡군청 직원은 경찰에 수사 의뢰를 해 계모 임 모 씨를 체포하였고, 수사 중인 친아버지 김 모 씨가 숨진 딸의 통장에서 400만 원을 내어 달라며 군청 은행에 찾아간 것을 알게 된 김 모 양 고모는 군청에 전화를 걸어 돈을 찾지 못하게 해 달라고 부탁을 하였다. 결국 친아버지 김 모 씨는 돈을 한 푼도 받지 못하고 돌아서게 되었고 불구속 입건되어 재판하였으나 결국 법정구속되었다.

임 씨 부부는 A 양을 학대해 숨지게 한 혐의(상해치사죄)로 기소되어 2014년 4월, 징역 10년과 징역 3년을 각각 선고받았다. 또한, A 양의 언니를 학대한 혐의로 추가 기소된 사건에서는 같은 해 11월, 징역 9년과 징역 3년을 추가로 선고받았다. 2015년 대구고등법원 제1형사부에서 항소심 재판이 진행되었으며, 검찰은 징역 35년을 구형했다.

대구고등법원 제1형사부(부장판사 이범균)에서는 계모 임 모 씨에게 자녀를 장애로 만들어 사회 지장이 있게 만드는 점, 정상적인 복지 방해 및 교란 발달 지연으로 폭행을 해 숨지게 한 점, 장례식 지원비 신청하러 군청 사회복지과를 찾은 점, 공무원에게 업무 방해를 한 점을 고려해 '숨진 사실을 알고 있었다.'라며, 살인죄를 면제하는 대신 상해치사죄를 적용하였고 15년으로 감형하였다. 또한, 학대를 방관하고 자녀들을 보호하지 않은 친아버지 김 모 씨에게는 4년 형을 선고하였다.

검찰은 피고 계모 임 모 씨와 친부 김 모 씨는 형량에 부당하다며 대법원 전원합의체에 상고 신청하였다. 그러나 검찰의 상고는 대법원에서 받아들이지 않았다. 대법원은 피고 계모 임 씨에게 징역 15년 및 성폭력 치료 프로그램 이수, 학대교사 및 방조를 한 친부 김 씨에게 징역 4년의 원심을 확정하여 검사의 상고를 기각하였다. 결국 이 학대 사건 재판은 종결되었다.

출처: 박민제(2018. 1. 14).

사례 5

김해 여고생 살인 사건

[탐사기획 - 누가 아이들의 性을 사는가] 청소년 성매매범 모는 法 이제 바꿔야

조진경(49) 십대여성인권센터 대표는 우리나라 현행법이 아이들의 성을 보호하는 데 전혀 제 기능을 하지 못하고 있다고 19일 강조했다. 아이들을 '성매매범'으로 몰아 '늪'에 빠뜨리고 있다는 것이다. 그는 "현재는 성적인 학대나 착취를 당해도 청소년 스스로 이를 입증해야 하는 시스템"이라고 꼬집었다. "우리 사회에 '누구 한 명이 죽어야 바뀐다'는 말이 있잖아요? 근데 청소년 성 착취 문제는 아이들이 죽어도 안 바뀌고 있어요. 왜 이 문제를 방치하고 있는지 제 상식으론 도무지 이해할 수 없습니다."

또래가 또래를 성매매를 시키다 죽음에 이르게 한 2014년 '김해 여고생 암매장 사건', 2015년 30대 남성이 '조건만남'으로 만난 중학생을 목 졸라 숨지게 한 '관악 여중생 살인 사건'만 보더라도 선진국이었으면 벌써 법 개정이 됐을 법한 일들이란 것이다. "'떡볶이를 얻어먹었다' 등을 이유로 법원이 13세 지적장애 여학생과 성인 남성의 관계를 '성매매'로 규정했던 '하은이 사건'도 그래요. 우리 사회가 아이들의 성 보호에 얼마나 무감각한지 단적으로 보여 주고 있죠."

청소년 성 착취 인식 조사 (단위: %)

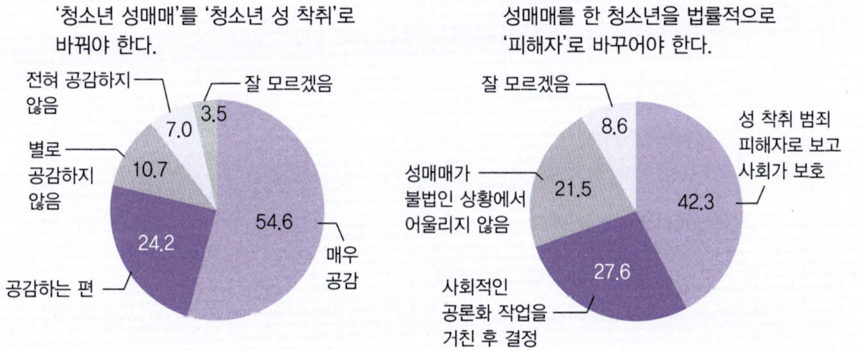

그간 국회에서는 랜덤채팅앱의 규제, '대상 아동·청소년' 조항 삭제를 골자로 한 '아청법' 개정안이 5차례 발의됐지만 '정보기술(IT)산업 위축', '재유입 가능성' 등 반대론에 부딪혀 번번이 폐기됐다. 조 대표는 현재 남인순 더불어민주당 의원이 지난 2월 발의한

아청법 개정안 통과에 총력을 쏟고 있다. 법 개정으로 모든 문제를 해결할 순 없겠으나 적어도 '국가가 아이들의 성에 무관심하지 않다'는 의지만은 확인할 수 있다는 것이다.

최근 채팅앱 규제가 해법으로 제시되지만 그의 생각은 조금 달랐다. 채팅앱은 지금 시대의 '성 착취 수단'일 뿐이란 거다. 그는 '아이들의 성을 보호해야 한다'고 인식이 바뀌는 것이 먼저라고 본다. "협박과 강요 속에서 아이들이 조건만남을 몇백 번 했다는 등 기사가 매일 같이 나오고 있어요. 이걸 보고도 공분하지 않는 사회야말로 미친 거죠. 과연 우리에게 미래가 있는 걸까요?"

출처: 박현준 · 남정훈 · 권구성 · 이창수 · 김주영 · 김청윤(2018. 12. 19).

사례 6

인천 송도 어린이집 아동 폭행

최근 어린이집에서 아동학대 사건이 잇따르는 가운데 이에 대한 처벌 강화 목소리가 높아지고 있다. 지난 22일 청와대 국민청원 게시판에는 학대로 숨진 '성민이 사건'을 잊지 말아 달라며 이 사건 직후에도 처벌은 여전히 솜방망이라며 처벌 강화의 호소도 올라왔다. 현재 비슷한 취지의 관련 청원은 800건이 넘는 상태다.

'성민이 사건'이란, 당시 이 사건을 수사한 경주경찰서에 따르면, 2007년 5월 울산시 북구의 한 어린이집에 다니던 이성민(당시 2세) 군이 75cm 높이의 피아노 의자에서 떨어져 장파열로 인한 복막염으로 숨진 사건을 말한다.

당시 경찰은 부산대 의학전문대학원 법의학연구소에 부검을 의뢰, 사인은 '외상성 소장 파열에 의한 복막염'으로 밝혀졌다. 검찰은 어린이집 원장 부부가 성민이의 배를 주먹과 발로 폭행한 것으로 보고 상해치사죄 등을 적용했지만, 원장 부부는 성민이가 피아노에서 떨어진 것이라며 혐의를 부인했다.

당시 1심 재판부는 업무상 과실치사 혐의만 인정했다. 하지만 항소심 재판부는 아동학대를 추가, 원장에게 징역 1년 6월, 남편에게 징역 1년 6월에 집행유예 3년을 선고했고, 이는 대법원에서 확정됐다.

청원인은 이와 같은 사실과 함께 이 사건 이후에도 달라지지 않은 아동학대 현실과 솜방망이 처벌을 개탄했다. 청원인은 "이미 오래된 사건이라 재수사가 어려운 것 알고 있습니다."라면서도 "아직도 계속 아이들이 학대와 사고로 죽어 나가고 있음에도 이해할 수 없는 형량과 심지어 처벌을 받지도 않는 법들은 꼭 개정해야 한다고 생각하기 때문"이라며 청원 이유를 밝혔다. 또한, "이미 처벌받은 사건을 다시 처벌받게 할 수는 없지만, 아동학대에 대한 나라의, 국민의 인식이 꼭 바뀌어야 하고 관련 법을 꼭 개정해야 한다고 생각한다."고 강조한 뒤 "대통령님, 모든 국민께서 꼭 기억해 주고 이 가엾은 생명을 잊지 말아 주세요"라고 호소했다.

이 청원은 25일 오전 10시30분 기준 189,808명이 동의를 한 상태다. 이 밖에도 국민청원 게시판에는 800건이 넘은 아동학대 문제를 조속히 해결해 달라는 청원이 빗발치고 있다. 한 청원인은 "불쌍한 아이들을 위해 사회가 나서야 할 일"이라며 "앞으로 어린이들의 안전이 안심할 수 있도록 잘 보장됐으면 좋겠다."며 어린이집에 등원하는 아이들의 안전에 대해 목소리를 높였다.

한편 보건복지부는 24일 '어린이집 통학차량 안전사고 및 아동학대 근절 대책'을 국무회의에 보고했다. 보건복지부의 이번 대책은 지난 20일 문재인 대통령이 최근 어린이집에서 잇단 사고가 발생하는 것과 관련해 유사 사례가 발생하지 않도록 해결대책을 마련하라고 한 지시의 후속 조치다.

보건복지부는 아동안전 관련 규정에 따라 디지털 기술을 이용해 실시간 어린이집 안전 확인 시스템을 도입한다. 또 차량 내부에는 '잠자는 아이 확인 장치'를 올해 말까지 도입한다. 아동학대 예방적 조처에 대해서는 어린이집 운영 관리책임자인 원장과 어린이집 운영 관리·감독 권한을 가진 지방자치단체 관리 책임을 강화한다.

아동학대 발생 시 해당 시설 원장은 향후 5년간 타 시설에 취업할 수 없도록 한다. 또 아동학대에 제한됐던 '원스트라이크 아웃제' 적용 범위를 통학차량 사망사고 등 중대한 안전사고까지 확대한다.

보육교사에 대한 예방교육도 강화한다. 차량 운전자에 한정된 안전교육 이수 의무를 동승 보육교사까지 확대하고 이동학대에 관련된 예방교육도 구체적 사례 중심으로 시행한다. 또한, 교사들의 업무 과중에 대해서는 서류 간소화, 행정업무 자동화 등을 통해 보육에 전념할 수 있도록 하는 근무환경을 조성하도록 하고, 나아가 근본적으로 보육교사의 8시간 근무를 보장할 수 있는 보육 지원체계 개편방안을 마련해 나간다.

출처: 한승곤(2018. 7. 25).

사례 7

울산지검, 계모 의붓딸 학대 사망 사건 항소

울산지검은 소풍을 보내 달라는 8살 의붓딸을 무차별 구타해 숨지게 한 계모 박 모(40) 씨에 대한 1심 판결에 불복, 항소했다고 16일 밝혔다.

검찰이 밝힌 항소 이유는 법리 및 사실오인과 낮은 형량이다. 박 씨에게 살인의 미필적 고의가 있었음에도 재판부가 이를 잘못 해석해 살인죄가 아닌 상해치사죄로 기소했다는 게 검찰의 판단이다. 미필적 고의에 의한 살인은 죽음에 이를 수 있다는 사실을 알면서 폭력을 행사해 피해자가 사망에 이른 경우에 인정된다.

검찰은 어린아이의 갈비뼈는 유연성이 있어 성인보다 잘 부러지지 않는 것을 감안할 때 강력한 폭력이 이어졌고 그 과정에서 아이가 죽을 수도 있다는 생각을 박 씨가 했을 것으로 판단했다.

이에 지난달 11일 열린 결심공판에서 검찰은 살인의 미필적 고의가 있었다며 박 씨에게 법정 최고형인 사형을 구형했다.

하지만 지난 11일 울산지법 101호 법정(재판장 정계선)에서 열린 선고공판에서 재판부는 박 씨에게 살해의 고의가 없었다며 검찰이 기소한 살인죄 대신 상해치사죄로 징역 15년을 선고했다.

당시 재판부는 범행 장소가 피고인의 집이어서 마음먹기에 따라 흉기 등을 사용하는 것이 어렵지 않았음에도 오로지 손과 발을 이용해 피해자를 구타하고 치명적이라고 생각되는 머리와 몸통 부분을 구분해 폭행한 점을 그 근거로 들었다.

또한, 폭행 당시 출혈이나 호흡곤란 등의 증상은 없어 피해자가 사망에 이르는 등의 심각한 상황임을 피고인이 인식할 수 없었던 점, 사망의 직접적 원인이 된 골절된 일부 갈비뼈가 피고인의 심폐소생술에 의해 골절됐을 가능성이 있는 점 등도 고려됐다.

이후 예상보다 낮은 형량에 방어 능력이 없는 아이를 상대로 한 잔인한 사건을 일반 범죄의 잣대로 기계적으로 판결했다는 비판 여론이 일었다.

2심 재판은 부산고등법원에서 열리며 사건배당과 재판부 배정에 한 달 반 정도 소요되는 만큼 5월 이후에나 정확한 변론기일이 잡힐 것으로 예상된다.

한편 박 씨는 지난해 10월 울주군 범서읍 자신의 아파트에서 "친구들과 소풍을 가고 싶다."는 8살 난 이 모 양의 머리와 가슴 등을 1시간 동안 주먹과 발로 때려 숨지게 한 혐의로 살인죄로 기소됐다.

이 양의 시신을 부검한 결과 박 씨의 폭력으로 갈비뼈 24개 중 16개가 부러진 사실이 알려지면서 이 사건은 전국적으로 큰 충격을 줬다.

출처: 유재형(2014. 4. 16).

사례 8

평택 아동 살해 암매장 사건

'여장 암매장 남'에 '중형 30년 형 선고' … 재판부는 어디에 주목했나?

"살인은 무엇보다도 존엄한 가치인 사람의 생명을 침해하는 행위입니다. … 그럼에도 불구하고 피고인은 납득할 수 없는 이유로 피해자를 살해했습니다."

징역 30년 형에 보호관찰 5년. 무도장에서 만난 지인 A 씨를 살해하고 암매장한 뒤, 여장을 한 채 피해자 계좌에서 현금을 인출한 박 모 씨(48)에게 서울북부지법 형사합의13부(부장판사 강혁성)는 중형을 내렸다.

박 씨는 살인과 사체손괴·절도 등의 혐의로 구속기소됐다. 1심 재판부는 "(피고인이) 고인의 시신을 잔인하게 손괴한 뒤 매장했다. 피고인은 사망한 피해자 지갑에서 카드를 꺼내 여장을 한 채 자동인출기에서 예금을 인출했다. 피해자 명의로 가능한 대출 한도를 조회한 후 현금서비스를 받는 등 상식적으로 쉽게 납득하기 어려운 행태를 보이기도 했다."고 말했다.

또 "(피고인은) 죄질이 극히 불량하며, 자신이 지른 범행의 심각성을 인식하지 못한 것으로 보인다."면서 "피해자 가족들은 피해자의 충격적인 죽음으로 인해 심각한 정신적 고통을 호소하고 있다."라고 양형 이유를 밝혔다.

살인의 경우 양형 기준상 권고형은 징역 15년에서 무기징역이다. 박 씨의 사건에서는 A 씨의 사체를 손괴한 점이 특별양형인자로 적용됐다. 절도를 저지른 경우에는 징역이 6개월에서 1년 6개월 적용될 수 있다.

박 씨의 경우 살인과 사체손괴를 저질렀고 피해자의 카드를 절도했으며, 사체를 은닉, A 씨의 대출한도를 조회하는 등 복합적으로 범행을 저질렀다. 30년의 중형이 내려진 데에는 이와 같은 부분이 적용된 것으로 보인다.

과거 결별을 통보한 여자친구를 살해한 남성의 경우 대법원판결에서 징역 18년 형을 확정했다. 지난 2016년 평택 아동 살해 암매장 사건의 경우에는 계모 김 모 씨가 징역 27년, 친부 신 모 씨는 징역 17년 형을 선고받았다.

한편 재판에서는 박 씨가 A 씨를 살해한 이유도 공개됐다. 박 씨는 A가 연인 관계인 B에게 관심을 가지자 이에 격분해서 살해했다. A 씨는 지난 6월께 무도장에서 박 씨를 만나 5년간 사귀어 온 여성 B 씨에게 '관심이 있다'는 이야기를 전달했다.

이후 피해자가 "내가 동생 여자친구를 이전부터 좋아했는데, 성격도 밝고 내가 한번 사귀어 보면 안 되나? 동생(박 씨)이 양보해", "… 다시 생각해 봐. 내가 200만 원 줄 테니까. 동생이 군자(무도회장이 있던 곳, 박 씨, B 씨 등의 만남의 장소)에게 안 나오고, 내가 B에게 최선을 다할게. 양보하면 안 돼."라며 박 씨에게 거듭 권유하자 피해자를 처참히 살해했다. 박 씨는 이후 시체를 손괴하고 매장하기에 이르렀다.

피고인은 지난 1998년부터 2018년까지 일곱 차례에 걸쳐 형사처벌을 받은 전력이 있었다. 두 차례는 향토예비군법 위반, 세 차례는 재산범죄, 두 차례는 폭력범죄였다.

지난 2000년 폭력 행위 등 처벌에 관한 법률 위반으로 기소됐을 때는 피해자에게 "사람을 토막 내어 죽여 담으려고 냉장고까지 준비했다."라고 언급한 사실도 확인됐다.

출처: 김성우(2018. 11. 18).

사례 9

부천 초등학생 토막 살인 사건

[사설] 자녀는 '내 소유물'이라는 인식 버려야

최근 경기도교육청이 초등학교 입학을 앞둔 도내 아동에 대한 전수조사를 한 결과 2월 중순까지 188명의 행방이 확인되지 않은 가운데, 예비소집에 불참했던 아동의 유기 사실이 드러나 충격을 주고 있다.

지난해 '평택 아동 암매장 살인 사건', '부천 초등학생 토막살인 사건' 등 국민적 공분을 낳았던 도내 아동학대 사건을 계기로 우리 사회는 다양한 예방책을 마련한 바 있다. 경기도와 시·군, 경기도 경찰청, 경기도 교육청, 경기도 내 지역아동센터와 아동보호전문기관이 함께 학대아동 예방 조기발견 시스템을 구축하고 학대아동에 대한 보호와 지원 체계를 강화하기로 한 것이다.

도는 아동보호전문기관과 시·군, 경찰청과 함께하는 합동 TF팀을 구성하고 2011년부터 2015년까지 최근 5년 동안 아동보호전문기관에서 보호를 받았던 7천여 명을 대상으로 안전 여부를 확인했으며, 재학대가 의심된 경우 보호조치와 심리치료를 하고 있다.

하지만 이런 노력에도 불구하고 지난 18일에는 8살 남자아이가 계모에게 맞아 숨진 사건이 발생했으며, 불과 3일 뒤에는 이천에서 3살 여아가 숨졌는데 친모와 외할머니로부터 심한 구타와 학대를 받아온 것으로 드러났다.

중앙아동보호전문기관에 따르면 전국 아동학대 신고 19,000건 중 교사, 의료인, 사회복지시설 종사자 및 공무원 등 '신고의무자'의 신고 건수는 29.5%인 4,900건에 불과한 것으로 나타났다. 신고의무자가 아니더라도 주변에서 아동학대를 발견할 시 누구나 도움의 손길을 내밀 수 있도록 하는 지속적인 캠페인을 펼쳐야 한다.

특히 아동보호 전문가들은 아동학대 사건이 발생할 때마다 부모의 인식개선이 가장 필요하다고 강조한다. 아동학대 의심으로 경찰까지 출동한다 해도 해당 부모들은 "내 아이를 내가 훈계하는데 왜 경찰이 와서 개입하느냐"고 항의하기 일쑤라 한다. 이런 태도는 결국 자녀가 '내 소유물'이라는 인식이 강하기 때문일 것이다.

정부는 아동보호전문기관과 경찰의 역할을 조금 더 확대해서 아동학대의 의심사례가 발견된 경우 적극적인 보호 조치를 할 수 있도록 제도를 개선하고, 문제가 된 부모의 인식을 변화시킬 수 있는 교육 프로그램을 마련해야 할 것이다.

출처: 경인일보(2017. 2. 24).

사례 10

부천 여중생 백골 살인 사건

상처 위에 피어난 꽃, 벽화길이 조성된 강력범죄 발생지 르포
"예쁘다" "걸치레다" 주민들 의견 분분

깊은 상처 위에 화사한 꽃이 폈다. 꽃이기에 "아름답다"는 반응도 있지만 "빛 좋은 개살구"라는 반응도 공존한다. 끔찍한 수법으로 세상을 공포에 떨게 했던 '오원춘 사건', '수원 팔달산 토막 시신 사건', '부천 여중생 백골 시신 사건' 등 강력 사건 현장 주변에 그려진 벽화 얘기다. 〈일요신문〉은 경기도 수원시 팔달구 일대와 경기도 부천시 소사본동을 찾아 벽화길을 둘러싼 주민들의 진솔한 이야기를 들어 봤다.

범죄율이 높았던 수원시 팔달구 지동이 벽화 그리기 사업으로 밝아졌다.

멀리 내다보이는 성벽 아래 저층의 허름한 집들이 오밀조밀 모여 있는 동네. 수원시 팔달구 지동에 도착하자마자 마을 어귀에 세워진 '지동벽화마을' 안내판이 눈에 띄었다.

해당 안내판을 따라 걷다 보니 금세 낡은 집 외벽에 덧씌워진 벽화가 여럿 보였다. 크리스마스트리, 고은의 시를 담은 알록달록한 벽화들은 위압적이지 않은 지동의 분위기와 꽤 잘 어울려 보였다. 4년 전 지동에서 미용실을 열었다는 30대 여주인도 비슷한 생각인 듯했다.

"'오원춘 사건'이 터진 다음에 동네 분위기가 확 안 좋아졌었는데 이렇게 벽화를 그려 놓으니 낡지만 따뜻한 마을 느낌이 나서 좋더라고요. 바뀐 동네 분위기를 참고삼아 직접 아크릴 물감을 사서 우리 미용실 벽과 천장에도 해바라기 그림을 그렸어요."

범죄율이 높은 지역으로 알려진 수원시. 수원시가 이런 오명을 벗고 안전하고 살기 좋은 마을을 만들기 위해 2011년부터 시작한 '마을 르네상스 사업'은 많은 일반인과 기업의 참여를 이끌어내며 큰 주목을 받았다. 수원시 마을 르네상스 센터 관계자는 "벽화 그리기 사업은 그동안 우범지역으로 꼽히던 수원시의 환경개선과 이야기 공동체 회복을 목적으로 한다."고 밝혔다.

이러한 노력 때문인지 수원시에서도 유독 범죄율이 높던 지동의 강력범죄 발생률은 2010년 304건에서 2015년 182건으로 크게 줄었다. 그러나 숲을 보면 평가는 달라진다. 지난해 기준 수원시 팔달구의 범죄 발생 건수(1만 7,493건)는 경기지역 평균(9,875건)에 두 배가량이다. 개선을 위한 여러 가지 시도에도 여전히 많은 시민이 불안에 떠는 이유다.

지은 지 50년이 넘었다는 점집의 한 무속인은 "꽃 그림처럼 화사한 걸 그려 달라고 했는데 우중충한 사람 그림을 그리니 애들이 밤에 지나갈 때 무섭다고 해 옆 교회는 민원을 넣고 페인트로 벽화를 덮었다. 원래 대낮에도 대문을 못 열어놓는데 얼마 전에는 방심하고 열어 뒀다가 웬 정신 나간 사람이 불쑥 들어와서 3시간 동안 떠들고 갔다."고 고충을 토로했다.

시에서 진행 중인 안전한 마을 만들기 사업들은 '탁상공론'에 불과하다는 의견도 있다. 9살부터 줄곧 지동에 살았다는 50대의 공업사 주인은 할 말이 많은 듯 일단 들어와 앉으라고 했다. 그는 "10년이 넘는 기간 지동이 재개발 지정 구역으로 묶였고 수원화성 때문에 건축물 높이 제한이 있어 개축이 이루어지지 않다 보니 마을이 슬럼화(Slumism)

됐다. 벽화 사업이나 CCTV 추가 설치 모두 필요한 사업이지만 근본적인 해결책은 재개발 지정을 취소하는 것"이라고 주장했다.

강력범죄 발생 이후 지동에는 벽화 이외에도 CCTV와 비상벨 등의 안전장치들이 추가 설치되었다.

이어 "조심스러운 말이지만 노후화된 집이 싼값에 나오다 보니 조선족이나 불법 체류자 등 저소득계층이 많이 모여드는 것도 마을 치안이 나빠진 원인"이라며 "딸이 남문 쪽에서 귀가하던 중에 두 번이나 성추행을 당해 한동안 직접 데리러 갔다."고 털어놨다. 전단지를 제작하는 일을 한다는 한 주민도 "사건이 발생한 뒤 상가들이 확실히 밤에 문을 일찍 닫는 것 같다. 지역의 이미지가 안 좋다 보니 지동이라는 말 대신 '수원시장 옆' 등으로 표현해 달라는 고객들도 많다."고 말했다.

물론 오원춘 사건 이후 여러 가지 시도가 이루어지며 동네가 확실히 안전해진 느낌이 든다고 말하는 주민들도 많았다. 그러나 이들은 대개 그 원인으로 벽화를 꼽기보단 CCTV 설치와 순찰 증회 등에 의한 변화라고 느끼고 있었다.

지난해 수원시 팔달구 매교동 '법질서 실천 구역'에 벽화길이 조성되었다.

다음으로 방문한 지역은 2014년 발생한 '수원 팔달산 토막살인 사건'의 용의자 박춘봉의 전 거주지로 알려진 매교동. 지동에서 불과 1.6km 떨어진 한적한 마을이었다.

도착하자마자 눈에 띈 것은 벽화가 시작되는 골목 입구에 세워진 '법질서 실천 지역'이라는 표지판. 지난해 동사무소와 법무부가 매교동 7개 권역에 조성한 벽화길은 아직 선명한 빛깔을 자랑하고 있었다. 지나가던 시민들에게 벽화에 관해 묻자 대개 "마을이 밝아진 느낌이 들어서 좋다."는 반응을 보였다.

어떤 식으로든 '강력범죄'와 마을이 연결되는 게 탐탁지 않다는 입장도 있었다. 벽화 골목 인근에 있는 한 공인중개사 사무실 관계자는 "그 사건 때문에 집들이 거래가 안 된다. 어떤 식으로든 범죄와 마을이 연관 지어지는 게 못마땅하다."고 불평했다.

지난 2월 강력사건이 발생한 경기도 부천시 소사본동의 한 주택가에 도색작업이 되어 있다.

마지막으로 찾아간 곳은 경기도 부천시 소사본동의 한 주택가. 구도심이어서인지 도색한 지 얼마 안 돼 윤이 나는 원색 벽화가 유독 눈에 띄었다. 지난 2월 이곳에서 목사 겸 교수인 아버지가 중학생 딸을 폭행해 숨지게 한 뒤 집 안에 시신을 방치한 '부천 여중생 백골시신 사건'이 발생했다. 지나가던 한 주민은 "시에서 신경을 많이 썼어요. 예쁘잖아요. 그 집 바로 앞에 가로등도 새로 달아준 거예요."라고 말했다.

이곳의 벽화는 사건 발생 직후 '밝고 안전한 마을 만들기' 사업의 일환으로 진행됐다. 부천시청 관계자는 "시장님의 특별 지시에 의해 진행되었는데 처음에는 4채만 칠했다가 지난 5월 새마을협의회에서 10여 채를 확장해 더 칠했다. 현재 진행되고 있는 작업은 없다."고 설명했다.

그러나 범죄 예방이라는 벽화 그리기 작업에 진정성이 느껴지지 않는다는 의견도 있다. 50대 중반의 송 아무개 씨는 "그 집 근처 몇 곳에 도색 작업하고 가로등 하나 다는 걸로 안전한 마을을 만들었다고 홍보하는 것은 겉치레에 불과하다. 심지어 벽화가 어떤 주제가 있는 것도 아니고 딱 그 구역에만 칠해져 있어 전체적인 통일성도 해치고 있다."고 비난했다. 근처에 있던 다른 주민도 "진짜 필요한 건 비상벨, 가로등과 같은 실질적으로 안전을 느낄 수 있게 하는 안전장치"라고 거들었다.

실제로 인근 골목들을 돌아다닌 결과 꽤 많은 CCTV가 눈에 띄었지만 비상벨 등의 안전장치들은 보이지 않았고 가로등이 고장 난 채로 방치된 곳도 있었다.

정규상 한국공공디자인학회장은 범죄 예방의 대안으로서 벽화사업에 대해 "여러 지자체들에서 범죄 예방 효과가 증명되지 않은 벽화 그리기 사업을 유행처럼 시행하는 것은 적은 비용으로 큰 가시적 효과를 낼 수 있기 때문"이라며 "시간이 지나면 유지·관리가 제대로 이루어지지 않아 오히려 도시 미관을 해치거나 감천문화마을이나 이화마을의 사례처럼 관광객 때문에 주민들이 몸살을 앓는 부작용이 발생할 수도 있다."고 지적했다.

이어 정 회장은 최고의 셉티드(CPTED: 범죄를 줄이기 위한 도시환경 설계기법) 방안으로 주민들에 의한 자연스러운 감시를 꼽았다. 그는 "골목을 중심으로 창이 나 있는 대부분의 나라들과 달리 우리나라는 골목을 중심으로 담벼락이 있어 자연감시가 더욱 힘들다. 담을 허물고 가지치기를 하는 등의 노력으로 자연감시가 가능한 환경을 조성하는 것이 중요하다."고 설명했다.

출처: 박혜리(2016. 6. 3).

03

CHAPTER

학대와 청소년 문제 - 가출과 자살

1 부모학대가 청소년에게 미치는 영향

우리나라의 「아동복지법」 제2조 제4항에서는 아동학대를 "보호자를 포함한 성인에 의하여 아동의 건강, 복지를 해치거나 정상적 발달을 저해할 수 있는 신체적 · 정신적 · 성적 폭력 또는 가혹행위 및 아동의 보호자에 의하여 이루어지는 유기와 방임"이라고 정의한다.

보건복지부 국가건강정보포털(2016)에서는 "아동 · 청소년 학대, 방임을 보호자를 포함한 성인에 의하여 아동의 건강, 복지를 해치거나 정상적인 발달을 저해할 수 있는 신체적 · 정신적 · 성적 폭력 또는 가혹행위 및 아동의 보호자에 의하여 이루어지는 유기와 방임"으로 정의한다.

정리하면 보호자를 포함한 성인에 의하여 아동의 건강과 복지를 해치거나 정상적인 발달을 저해할 수 있는 신체적 · 정신적 · 성적 폭력 또는 가혹행위와 아동의 보호자에 의하여 이루어지는 유기와 방임을 말한다.

넓은 의미의 아동학대의 개념은 아동의 기본적인 욕구에 대한 두드러진 무관심 혹은 의도적인 행동, 예견할 수 있었거나 충분히 피할 수 있었던 상처의 원인이 되는 양육자의 행위이며 좁은 의미의 아동학대 개념은 아동에게 고의적이거나 우발적으로 신체에 상처를 입히는 것으로 부당하게 가하는 신체적 행위로 정의할 수 있겠다(국가건강정보포털 의학정보).

다른 문헌조사에 따르면 학대 경험이 있는 아동은 우울, 불안, 낮은 자존감을 가지며 이는 학교규범이나 또래관계 형성 등 학교생활적응에 부정적인 영향을 미쳐 학교에서도 낮은 학업 성취율과 저조한 성적으로 이어지는 것으로 나타났다(권지은 외, 2013).

그리고 계속된 부모의 반복적인 학대는 아동으로 하여금 실제로 자신은 잘못한 것이 없음에도 자신이 행동하는 모든 것이 잘못된 행동으로 부모에게 인식되어 자신은 처벌받을 수밖에 없다고 스스로 생각하는 부정적인 자기개념을 갖게 된다. 심해지면 이런 아동은 자신을 나쁜 아이라고 생각하거나 벌을 받아 마땅한 아이라고 여기게 되어 자신이 부모에게 학대를 받는 것도 부모의 잘못이 아니라 자신이 잘못하여 학대를 받는 것으로 여기게 된다(장희순, 2013).

다른 측면으로 학대부모를 살펴보면 공통된 인성적 특성을 가지고 있음을 발견할 수 있다. 다른 부모와 크게 다르지는 않지만, 학대부모에게 자주 나타나는 인성 특성은 다음과 같다.

첫째, 자아존중감이 낮다. 이들이 자녀를 학대하는 이유 중 하나가 자녀의 학대를 통해 자신의 자아 존중감을 높이려는 시도에서 이루어지는 경우가 많다.

둘째, 의존성이 높다. 이러한 부모는 자신의 의존 욕구를 높이기 위해 자녀양육을 부차적인 것으로 보므로, 자녀를 방임하게 되고 자녀가 의존하려고 할 때 적절하게 대응하는 데 어려움을 느끼게 된다.

셋째, 초자아(super ego)가 제대로 작용하지 못한다는 것으로 충동성과 관련이 있다. 충동적인 부모들은 감정적으로 통제하지 못하여 행동으로 옮기며 열망이나 충동을 통제하는 능력이 부족하다.

넷째, 다른 부모보다 우울이 더 높게 나타나는 경향이 있다. 이들은 높은 스트레스를 경험하고, 자녀양육에 있어 부모역할을 포기하거나 무관심함을 보이기도 한다(버논, 2006).

가정 내 학대와 더불어 또 다른 측면에서 학교 내 따돌림은 세계 어느 곳에서나 청소년에게 부정적인 영향을 미치는 심각한 사회문제이다.

부모로부터의 학대 경험은 우울을 증가시킬 뿐만 아니라 전 생애에 걸쳐 다양한 신체 · 정서 · 사회적 발달 및 직응에 영향을 미칠 수 있으며, 아동 · 청소년기 우울에 가장 큰 영향을 미치는 요인 중 하나는 부모라 할 수 있겠다.

학대를 받은 아동이나 청소년은 학대받지 않은 아동과 청소년에 비해서 적대적인 성향을 보이고, 우울과 공격성이 높은 것으로 나타났다(정익중, 2011). 학대로 인한 정서적 피해는 아동 · 청소년이 사회생활을 하는 데 있어 핵심적인 기술인 대인

관계기술을 현저히 떨어뜨리는 역할을 한다(여성가족부, 2007). 그리고 부모로부터 받은 학대의 정도와 빈도가 증가할수록 우울증을 포함한 정신건강 문제가 더 심각해진다(김재엽 외, 1998).

요즘 심각한 사회문제로 떠오른 아동·청소년 자살의 경우도 부모의 학대와 밀접한 관련이 있는 것으로 생각된다. 부모의 자녀에 대한 신체적·정서적 학대가 아동과 청소년의 자살생각 증가에 영향이 있으며, 이 시기의 정신건강뿐 아니라 성인이 된 이후의 시기에도 우울증과 같은 정신건강에 영향을 준다. 특히 아동·청소년기에 겪는 우울은 자살과 같은 극단적인 선택을 할 가능성이 크며 성인기의 정신질환으로 발전할 수 있다는 점에서 심각하게 다루어야 한다.

학대 경험은 피해자가 정신적·신체적으로 성장기에 있는 아동·청소년이라는 점에서 피해의 영향이 심각하고, 장기간에 걸쳐서 부정적인 영향이 나타날 수 있다(전영실, 2003).

2 청소년의 가출 현황과 사례

1) 청소년의 가출 원인

여성가족부(2014)에 따르면 중·고등학생 10명 중 1명 이상(1.0%)은 가출 경험이 있다고 보고되며, 이는 청소년들의 가출문제가 심각한 수준임을 나타낸다.

가출이란 부모나 보호자의 동의 없이 하루 이상 무단으로 집에 들어가지 않은 행위(여성가족부, 2014)로 정의되는데, 가출 사유로 가장 많은 비중을 차지한 것은 '부모님 등 가족과의 갈등'으로 전체의 43.5% 정도를 차지하며, 이어서 '학교에 다니기 싫어서(8.9%)'라고 답변했다. 이처럼 청소년의 가출은 가정 내적 요인과 학교체계의 영향이 매우 큰 것으로 예측할 수 있다.

즉, 청소년의 가출이 계속 증가하는 추세를 보이는데, 특히 가정에서의 학대와 방임이 주요한 원인이다. 또한, 부모의 학대 및 방임에 노출된 청소년과 비행청소년은 동일한 속성, 즉 부정적인 정서를 지니고 있음을 발견할 수 있다. 이는 부모의 학대 및 방임을 경험한 청소년과 비행친구가 비슷한 성향으로 인해 서로 깊이 이해할 수 있으며, 부정적인 감정에 대해 공유하면서 깊은 유대감을 갖게 되는 것이다.

부모로부터의 학대와 방임이 가출행동에 취약하게 작용할 수 있으며 학대와 방임 경험이 있는 아동이 모두 가출을 하는 것은 아니지만, 만나는 친구가 비행친구라면 그 친구의 영향이 중요하게 작용할 것이다. 그러므로 부모로부터 부정적인 경험과 정서를 형성하게 된 아동·청소년의 경우 계속된 부모와의 부정적인 관계에 대해 대안의 지지체계를 형성할 수 없다면 그 청소년은 심각한 심적 문제를 내재하게 될 것이다.

가출청소년의 가출 이유 중 가정과 관련된 요인이 55~62%로(이배근, 2001; 윤현영, 2005) 가출청소년 중에는 돌아갈 가족이 없거나 가족이 있어도 버림받은 청소년도 많은 실정이다. 다른 이유로는 집이나 학교가 싫어서 가출하거나 부정적인 가정환경에 대한 생존 전략적 차원에서 가출이 이루어지며 구속이 싫어 가출하는 비율도 적지 않은 것으로 보고된다(남영옥, 1999).

그리고 부모의 이혼, 별거, 가출, 사망 등으로 인한 구조적 결손과 그로 인한 기능적 결손이 청소년 가출의 주된 원인으로 작용하고 있음을 보고하고 있다(김향초, 1998; 이배근, 2001; 이순형, 2002; 윤현영, 2005). 그 밖의 가출 이유는 부모 등 가족의 폭력, 부모와의 갈등, 학교에 가기 싫어서, 일시적 충동, 그냥 자유롭게 놀고 싶어서 등으로 나타나며 15세까지는 개인요인보다 가족요인이 조금 많고, 16세 이상으로 갈수록 가족요인보다 개인요인이 많은 것으로 나타나고 있다(김향초, 2003).

즉, 집으로 돌아갈 생각이 없는 가출청소년을 가출의 이유가 해결되지 않은 상태에서 가정으로 무작정 돌려보내는 것만이 최선의 방안은 아님을 인식해야 한다.

가출청소년쉼터 입소 청소년을 대상으로 조사한 결과 62.2%가 가정요인으로 가출하였으며, 집에 돌아갈 의향 여부에서 과반수 정도가 가정으로 돌아가기를 원치 않았고, 귀가 거부 이유로 54.5%가 전과 같은 문제를 다시 겪을까 봐 걱정된다고 응답했기 때문이다. 그 밖에도 13.8%는 부모의 꾸중이나 처벌이 두려워서라고 귀가 거부 이유를 밝혔고, 12.4%는 가출한 상태가 간섭받지 않아 편안하고 자유롭다고 했으며, 8.3%는 귀가해도 가족들이 싫어한다고 응답하였고, 6.9%는 갈 집이 없다고 하였다(윤현영, 2005).

2) 청소년의 가출 현황

가출이 청소년에게 신체 · 정서 · 사회적 측면의 다양한 위험을 야기함에도 많은 청소년이 가출을 선택하고 있다. 경찰청의 자료에 근거해 국가청소년위원회(2006a)는 가출청소년이 2000년 18,442명, 2001년 18,276명에서 2002년 14,865명, 2003년 13,374명으로 감소했다가 2004년에 16,894명으로 증가했고, 2005년에는 다시 13,294명으로 감소한 것으로 보고하고 있다. 하지만 이 통계는 신고된 가출청소년에 근거한 것이기 때문에 신고되지 않은 수를 포함한 실제 가출청소년 수와는 상당한 차이가 있다.

통계청(2007)이 발표한 '2006년 청소년 통계'에 따르면 우리나라 청소년이 가출충동을 느끼는 상황은 부모와의 갈등이 28.8%로 가장 많았고, 성적에 대한 부담감 15.9%, 자유로운 생활을 원해서 12.8%, 학교 공부가 싫어서 10.0%, 놀고 싶어서 9.7%로 부모를 포함한 가족요인이 주요 요인임을 확인할 수 있다.

최근 1년간 가출 경험을 보면 2011~2015년까지 가출비율이 점차 감소하다가 2018년까지 비슷한 수준으로 유지되는 모습을 보였는데, 11년이 지난 2018년에도 가출의 주된 원인이 부모님과의 문제(불화, 목행, 간섭)라는 것에 주목할 필요가 있다.

한국아동 · 청소년인권 실태 2018 총괄보고서를 인용해 보면, 우리 아이들은 〈표 3-2〉와 같이 부모와 교사로부터 체벌을 받고 있는 것으로 나타나며, 이것이 청소년들의 가출의 요인으로 작용하고 있음을 알 수 있다.

〈표 3-1〉 최근 1년간 가출 경험

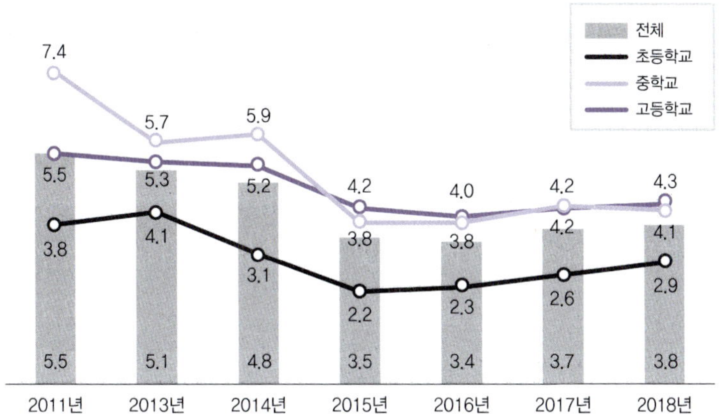

출처: 한국청소년정책연구원(2019). 한국아동 · 청소년 인권실태 2018 총괄보고서, p. 273.

〈표 3-2〉 부모, 교사로부터 체벌 경험

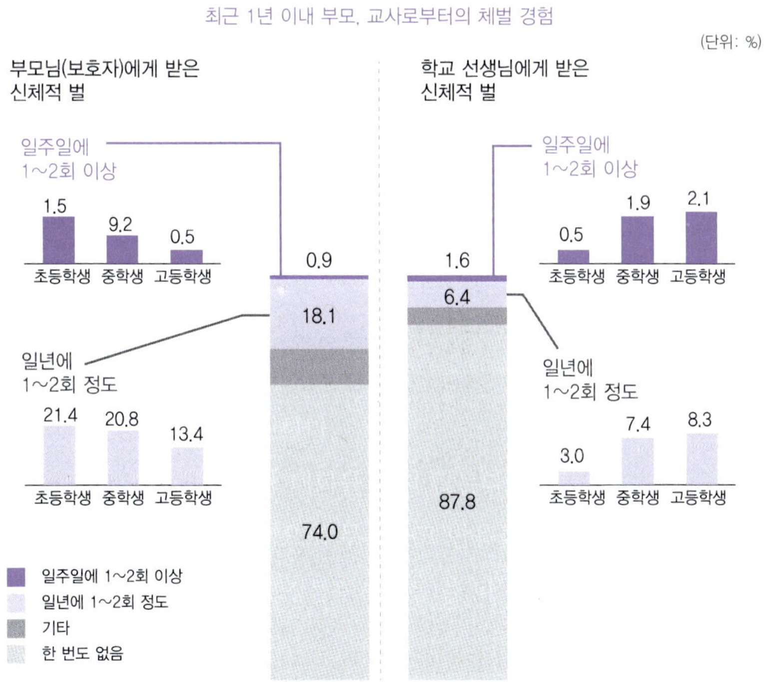

출처: 한국청소년정책연구원(2019). 한국아동 · 청소년 인권실태 2018 총괄보고서, p. 25.

3) 청소년의 재가출 현황

부모로부터의 학대는 청소년 가출로 이어질 수 있으며 한 번의 가출은 재가출의 중요한 원인이 될 수도 있다. 청소년의 첫 가출이 재가출로 이어지지 않도록 재가출 요인과 경로를 파악할 필요가 있다.

부모의 학대가 지속된다면 청소년들이 재가출을 결심하게 될 수도 있으며 가출 청소년이 가정으로 복귀하더라도 아동학대와 방임이 발생하게 되면, 반복적으로 가출하게 되는 악순환을 낳게 될 것이다.

아동학대를 경험한 가출청소년은 공격성과 같은 외현화된 반응을 보이기도 하나, 동시에 우울, 불안 등의 내재화된 정서문제를 경험하기도 한다(김재엽 외, 2008). 부모로부터 학대를 경험한 가출청소년의 경우 부모학대를 경험하지 않은 청소년보다 심리적인 아픔을 가지게 될 것이다. 그 아픔이 계속 지속되면 우울과 불안감을 동반하게 될 것이며 가출충동을 상승시킬 것이다.

2018 아동학대 주요통계 조사 결과, 최근 5년간 아동학대 사례 중 2018년에 다시 신고접수되어 아동학대 사례로 판단된 사례인 재학대 사례는 총 2,543건이며 재학대 아동 수는 2,195명이다. 2018년 전체 아동학대 사례 24,604건 대비 재학대 사례는 10.3%이다.

〈표 3-3〉 재학대 사례 발생 건수(3개년)

(단위: 건, 명, %)

연도	재학대 사례 건수	재학대 아동 수	아동학대 사례 중 재학대 사례 비율
2016	1,591	1,397	8.5
2017	2,160	1,859	9.7
2018	2,543	2,195	10.3

출처: 보건복지부 · 아동보호전문기관(2019). 2018 아동학대 주요통계, p. 42.

재학대 사례의 피해아동 성별은 여아 1,275건(50.1%), 남아 1,268건(49.9%)이다. 재학대 사례의 피해아동 연령은 13~15세 612건(24.1%), 10~12세 611건(24.0%),

7~9세 513건(20.2%) 등의 순서로 높게 나타났다〈표 3-4, 3-5〉.

재학대 사례의 학대행위자 연령의 경우 40대가 1,171건(46.0%)으로 가장 높았고, 다음으로 30대는 789건(31.0%), 50대가 365건(14.4%), 20대가 145건(5.7%) 순으로 높게 보고되었다〈표 3-6〉. 또한, 재학대 사례 학대행위자와 피해아동과의 관계를 보면, 부모에 의한 재학대 사례가 2,427건(95.4%)으로 월등히 높았다. 다음으로는 친인척에 의한 재학대 사례가 71건(2.8%), 대리양육자에 의한 재학대 사례 38건(1.5%)이었다〈표 3-7〉.

〈표 3-4〉 재학대 사례 피해아동 성별

(단위: %)

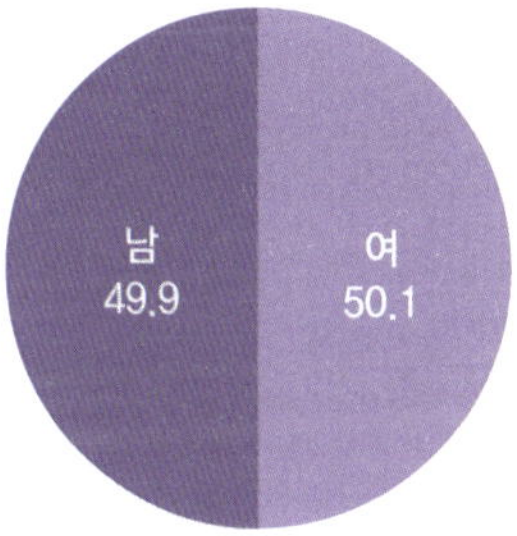

〈표 3-5〉 재학대 사례 피해아동 연령

(단위: %)

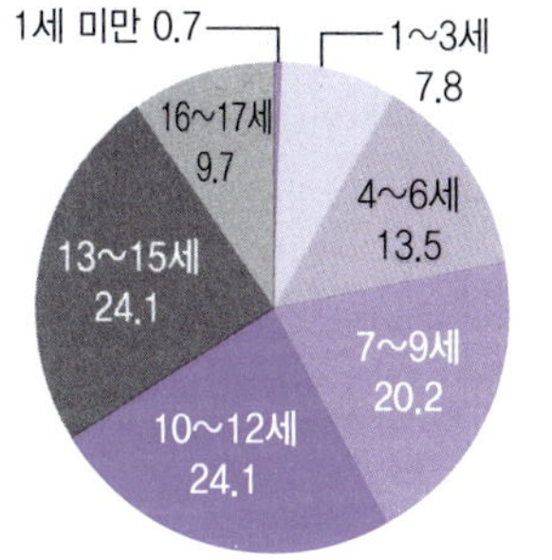

출처: 보건복지부 · 아동보호전문기관(2019). 2018 아동학대 주요통계, pp. 42-43. 재편집.

〈표 3-6〉 재학대 사례 학대행위자 연령

(단위: %)

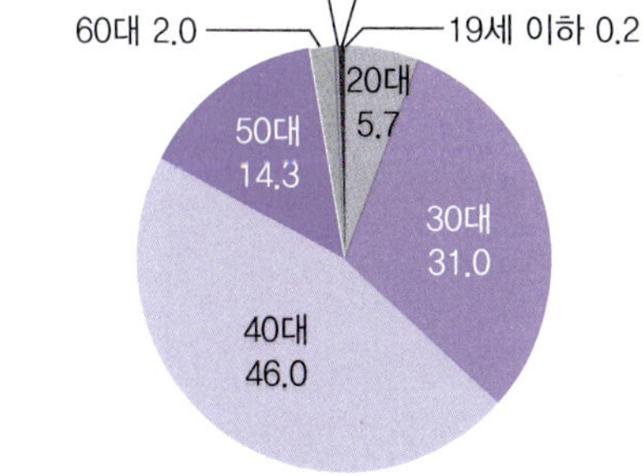

〈표 3-7〉 재학대 사례 학대행위자와 피해아동과의 관계

(단위: %)

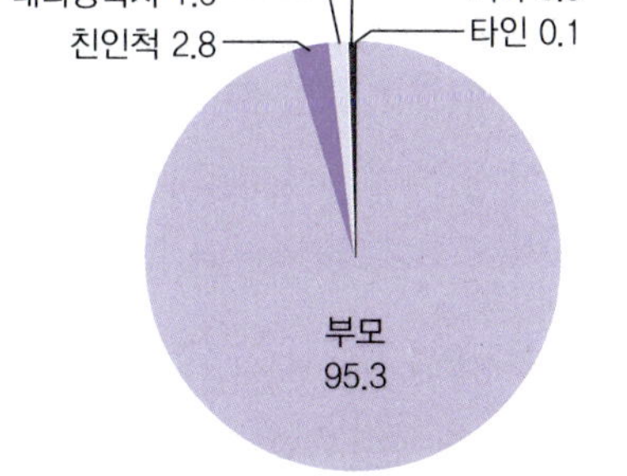

출처: 보건복지부 · 아동보호전문기관(2019). 2018 아동학대 주요통계, pp. 44-46.

〈표 3-8〉 최근 1년간 가출 경험률

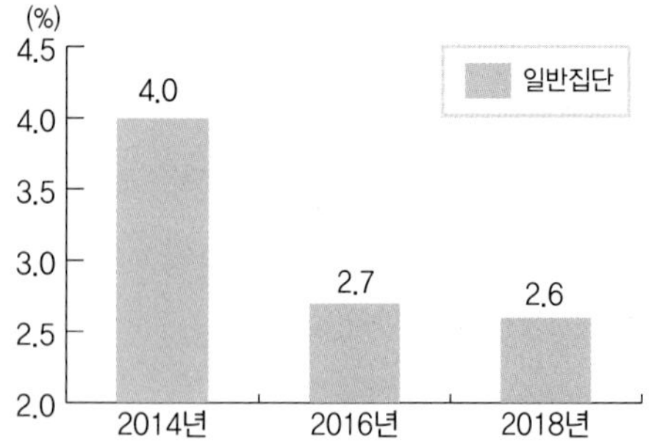

출처: 여성가족부(2018). 청소년매체이용 및 유해환경 실태조사.

청소년의 가출은 '2008 청소년 유해환경 접촉 종합실태조사'에서는 청소년의 가출 실태와 양상을 조사하면서 세 번 이상의 가출 빈도를 재가출로 정의하였다(보건복지가족부, 2008).

'2014 청소년 유해환경 접촉 종합실태조사'에 따르면 지난 1년간 가출 경험이 있다고 응답한 청소년 중 초등학생의 37%, 중·고등학생의 43%, 위기청소년의 7%가 1회성 가출에 그치지 않고 반복적으로 가출한 것으로 나타났다(여성가족부, 2007). 즉, 가출청소년에게서 재가출은 빈번하게 발생할 뿐만 아니라 그 실태가 매우 심각함을 알 수 있다〈표 3-8〉.

재가출한 청소년의 경우 학교 다니기가 어렵고 정서적으로 어려움에 직면하며 개인생활과 학교생활에서도 부적응을 겪을 수 있음을 알 수 있다. 따라서 가출청소년이 가정에 복귀한 이후 다시 가출을 하게 되는 원인을 면밀히 살펴보고 이를 차단할 수 있는 계획을 구체적으로 파악하는 연구가 요구된다.

결국, 청소년의 행동 특성을 이해하는 데 가정환경은 필수불가결한 요소이다(김재엽 외, 2001). 특히, 가족관계는 청소년의 문제행동과 관련이 높다. 부모로부터의 학대가 가출청소년의 결정적인 가출동기로 작용하는 것을 볼 때, 가출청소년은 아동학대에 매우 심각하게 노출되었을 것으로 짐작할 수 있다.

예를 들어, 가출청소년이 집에 돌아갔을 때 부모가 폭행을 가한다면 다시 가출을 시도하게 될 것이다. 이처럼 가정 내 역기능적인 상황이 개선되지 않는다면 가출청소년의 가정 복귀는 어려울 것이며, 가출 빈도가 점차 높아질 것이다.

2018 아동학대 주요통계 조사 결과에서도 재학대 사례에 대한 아동학대 사례 유형의 경우 중복학대 1,253건(49.3%), 정서학대 658건(25.9%), 방임 349건(13.7%), 신체학대 256건(10.1%), 성학대 27건(1.1%) 순이다〈표 3-9〉. 그리고 초기 조치와 최종 조치를 포함한 재학대 사례에 대한 피해아동 상황은 원가정보호가 지속된 사례는

1,755건(69.0%)으로 가장 높았고, 최종적으로 분리조치된 사례는 606건(23.8%), 가정으로 복귀한 사례는 170건(6.7%), 기타 12건(0.5%)으로 나타났다〈표 3-10〉.

〈표 3-9〉 재학대 사례에 대한 아동학대 사례 유형

(단위: 건, %)

학대 유형	건수	비율
신체학대	256	10.1
정서학대	658	25.9
성학대	27	1.1
방임	349	13.7
중복학대	1,253	49.3
계	2,543	100.0

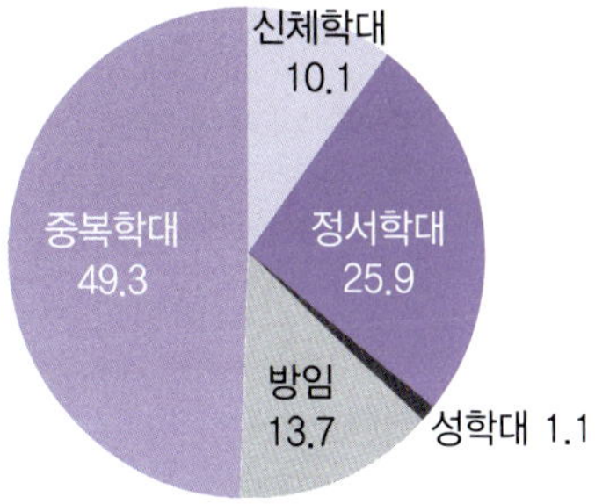

주 1) '중복학대'는 별도 분류

출처: 보건복지부 · 아동보호전문기관(2019). 2018 아동학대 주요통계, p. 46.

〈표 3-10〉 재학대 사례 피해아동 상황

(단위: 건, %)

구분		2018년	
원가정 보호 지속		1,755	(69.0)
가정 복귀	원가정 보호–가정 복귀	13	(0.5)
	분리 조치–가정 복귀	154	(6.1)
	기타–가정 복귀	3	(0.1)
	소계	170	(6.7)
분리 조치	분리 조치 지속	533	(21.0)
	원가정 보호–분리 조치	59	(2.3)
	분리 조치–가정 복귀–분리 조치	12	(0.5)
	기타–분리 조치	2	(0.1)
	소계	606	(23.8)
기타		12	(0.5)
계		2,543	(100.0)

출처: 보건복지부 · 아동보호전문기관(2019). 2018 아동학대 주요통계, p. 47.

여성가족부(2016)에 따르면 최근 1년 이내 가출 경험이 있는 청소년 중 4.4%는 2회 이상 재가출을 하는 것으로 나타났다.

재가출을 반복하는 청소년의 경우 가정 복귀율이 현저히 떨어지며 재가출청소년은 1회성 가출청소년보다 우울, 약물 중독, 비행 행동, 학업 중단, 성매매, 폭력의 가해와 피해 등에서 더 많은 문제를 경험한다. 이에 청소년의 첫 가출이 재가출로 이어지지 않도록 재가출 요인과 경로를 파악할 필요가 있다. 그 원인의 하나가 부모의 학대였으며(김지영 · 정정숙, 2011), 아동학대가 심각한 가정에서 자란 청소년일수록 높은 가출빈도를 보였다(홍세희 외, 2019).

가출청소년이 가정으로 복귀하더라도 반복해서 가출하는 중요한 원인으로 '부모님이 때리고 욕해서', '부모님이 나에게 관심이 없어서'(김지연 · 방은령, 2012)라는 대답을 통해 부모학대는 청소년 가출의 가장 큰 원인이라 하겠다. 이는 결국, 가출청소년이 가정으로 복귀하더라도 아동학대와 방임이 발생하게 되면, 반복적으로 가출하게 되는 악순환을 낳게 될 것이다.

즉, 유성경 외(2001)는 재가출 집단에서 집에 돌아갔을 때 부모가 무차별적으로 폭행하였다는 반응이 28.1%였음을 제시하며 가출청소년에 대한 부모의 대처가 재가출에 영향을 미친다는 것을 보여 주었다. 결국, 부모로부터의 학대는 가출청소년의 가정 복귀를 어렵게 하는 동시에 가출 빈도를 높이는 원인으로 작용한다.

3 청소년의 가출의 대책

가출청소년이 가정뿐만 아니라 학교 내에서 어떠한 어려움을 겪고 있는지에 대해 파악하여 조기에 개입하고, 이에 대한 지지자원을 연결해 주는 것이 필요하다. 특히 청소년의 가출은 학업 중단과 연관이 높기 때문에 학업 중단의 예비 신호로 제시되는 무단결석이나 장기결석의 징후를 보이는 학생에게는 교사, 학교 사회복지사 혹은 지역사회교육전문가(교육복지사) 간에 협력하는 다체계적 개입이 병행되어야 할 것이다.

우선, 2013년부터 시행 중인 학업중단숙려제의 실효성 높은 운용이 필요하다. 일부 청소년과 학교에서는 학업중단숙려제를 자퇴의 절차로 인식하지만, 청소년이 실제로 겪는 어려움의 원인을 이해하고 그들에게 학교 적응의 동기를 제공해야 한다. 그리고 학업을 중단한 가출청소년의 발굴과 개입을 위해 지역사회와의 연계 강화가 필요하다.

4 청소년의 자살

1) 청소년 자살 요인

청소년 자살충동에 영향을 미치는 개인 내적 요인은 충동성과 우울성향으로, 이것은 자살생각을 가지는 대부분의 사람에게서 발견되는 심리적인 문제이기도 하다.

먼저, 충동성은 단순성, 사태의 감정적 처리, 즉흥성, 폭발성 등을 의미하며, 판단이나 행동이 기분에 좌우되고 침착성과 자제력이 결여된 성향을 말한다. 즉, 충동성은 사고나 행동이 단순하고 감정적이며 어디에 속박되거나 제약을 받기 싫어하는 성향이다(하정희 · 안성희, 2006).

우울은 기분이 울적하거나 불행하다고 느끼는 감정으로, 사춘기를 전후로 급격히 증가하여 우울증상이 청소년층에서 상당히 보편적으로 나타나고 있다(김미애, 2006). 특히 청소년기는 아동기에서 성인기로 향해 가는 시기로 발달적인 변화에 따라 정서가 불안정할 경우 여러 가지 복잡한 심리적인 문제를 경험한다.

우울한 청소년은 긍정의 정보보다는 부정적인 정보를 더 잘 받아들이는 경향이 있어 자기 자신과 미래에 관해 부정적으로 생각한다. 이러한 우울성향은 부정적인 사고 과정을 증폭시켜 자살생각을 유발할 수 있다. 충동성에 의한 자살시도는 계획된 자살시도보다 성공하는 경우가 적고, 덜 치명적이다. 그러나 우울증 환자의 자살시도는 충동성이 낮지만, 치밀한 계획성을 보인다. 따라서 충동성이 있는 청소년에 대한 관심도 중요하지만, 우울 성향을 보이거나 학교생활에 부적응적인 청소년에게 더 지속적인 관심이 요구된다고 하겠다.

2) 청소년 자살 현황 및 대책

(1) 청소년 자살 현황

한국 아동·청소년인권 실태 2018 총괄보고서를 인용하면, 청소년의 자살충동의 가장 큰 원인은 학업문제(37.2%)와 미래에 대한 불안감(21.9%)이지만, 가족 간의 갈등(17.9%)도 원인으로 작용하였음을 알 수 있다〈표 3-11〉.

또한, 일부 청소년은 문제가 발생할 경우 부모에게 도움을 받지 못하고 방치되는 모습을 보였다. 예를 들면, 청소년 중 5.1%가 성적인 피해를 입은 사실이 있었으나, 그중 38.4%나 되는 청소년이 그 누구에게도 도움을 받지 못하였으며, 부모에게 도움을 받은 청소년은 18.8%에 불과했다〈표 3-12〉. 부모와의 관심과 사랑은 청소년에게 심리적, 정석적, 경제적으로 중요한 문제라는 것임을 알 수 있다.

〈표 3-11〉 자살충동경험

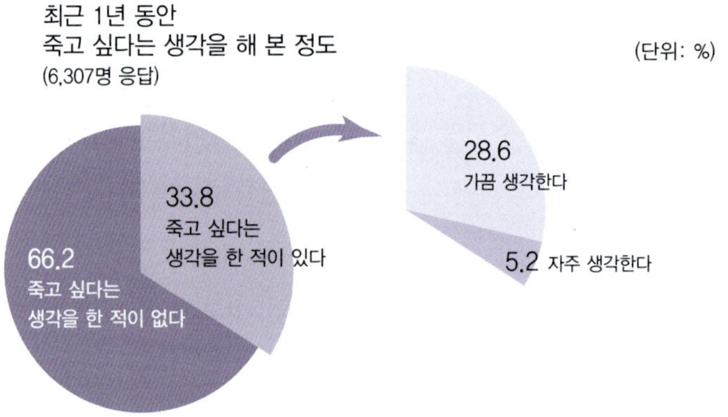

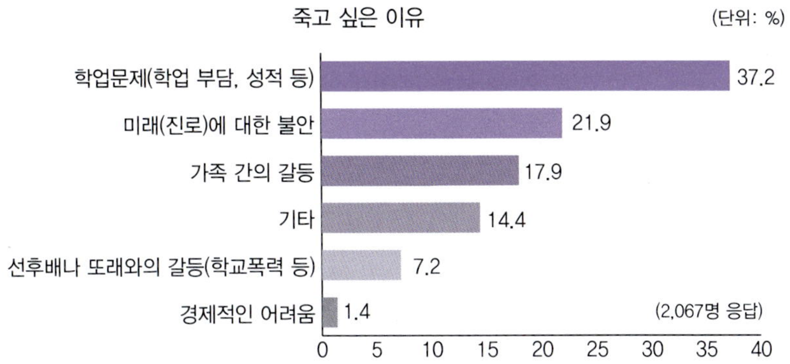

출처: 한국청소년정책연구원(2018). 한국아동·청소년 인권실태 2018 총괄보고서, p. 31.

〈표 3-12〉 성적인 피해 경험

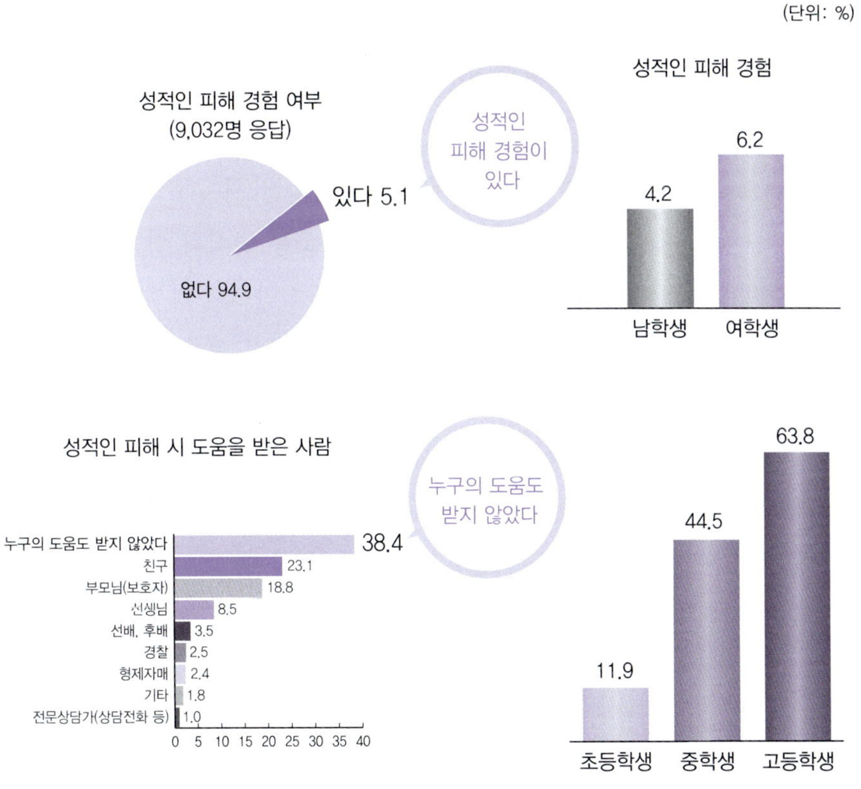

출처: 한국청소년정책연구원(2018). 한국아동·청소년 인권실태 2018 총괄보고서, p. 34.

(2) 청소년 자살에 대한 대책

청소년의 자살에 대한 사회의 관심과 개입이 절실하다. 특히 청소년의 자살은 대인관계에 대한 분노 및 공격성에 기인한 동기가 주요인임을 감안했을 때, 가정 및 학교에서 폭력피해를 겪은 청소년의 경우 일반 청소년보다 자살 위험이 더 높을 것으로 예측할 수 있다.

통계청(2015)에 따르면 2014년 청소년 중 7.9%가 지난 1년 동안 '한 번이라도 자살하고 싶다는 생각을 해 본 적이 있다'고 응답하여 그 심각성의 수준이 높음을 알 수 있다. 일반적으로 청소년의 자살에 영향을 미치는 요인으로는 가정의 해체 및 보호자와의 갈등과 같은 가정 내의 부정적인 요인이 주요인으로 꼽힌다.

가출청소년의 폭력피해 경험은 좌절된 소속감과 인지된 짐스러움을 가중시켜 궁극적으로 자살생각에 정(+)적인 영향을 미치는 것을 알 수 있다.

생애주기적 관점에서 발달과정은 상호 연관이 되어 있기 때문에 한 문제는 다른 행동을 불러일으키는 연쇄적인 반응을 일으킨다. 그리하여 부모로부터의 학대 경험은 청소년으로 하여금 심리사회적, 행동적으로 다양한 위기에 노출시키는 결과를 초래한다. 이 과정에서 청소년은 효과적인 의사소통 방식의 학습에 실패하고, 부모의 영향으로 인하여 원하는 것을 얻기 위한 성공적인 소통의 수단으로써 공격적인 행동을 스스로 학습하게 된다. 하지만 이러한 공격적 성향은 낮은 학교 적응력 및 학업 성취도, 또래 및 교사로부터의 거부를 초래하게 된다.

자살에 관한 일반적인 연구들은 대부분 심리적 영향 요인으로 우울이 미치는 영향에 관해 연구를 진행했다. 하지만, 청소년기의 특성상 자살 동기는 임상적인 우울과 관련된 경우가 매우 적으며, 우울보다는 가족, 친구 등 대인관계에 대한 분노나 보복의 의도와 같은 공격성이 자살과 밀접한 관련이 있다고 볼 수 있다.

함께 생각해 봅시다

01 부모로부터 학대받은 경험과 청소년의 공격성이 청소년 집단 유형(일반청소년, 비행청소년)에 따라 어떠한 차이를 보이는가?

02 부모로부터 학대받은 경험과 청소년의 자기통제성은 어느 정도의 상관을 보이며 일반청소년과 비행청소년에 따라 어떠한 차이를 보이는가?

03 부모로부터 학대받은 경험군과 청소년의 자기통제성군은 어떠한 관계가 있으며 이는 일반청소년과 비행청소년에 따라 어떠한 차이를 보이는가?

04
CHAPTER

가정폭력

1 가정폭력의 개요

가정은 사회의 1차적 집단이며, 어느 사회에나 존재하는 기본 제도이고 개인의 성장·발달 과정에 중요한 영향을 미치는 환경체계이다. 또한, 가정이란 존재는 가족 구성원 간의 심신 안정과 안식, 평화를 제공하는 영역까지 포함하여 인간의 삶에 있어서 매우 중요한 요소가 된다. 그런데 최근 들어 우리 사회는 가정폭력으로 인해 가정의 위기가 심각한 수준에 이르고 있다.

가정에서 남편의 아내나 아동에 대한 가정폭력은 건강한 가정을 파괴하는 요인이며, 사회악이고 범죄행위이다. 한 인격체로 살아가기 위해서는 가정폭력 피해가족에 대한 실질적인 연구와 가정폭력 피해자에 대한 포괄적이고 장기적인 개입 방안이 마련되어야 할 것이다. 가정폭력은 가족 구성원에게 지속적이고 반복적인 형태로 가정이라는 울타리 안에서 폭력을 행사하기 때문에 사회적 개입이 어려워 우리 사회에서 그 문제의 심각성이 매우 크다고 할 수 있다. 따라서 가정폭력의 문제는 한 개인의 가정과 사회의 문제만이 아닌 국가가 함께 관심을 가져야 할 사회복지의 영역으로 보아야 한다.

가정폭력이 위기로까지 확산되고 있는 상황에서 여성단체가 중심이 되어 가정폭력의 실태 및 피해의 심각성이 꾸준히 제기되고 있으며, 가정폭력이 사회적인 문제로 인식되기 시작했고, 「가정폭력범죄의 처벌 등에 관한 특례법」과 「가정폭력방지 및 피해자보호 등에 관한 법률」이 제정되면서 가정폭력에 대한 국가 차원의 개입이 시작되었다(김지영, 2016). 가정폭력의 예방과 피해자 보호 및 가해자 처벌 등에 대한 조치가 시행되어 왔지만, 가정폭력은 줄어들지 않는 추세이다(이희연·박태정, 2010). 따라서 가정폭력의 근절과 피해자 보호를 위해 가정폭력을 행사하는 자에 대한 면밀한 분석과 검토가 필요하다.

1) 가정폭력의 개념

법적 의미에서의 가정폭력은 1987년 7월에 시행된「가정폭력범죄의 처벌 등에 관한 특례법」제2조 제1항에 따르면 "가정폭력은 혼인관계에 있는 배우자 또는 배우자 관계에 있었던 자(사실혼 부부 포함), 자기 또는 배우자의 직계 손·비속관계(양친자관계 포함)에 있거나 있었던 자, 동거하는 친족 사이에서 일어난 신체적, 정신적 또는 재산상 피해를 수반하는 폭력행위"를 말한다(심희정, 2014). 또 다른 문헌에서는 "가족 구성원 사이에서 폭력을 수단으로 상대방을 억압, 통제하는 상황이며 신체, 정서뿐만 아니라 성적 등 모든 학대행위가 포함되어 있다."라고 표현하고 있다(여성가족부, 2016). 그러나 한국 사회에서 가정폭력이란 넓은 의미로는 '가족 간 폭력'으로, 다른 한편으로는 '부부 간 폭력' 혹은 '남편에 의한 아내폭력'이라는 의미로 통용되어 왔다(김은영, 2013).

가정폭력은 흔히 신체적 폭력만을 가정폭력이라고 생각하지만「형법」에 규정된 가정폭력범죄는 상해, 폭행, 유기, 학대, 아동 혹사, 체포, 감금, 협박, 명예훼손, 모욕 주기, 신체 수색, 강요, 공갈, 재물 손괴 등이 있다. 아울러 심한 욕설과 같은 언어 폭력(폭언), 의심과 같은 정신적 폭력도 포함된다.

가정폭력은 가족 구성원으로부터 다양한 형태의 학대나 방임이 발생하는 것을 의미하며(손종미, 2015), 정신, 신체, 재산상의 피해를 유발하는 일체의 행위를 말한다(정현미, 2015). 그러나 가정폭력의 개념에 대해서 우리나라에서는 아내에 대한 학대와 가정폭력, 아내에 대한 폭행 등의 용어로 구분 없이 사용되고 있다(김혜정, 2010). 즉, 아내학대, 아내구타, 아내폭행, 가정폭력, 배우자 학대, 부부폭력 등의 용어로 사용되고 있다(김영일, 2016).

장덕희(2001)는 가정폭력의 개념으로 가정 내에서 발생하는 모든 종류의 폭력을 지칭하며 '가족 구성원 중의 한 사람이 다른 가족원에게 의도적으로 물리적인 힘을 사용하거나 정서적으로 고통을 주는 행위'로 설명하였으며, 여기에는 신체·언어·정서·성적인 폭력이 모두 포함된다고 하였다.

특히 가정폭력에서 아내폭력은 남편이 아내에게 신체적 · 정신적 · 성적 폭력을 의도적이고 반복적으로 행하는 것으로 친밀한 관계에 있는 배우자가 통제 방법과 자신의 힘을 행사하는 방식으로 표출시키고 있다. 이렇게 행동하는 이유는 우리나라의 사회 구조가 남성 중심의 우월의식이 여성과 남성 사이에 불평등한 관계에서 여성에 대한 폭력을 지속시키는 요인이 될 수 있다. 스트라우스(Straus)는 폭력을 8단계로 구분한다〈표 4-1〉.

〈표 4-1〉 폭력진행의 8단계

단계	폭력행위
1단계	물건을 던지는 행위
2단계	떠밀거나 움켜 잡는 행위
3단계	뺨을 때리는 행위
4단계	발로 차거나 물어뜯거나 주먹으로 때리는 행위
5단계	물건으로 때리거나 때린다고 협박하는 행위
6단계	계속적으로, 무차별하게 때려눕히는 행위
7단계	칼이나 망치 등으로 위협하는 행동
8단계	칼이나 망치 등을 실제로 사용하여 구타하는 행위

출처: 김요완(2016). 현장중심의 가정폭력과 상담, p. 13.

최근에 들어서는 가정폭력 개념이 신체와 정신뿐만 아니라 경제적 폭력이 그 어떠한 폭력보다 많이 발생되는 실정으로 가정폭력의 개념이 점차 폭넓게 다양해지고 있음을 알 수 있다.

가정폭력은 여러 가지 목적으로 다른 사람에게 의도적으로 힘을 사용하는 것을 의미하며, 이러한 폭력이 1차 집단인 가정 내에서 구성원 사이에서 발생하게 될 때 가정폭력이라고 한다(법무부, 2012). 그러나 점차 가정폭력 피해자 관점이 강조되면서 신체적인 폭력과 성적 학대, 정서적인 폭력과 경제적인 폭력, 방임, 통제 등을 포함하는 넓은 개념으로 합의가 모아지고 있다(여성가족부, 2017).

가정은 사회관계의 가장 기본이며 배려와 신뢰를 경험하는 기초 장으로 부부는 성숙한 남녀가 결혼을 통해 완성되는 관계로서, 육체 · 정신 · 심리 · 정서 · 경제적 결합 등을 기초로 형성되는 인간관계의 핵심이 된다(송정아, 2003). 특히 가정폭력은 친밀한 관계에서 폭력이 발생한다는 점에 초점을 맞추고 배우자 간에 발생하는 신체, 정신, 재산상의 피해를 야기하는 폭력행위를 지칭하는 '부부폭력'이라는 용어를 사용하기도 한다. 비록 남편에 의한 아내의 학대가 여전히 큰 비중을 차지하고 있으나, 아내에 의한 남편 학대도 증가하는 추세이므로 남편과 아내를 모두 포함하는 용어를 사용할 필요가 있다.

2) 가정폭력의 특징

가정폭력에 대한 기사를 접하면서 왜 여성들은 폭력을 당하면서도 그러한 폭력 가정에서 떠나지 못하고 있는가에 대한 의문을 많이 가진다. 그리고 오랜 시간을 참고 참다가 많은 고통과 두려움, 공포감 속에서 고민 끝에 상담소를 찾아왔다고 고백하는 모습을 종종 보게 된다.

가정폭력 피해를 당한 여성의 특징은 다음과 같다.

첫째, 위계에 의해서 발생하는 모든 종류의 폭력을 말하는 것으로 신체적 폭력은 심리적인 학대와 언어폭력 및 경제적인 학대를 동반하며, 아내에게 폭력을 행사한 이후 자녀에게도 이어지기도 한다. 가정폭력은 피해자 당사자뿐 아니라 가정의 다른 구성원, 특히 자녀가 폭력에 대한 정서적 피해를 받으며 성장하기 때문에 일반 자녀에 비해 직접적인 학대를 받은 자녀와 비슷한 정서 및 문제행동을 보인다(이재경 · 박명숙, 2014).

둘째, 가정 안에서 해결해야 할 가족 내 문제로 생각하는 경향이 있고, 가정이라는 테두리 안에서 묵인된다는 점에서 문제의 심각성이 매우 크다. 가정폭력 관련 문헌에서는 폭력에 대한 정의로 신체적 폭력과 성학대에 초점을 둔 협의의 개념 또는 정서적 폭력과 경제적 폭력을 포함하는 광의의 개념이 혼재되어 사용되고 있다(김권영, 2014).

셋째, 심리적 문제와 우울증, 알코올 남용과 같은 주요 장애가 원인이 되기도 하며 자녀들이 반드시 신체적 학대를 당하지 않았다 할지라도 부모의 폭력 현장을 목도하는 것만으로도 상처를 받고 혼란에 빠지기 쉽다.

넷째, 다른 가정폭력의 가해자가 될 확률이 높아(박형원, 2004) 우울감과 불안감이 높으며 정서가 위축되어 있고, 두려움 등의 반사회적인 행동 문제로 대인관계와 문제해결 능력도 저하되어 있다(신혜섭, 2000).

다섯째, 부부관계가 긍정적이지 못하고 부정적으로 흐르는 경우에는 회복하는데 꽤 오랜 시간이 걸리거나 영원히 돌이킬 수 없는 상황에 이르기도 한다(Young & long, 2003).

여섯째, 가정의 기본적인 시작이 부부관계이지만, 갈등을 일으키며 건전한 방법으로 해결하지 않을 때는 부부뿐 아니라 자녀에게도 악영향을 초래하게 된다.

일곱째, 부부뿐만 아니라 부부의 자녀에 대한 폭력은 의도된 행동으로서 반드시 신체적 폭력만을 의미하는 것은 아니고 성적 피해, 정신적 피해인 방임, 유기, 언어적 폭력 등의 행위를 포함한다.

3) 피해여성의 특성

우리 사회의 문화에서 많은 여성은 가정에서 일어난 폭력을 밖으로 드러내는 것에 대해 수치감 또는 다른 부정적인 감정을 가지고 있어서 상담소나 보호시설을 한 번의 폭력 피해로 찾아오지는 않는다. 가정폭력 가해자는 남들에게는 가정에서 자상한 남편이나 아버지로 인식되어 있기 쉽고, 반대로 가정에서는 아내에게 반복적이고도 지속적인 폭력을 행사한다. 지속된 폭력은 피해여성의 생명까지 위협하는 지경이 되고 많은 전문가는 가정을 떠나라고 조언하지만, 가정폭력 피해여성은 개인보다는 자녀로 인하여 좀처럼 결정하지 못하는 모습을 보이기도 한다.

가정폭력을 지속해서 반복적으로 당하는 피해여성은 신체적·정신적인 면에서 많은 어려움을 겪는다고 예상할 수 있다. 결국 폭력으로부터 벗어나고 싶으나, 현실적으로는 벗어나지 못하여 많은 어려움을 가지고 있음을 종종 보게 된다.

가정폭력에서 발생하는 피해여성의 폭력피해에 대해서 호프만(Hoffman)은 배우자의 폭력의 결과로 인한 가장 기본적인 신체 및 주거와 관련된 생태적 위기(situationalorigins), 여성차별의 결과에 의한 결혼생활과 가정에서의 가족 갈등 및 부부갈등 증가에 의한 사회문화적 위기(social-cultural origins), 남편의 지속적인 폭력으로 인한 위기감을 겪고 원치 않는 이혼으로 인해 스트레스를 겪어야 하는 변화의 위기라는 세 가지 유형으로 구분하였다(강문희 외, 2012, 재인용).

반복적으로 장기간 학대받은 경험이 있는 가정폭력 피해여성에게서 공통으로 나타나는 증상은 다음과 같다.

첫째, 우울증 등의 증상을 초래해 계속 고통스러운 관계에 머물게 만든다(조윤, 2016, 재인용). 이러한 우울 증세는 무기력과 낮은 자아존중감, 외상 후 스트레스 장애 등의 특성으로 나타나 통제력의 상실을 일으키기도 한다.

둘째, 가정폭력 피해여성이 적극적으로 대응하지 못하고, 가정폭력을 당하고 있는 자신의 처지를 당연한 숙명으로 받아들이며 무기력한 마음을 가지고 자신을 비하하는 비합리적인 현상을 나타낸다(김혜선, 1995; 이상규, 2001).

셋째, 낮은 자아존중감을 가지고 있어서 자신을 쓸모없는 인간으로 인식하게 되고 결국은 폭력에 계속적으로 노출될 수밖에 없다(김명숙, 2011, 재인용). 결국, 가정폭력은 사사로운 가족 내 문제, 개인 간의 우발적인 사건이 아니라 여성에 대한 폭력과 차별을 지속시키고 가정 내 폭력을 방치한다는 점에서 사회적 범죄라 할 수 있겠다(양현아, 2006).

넷째, 가정에서 폭력을 당하는 여성들의 자아개념과 목적 지향성이 낮고(류경숙, 2004), 어린 시절 많은 학대 경험을, 특히 피해여성이 성폭력을 경험한다면 이들은 상당한 불안과 분노, 분열과 죄의식, 자기증오 등 극심한 스트레스를 겪는다고 하였다(이상규, 2001).

다섯째, 피해의식이 많아지고 소외감, 낮은 자존감으로 인하여, 알코올 중독, 자살 등의 신체적·정신적 문제를 지니게 된다고 보고 있다(신은주, 1995).

여섯째, 가정폭력을 당한 여성은 여러 가지 행동적인 측면에서 정서적으로 소진되며(Lee & Hoff, 1990), 낮은 자아상 때문에 폭력적인 행동을 통제할 수 없다고 생각하며 가정폭력에 대한 통제감 상실의 대체가 충분하지 못하여 문제해결에 접근하지 못하게 한다고 하였다(Warren & Lanning, 1992).

일곱째, 가정폭력이 지속적으로 발생하는 원인은 낮은 자아존중감, 패배감, 혼란된 감정과 조절감 상실, 죄책감 등의 다양한 신체적·심리적 손상을 가지고 있는 것이 특징이다(Weingourt, 1985).

여덟째, 가정폭력의 발생에 의해 여성은 인지, 심리, 대인관계적 측면에서 많은 문제점이 발생하여 결국에는 폭력에서 대처할 수 있는 자원에 적극적으로 접근하려는 노력을 방해한다고 하였다(박애경, 2005).

가정폭력 피해여성에게 필요한 사회적 지지와 개입은 가정폭력 피해여성의 사회심리적 안정감과 생활자립에 도움을 줄 수 있을 것이다. 특히 정부의 소득지원이라는 사회적 지지를 받는다면 가정폭력 피해여성이 자립의지가 더 높아질 것이다. 즉, 가정폭력 피해여성은 경제적인 측면에서의 자립이 전제되어야 한다. 경제적 문제가 해결된다면 다른 관련 문제도 쉽게 극복할 수 있을 것이다. 가정폭력 피해여성이 남편과의 폭력 관계를 종결하지 못하는 가장 큰 원인은 바로 경제적 자립 때문이다.

결론적으로, 우리 사회에 넓게 퍼져 있는 가부장제 문화에서 가정폭력 피해여성들이 폭력에서 벗어날 수 없는 상황을 이해하고 사회문화 환경적 구조를 먼저 도출해 내어 제도적인 정책을 만들어야 한다.

2 가정폭력의 유형과 발생원인

1) 가정폭력의 유형

가정폭력의 가해자는 남성이 여성보다 많은 비중을 차지한다. 가정폭력의 유형을 정리하면 다음과 같다.

(1) 신체폭력

신체폭력이란 힘이나 도구를 이용해서 신체를 직접적으로 때리거나 물건을 던지고 팔이나 목을 움켜잡는 행위도 가정폭력에 포함되며 어떤 사람을 해하거나 상처를 입히는 데 사용되는 모든 규모의 힘, 영향력 등을 말한다. 보통 신체적 가해를 하겠다는 언어적 위협으로 시작하여 신체적 폭력으로 발전한다(강경호 외, 2012).

또한, 발로 차는 것, 때리는 것, 밀어내는 것, 목을 조르는 것, 물건을 집어 던지는 것 또는 무기를 사용하는 것 등이 해당되며, 신체적 폭력의 정도는 뺨을 때리는 것에서부터 살인에 이르기까지 다양하다(그랜트 마틴, 2002).

(2) 언어폭력

언어폭력은 직접적으로 신체적 폭력을 행사하지는 않지만, 말로 위협하거나 폭력을 행사하는 것을 말한다. 그리고 큰 소리로 욕하는 것, 저주하는 말로 위협적으로 겁을 주는 것, 모욕적인 이야기를 하는 것 등이 포함된다(정현숙 외, 2001).

(3) 경제폭력

경제폭력은 피해자를 경제적으로 의존하게 하는 행위로 모든 경제, 수입을 통제하고 억제하며, 학교를 못 가게 하거나 취직도 못 하게 하여 모든 가족의 재정에 대한 정보를 억제시키고, 지출해야 할 모든 항목에 대한 책임을 피해자에게 전가시키는 행위 등이다(강경호 외, 2003).

(4) 성적 폭력

상대방의 동의 없이 가하는 성적 행동이나 무례한 성적 접촉을 말한다. 원치 않은 강제 성행위, 구타한 후 강제 성행위, 위협을 통한 강제 성행위, 원치 않은 성행동을 강제로 시키는 경우 등이 해당된다(정현숙 외, 2001).

2) 가정폭력의 발생원인

가정폭력의 발생원인은 대체로 정신의학적 요인과 사회심리학적 요인 등으로 나눌 수 있다.

(1) 사회심리적 요인

첫째, 자존감에 손상을 주는 부정적인 사회 경험으로 인한 스트레스에 의해 남성이 배우자를 학대할 수 있다고 보며, 폭력을 행사하는 자의 자존감이 낮을수록 열등의식이 강하며 음주량이 많아지고, 폭력에 허용적일수록 아동기에 폭력을 당한 경험과 사회적 스트레스 등으로 남성의 아내폭력 발생률이 높은 것으로 나타났다.

둘째, 가정폭력의 1차적 원인이 실직, 사업 실패, 반복된 취업 실패, 경제적 무능력, 상대적 박탈감과 열등감과 같이 남성의 자존감을 해치는 부정적인 사회 경험에 있다(박광배 · 지형기, 2004).

(2) 개인 심리내적 요인

첫째, 직장이나 가정 밖에서는 좋은 평가를 듣는 사례도 많이 있으며, 폭력이 갈등을 해소하는 수단으로 사용되며, 폭력의 영향을 받고 자란 자녀가 사회에 나가서도 폭력 성향을 보이거나 폭력행위에 무감각한 시민으로 성장할 수 있다는 데서 가정폭력의 심각성이 있다(김영만, 2011).

둘째, 어린 시절의 학대와 폭력 경험으로 인해 성인이 되어서도 폭력 성향을 보일 위험이 높으므로, 폭력이 폭력을 낳을 수 있다. 어릴 때 가족 구성원으로부터 학대를 경험한 사람이 성인이 되어 모두 가정폭력의 가해자가 되는 것은 아니다. 그러나 아내가 아무리 개인적으로 남편의 비위를 맞추려고 해도 남편의 폭력이 멈추지 않는다면 여성과 자녀들의 삶은 참담함의 연속이 될 것이다.

3 가정폭력의 현황

전국가정폭력 실태조사(2016) 연구결과를 보면, 부부폭력에 관한 전반적인 실태에서 만 19세 이상의 유배우자(사실혼 포함)를 대상으로 여성이 지난 1년간 배우자로부터 경험한 폭력 피해율은 12.1%였으며, 폭력 유형별 피해율은 신체적 폭력 피해 3.3%, 정서적 폭력 10.5%, 경제적 폭력 2.4%, 성적 폭력 2.3%로 나타났다. 부부폭력을 경험한 피해여성의 43.4%가 배우자 폭력으로 인해 정신적 고통을 경험한 것으로 나타났으며, 여성의 45.1%가 심각한 수준의 신체적·정신적 고통과 위협, 공포심을 겪는 것으로 조사되었다(여성가족부, 2016). 이렇게 가정폭력 피해여성은 신체적 손상을 입힐 뿐만 아니라 정신적으로 심각한 문제를 일으켜 그 결과 자신을 비난하고 낮게 평가하는 왜곡된 인지와 우울, 수치심, 상실, 불안, 분노와 같은 부정적 정서, 그리고 수동성, 의존성, 약물 남용, 심인성 질병과 같은 행동의 변화를 겪게 된다. 또한, 여성과 아내로서의 역할 혼란과 높은 스트레스, 대인관계의 기피, 친밀감 형성의 어려움을 갖게 된다.

배우자 간의 폭력 경험을 성별로 구분하여 구체적으로 살펴보면 배우자로부터의 폭력 피해율 12.1%, 배우자에 대한 폭력 가해율 9.1%, 배우자와의 상호 폭력 발생률 6.5%였다. 폭력 유형별로는 배우자로부터 신체적 폭력을 경험한 비율 3.3%, 정서적 폭력 피해 경험 10.5%, 경제적 폭력 피해 2.4%, 성적 폭력 피해 2.3%였다. 가해한 비율은 신체적 폭력 1.9%, 정서적 폭력 8.4%, 경제적 폭력 1.1%, 성적 폭력 0.3%로 나타났다〈표 4-2〉.

〈표 4-2〉 부부폭력률(여성)

(단위: %)

구분	지난 1년간			1년 이전		
	피해	가해	상호폭력	피해	가해	상호폭력
부부폭력률(1)	12.1	9.1	6.5	21.4	17.1	13.1
신체적 폭력	3.3	1.9	0.9	8.0	4.3	2.8
경한 폭력	3.2	1.8	0.9	7.9	4.1	2.8
중한 폭력	0.5	0.2	–	1.2	0.7	0.3
정서적 폭력	10.5	8.4	6.2	18.6	15.7	12.4
경제적 폭력	2.4	1.1	0.3	5.8	2.2	0.8
성적 폭력	2.3	0.3	0.1	5.4	1.1	0.4
통제	29.7	29.8	22.8	–	–	–

주 1) 분석에서 무응답은 제외함
2) 백분율은 2,689명(응답자 수)을 기준으로 가중치를 부여하여 추정함
3) 부부폭력률(1)은 신체적, 정서적, 경제적, 성적 폭력 중 하나라도 경험한 비율임
4) 유형별 폭력률은 각 유형에 해당하는 폭력행동 중 하나라도 경험한 비율임. 신체적 폭력률은 경한 신체적 폭력이나 중한 신체적 폭력 행동 중 하나라도 경험한 비율임

출처: 여성가족부(2016). 2016 가정폭력 실태조사 연구, p. 78

〈표 4-3〉 부부 폭력률(남성)

(단위: %)

구분	지난 1년간			1년 이전		
	피해	가해	상호폭력	피해	가해	상호폭력
부부폭력률(1)	8.6	11.6	6.2	14.2	21.1	11.3
신체적 폭력	1.6	2.1	0.6	3.8	5.1	1.8
경한 폭력	1.6	2.1	0.6	3.7	5.1	1.8
중한 폭력	0.1	–	–	0.4	0.8	0.0
정서적 폭력	7.7	10.5	5.9	12.8	19.6	10.9
경제적 폭력	0.8	1.5	0.4	1.6	5.1	0.3
성적 폭력	0.3	1.8	0.1	0.7	3.7	–
통제	30.4	31.8	23.5	–	–	–

주 1) 백분율은 1,272명(응답자 수)을 기준으로 가중치를 부여하여 추정함
2) 분석에서 무응답은 제외함
3) 부부폭력률(1)은 신체적, 정서적, 경제적, 성적 폭력 중 하나라도 경험한 비율임
4) 유형별 폭력률은 각 유형에 해당하는 폭력행동 중 하나라도 경험한 비율임. 신체적 폭력률은 경한 신체적 폭력이나 중한 신체적 폭력 행동 중 하나라도 경험한 비율임

출처: 여성가족부(2016). 2016 가정폭력 실태조사 연구, p. 84

1) 폭력 유형별 실태

(1) 신체적 폭력 실태

여성이 경험한 신체적 폭력을 항목별로 살펴보면 다음과 같다.

지난 1년간 여성이 배우자로부터 경험한 피해는 경한 신체적 폭력의 경우 '나에게 물건을 집어던졌다' 2.6%, '밀치거나 어깨, 목 등을 움켜잡았다' 1.4%, '손바닥으로 뺨이나 몸을 때렸다' 1.0%였다. 중한 신체적 폭력의 경우 '주먹이나 물건으로 때렸다' 0.3%, '사정없이 마구 때렸다' 0.2%, '목을 조르거나 고의로 화상을 입혔다'와 '칼이나 흉기 등으로 위협하거나 다치게 했다'가 각각 0.1%였다.

〈표 4-4〉 신체적 폭력실태(여성)

(단위: %)

폭력행위	지난 1년간								1년 이전	
	없음	있음							없음	있음
		1년에 3~4회	월 1회	월 2~3회	주 1회	주 2~3회	거의 매일	소계		
피해										
경한 폭력										
나에게 물건을 집어던졌다	97.4	2.3	0.2	0.1	-	-	-	2.6	93.4	6.6
밀치거나 어깨나 목 등을 꽉 움켜잡았다	98.6	1.3	0.1	-	-	-	-	1.4	96.8	3.2
손바닥으로 뺨이나 몸을 때렸다	99.0	1.0	0.0	-	-	-	-	1.0	97.1	2.9
중한 폭력										
목을 조르거나 고의로 화상을 입혔다	99.9	0.1	-	-	-	-	-	0.1	99.4	0.6
칼이나 흉기 등으로 위협하거나, 다치게 하였다	99.9	0.1	-	-	-	-	-	0.1	99.4	0.6
주먹으로 때리거나, 맞으면 다칠 수 있는 물건으로 때렸다	99.7	0.3	-	-	-	-	-	0.3	99.0	1.0
사정없이 마구 때렸다	99.8	0.2	-	-	-	-	-	0.2	99.2	0.8

폭력행위	지난 1년간								1년 이전	
	없음	있음							없음	있음
		1년에 3~4회	월 1회	월 2~3회	주 1회	주 2~3회	거의 매일	소계		
가해										
경한 폭력										
상대방에게 물건을 집어던졌다	98.5	1.2	0.3	–	–	–	–	1.5	96.4	3.6
밀치거나 어깨나 목 등을 꽉 움켜잡았다	99.6	0.4	–	–	–	–	–	0.4	98.9	1.1
손바닥으로 뺨이나 몸을 때렸다	99.7	0.3	–	–	0.0	–	–	0.3	99.1	0.9
중한 폭력										
목을 조르거나 고의로 화상을 입혔다	100.0	–	–	–	–	–	–	–	99.6	0.4
칼이나 흉기 등으로 위협하거나, 다치게 하였다	100.0	0.0	–	–	–	–	–	0.0	99.5	0.5
주먹으로 때리거나, 맞으면 다칠 수 있는 물건으로 때렸다	99.9	0.1	–	–	–	–	–	0.1	99.4	0.6
사정없이 마구 때렸다	99.9	0.1	–	–	–	–	–	0.1	99.4	0.6

주 1) 백분율은 2,689명(응답자 수)을 기준으로 가중치를 부여하여 추정함
2) 분석에서 무응답은 제외함

출처: 여성가족부(2016). 2016 가정폭력 실태조사 연구, p. 79.

남성이 경험한 신체적 폭력을 각 항목별로 살펴보면 다음과 같다.

지난 1년간 남성이 배우자로부터 경험한 피해는 경한 신체적 폭력의 경우 '나에게 물건을 집어던졌다' 1.1%, '손바닥으로 뺨이나 몸을 때렸다' 0.4%, '밀치거나 어깨, 목 등을 움켜잡았다' 0.3%였다. 중한 신체적 폭력의 경우 '사정없이 마구 때렸다'와 '칼이나 흉기 등으로 위협하거나 다치게 했다'가 각 0.1%였다.

지난 1년간 남성이 배우자에게 가한 폭력은 경한 신체적 폭력의 경우 '물건을 집어던졌다'는 가해가 1.8%로 가장 많았고, '밀치거나 어깨, 목 등을 움켜잡았다' 0.4%, '손바닥으로 뺨이나 몸을 때렸다' 0.2%였다. 중한 신체적 폭력의 가해는 보고되지 않았다.

〈표 4-5〉 신체적 폭력실태(남성)

(단위: %)

폭력행위	지난 1년간								1년 이전	
	없음	있음							없음	있음
		1년에 3~4회	월 1회	월 2~3회	주 1회	주 2~3회	거의 매일	소계		
피해										
경한 폭력										
나에게 물건을 집어던졌다	98.9	1.0	0.1	-	-	-	-	1.1	96.6	3.4
밀치거나 어깨나 목 등을 꽉 움켜잡았다	99.7	0.2	0.1	-	-	-	-	0.3	99.2	0.8
손바닥으로 뺨이나 몸을 때렸다	99.6	0.4	-	-	-	-	-	0.4	99.3	0.7
중한 폭력										
목을 조르거나 고의로 화상을 입혔다	100.0	-	-	-	-	-	-	-	99.7	0.3
칼, 흉기 등으로 위협하거나, 다치게 하였다	99.9	0.1	-	-	-	-	-	0.1	99.6	0.4
주먹으로 때리거나, 맞으면 다칠 수 있는 물건으로 때렸다	100.0	-	-	-	-	-	-	-	99.7	0.3
사정없이 마구 때렸다	99.9	0.1	-	-	-	-	-	0.1	99.7	0.3
가해										
경한 폭력										
상대방에게 물건을 집어던졌다	98.2	1.7	0.1	-	-	-	-	1.8	95.5	4.5
밀치거나 어깨나 목 등을 꽉 움켜잡았다	99.6	0.4	-	-	-	-	-	0.4	98.3	1.7
손바닥으로 뺨이나 몸을 때렸다	99.8	0.2	-	-	-	-	-	0.2	98.2	1.8
중한 폭력										
목을 조르거나 고의로 화상을 입혔다	100.0	-	-	-	-	-	-	-	99.3	0.7
칼, 흉기 등으로 위협하거나, 다치게 하였다	100.0	-	-	-	-	-	-	-	99.5	0.5
주먹으로 때리거나, 맞으면 다칠 수 있는 물건으로 때렸다	100.0	-	-	-	-	-	-	-	99.3	0.7
사정없이 마구 때렸다	100.0	-	-	-	-	-	-	-	99.4	0.6

주 1) 백분율은 1,272명(응답자 수)을 기준으로 가중치를 부여하여 추정함
2) 분석에서 무응답은 제외함

출처: 여성가족부(2016). 2016 가정폭력 실태조사 연구, pp. 85-86.

(2) 정서적 폭력실태

정서적 폭력을 분석한 결과, 정서적 폭력 중에서도 특히 모욕하거나 욕을 하는 언어적인 폭력이 가장 빈번하게 발생하는 것으로 나타났다.

여성의 경우 지난 1년간 배우자로부터 경험한 피해는 '모욕하거나 욕을 했다'가 9.8%로 가장 많았고, '때리려고 위협하였다' 3.3%, '나의 물건을 부쉈다' 2.1%였다. 지난 1년간 여성이 배우자에게 가한 폭력은 '모욕하거나 욕을 했다' 8.0%, '상대방의 물건을 부쉈다' 1.0%, '때리려고 위협하였다' 0.9%로 나타났다〈표 4-6〉.

남성의 경우 여성 응답자와 마찬가지로 정서적 폭력 중에서도 특히 모욕하거나 욕을 하는 언어적인 폭력의 발생률이 가장 높았다. 지난 1년간 남성이 배우자로부터 경험한 정서적 폭력 피해는 '모욕하거나 욕을 했다'가 7.1%로 가장 많았고, '때리려고 위협하였다' 1.4%, '나의 물건을 부쉈다' 1.2%로 나타났다. 지난 1년간 남성이 배우자에게 가한 정서적 폭력도 '모욕하거나 욕을 했다'가 9.9%로 가장 많았고, '때리려고 위협하였다' 2.6%, '상대방의 물건을 부쉈다' 1.5%였다〈표 4-7〉.

〈표 4-6〉 정서적 폭력실태(여성)

(단위: %)

폭력행위	지난 1년간								1년 이전	
	없음	있음							없음	있음
		1년에 3~4회	월 1회	월 2~3회	주 1회	주 2~3회	거의 매일	소계		
피해										
모욕하거나 욕을 했다	90.2	8.8	0.4	0.5	0.0	0.1	–	9.8	82.3	17.7
때리려고 위협하였다	96.7	2.8	0.4	0.1	0.0	–	–	3.3	90.8	9.2
나의 물건을 부쉈다	97.9	1.8	0.2	0.0	0.0	–	–	2.1	93.2	6.8
가해										
모욕하거나 욕을 했다	92.0	7.3	0.6	0.0	0.1	0.0	0.0	8.0	85.0	15.0
때리려고 위협하였다	99.1	0.8	0.1	–	0.0	0.0	–	0.9	96.9	3.1
상대방의 물건을 부쉈다	99.0	0.9	0.1	–	–	–	–	1.0	97.1	2.9

주 1) 백분율은 2,689명(응답자 수)을 기준으로 가중치를 부여하여 추정함
2) 분석에서 무응답은 제외함

출처: 여성가족부(2016). 2016 가정폭력 실태조사 연구, p. 80.

〈표 4-7〉 정서적 폭력실태(남성)

(단위: %)

폭력행위	지난 1년간								1년 이전	
	없음	있음							없음	있음
		1년에 3~4회	월 1회	월 2~3회	주 1회	주 2~3회	거의 매일	소계		
피해										
모욕하거나 욕을 했다	92.9	5.8	1.0	0.2	-	0.1	-	7.1	87.6	12.4
때리려고 위협하였다	98.6	1.2	0.1	0.0	-	-	-	1.4	97.3	2.7
나의 물건을 부쉈다	98.8	1.1	0.1	-	-	-	-	1.2	97.2	2.8
가해										
모욕하거나 욕을 했다	90.1	8.8	0.9	0.1	0.1	0.1	-	9.9	81.2	18.8
때리려고 위협하였다	97.4	2.5	0.2	-	-	-	-	2.6	90.8	9.2
상대방의 물건을 부쉈다	98.5	1.4	0.1	-	-	-	-	1.5	94.1	5.9

주 1) 백분율은 1,272명(응답자 수)을 기준으로 가중치를 부여하여 추정함
2) 분석에서 무응답은 제외함

출처: 여성가족부(2016). 2016 가정폭력 실태조사 연구, p. 87.

(3) 경제적 폭력 실태

경제적 폭력을 항목별로 살펴보면 다음과 같다.

지난 1년간 여성이 배우자로부터 경험한 폭력 피해는 '생활비를 주지 않았다'가 1.8%로 가장 많았고, '수입과 지출을 독점했다' 0.8%, '동의 없이 재산을 임의 처분했다' 0.5%였다. 지난 1년간 여성이 배우자에게 가한 경제적 폭력은 '수입과 지출을 독점하였다' 0.7%, '생활비를 주지 않았다' 0.3%, '동의 없이 재산을 임의 처분했다' 0.2%로 나타났다.

〈표 4-8〉 경제적 폭력실태(여성)

(단위: %)

폭력행위	지난 1년간								1년 이전	
	없음	있음							없음	있음
		1년에 3~4회	월 1회	월 2~3회	주 1회	주 2~3회	거의 매일	소계		
피해										
생활비를 주지 않았다	98.2	1.6	0.1	0.0	–	–	0.0	1.8	95.6	4.4
동의 없이 재산을 임의로 처분하였다	99.5	0.5	–	–	–	–	–	0.5	97.8	2.2
수입과 지출을 독점하였다	99.2	0.5	0.2	–	–	–	0.1	0.8	97.2	2.8
가해										
생활비를 주지 않았다	99.7	0.3	–	–	–	–	0.0	0.3	98.7	1.3
동의 없이 재산을 임의로 처분하였다	99.8	0.2	–	–	–	–	–	0.2	99.2	0.8
수입과 지출을 독점하였다	99.3	0.3	0.1	0.1	–	–	0.2	0.7	98.8	1.2

주 1) 백분율은 2,689명(응답자 수)을 기준으로 가중치를 부여하여 추정함
2) 분석에서 무응답은 제외함

출처: 여성가족부(2016). 2016 가정폭력 실태조사 연구, p. 81.

남성의 경제적 폭력 경험을 항목별로 살펴보면, 지난 1년간 남성이 배우자로부터 경험한 폭력 피해는 '생활비를 주지 않았다' 0.5%, '수입과 지출을 독점했다' 0.4%, '동의 없이 재산을 임의 처분했다' 0.2%였다. 지난 1년간 남성이 배우자에게 가한 경제적 폭력은 '생활비를 주지 않았다' 1.1%, '수입과 지출을 독점하였다' 0.9%, '동의 없이 재산을 임의 처분했다' 0.3%로 나타났다.

〈표 4-9〉 경제적 폭력실태(남성)

(단위: %)

폭력행위	지난 1년간								1년 이전	
	없음	있음							없음	있음
		1년에 3~4회	월 1회	월 2~3회	주 1회	주 2~3회	거의 매일	소계		
피해										
생활비를 주지 않았다	99.5	0.5	–	–	–	–	–	0.5	99.0	1.0
동의 없이 재산을 임의로 처분하였다	99.8	0.2	0.1	–	–	–	–	0.2	99.4	0.6
수입과 지출을 독점하였다	99.6	0.3	0.1	–	–	–	–	0.4	99.1	0.9
가해										
생활비를 주지 않았다	98.9	1.0	0.0	–	–	0.1	–	1.1	95.9	4.1
동의 없이 재산을 임의로 처분하였다	99.7	0.3	–	–	–	–	–	0.3	98.3	1.7
수입과 지출을 독점하였다	99.1	0.7	–	0.0	0.1	–	–	0.9	97.7	2.3

주 1) 백분율은 1,272명(응답자 수)을 기준으로 가중치를 부여하여 추정함
2) 분석에서 무응답은 제외함

출처: 여성가족부(2016). 2016 가정폭력 실태조사 연구, p. 88.

(4) 성적 폭력 실태

성적 폭력을 항목별로 살펴보면 다음과 같다.

지난 1년간 여성이 배우자로부터 경험한 성적 폭력 피해는 '원하지 않는 성관계 강요' 피해가 2.3%, '원하지 않는 형태의 성관계 강요' 피해가 0.9%였고, 여성이 배우자에게 가한 성적 폭력은 '원하지 않는 성관계 강요' 0.3%, '원하지 않는 형태의 성관계 강요' 0.1%였다〈표 4-10〉.

한편, 지난 1년간 남성이 배우자로부터 경험한 성적 폭력 피해는 '원하지 않는 성관계 강요' 0.3%, '원하지 않는 형태의 성관계 강요' 0.2%였고, 남성이 지난 1년간 배우자에게 행한 성적 폭력은 '원하지 않는 성관계 강요'가 1.7%, '원하지 않는 형태의 성관계 강요'가 0.8%였다〈표 4-11〉.

〈표 4-10〉 성적 폭력실태(여성)

(단위: %)

<table>
<tr><th rowspan="3">폭력행위</th><th colspan="8">지난 1년간</th><th colspan="2">1년 이전</th></tr>
<tr><th rowspan="2">없음</th><th colspan="7">있음</th><th rowspan="2">없음</th><th rowspan="2">있음</th></tr>
<tr><th>1년에 3~4회</th><th>월 1회</th><th>월 2~3회</th><th>주 1회</th><th>주 2~3회</th><th>거의 매일</th><th>소계</th></tr>
<tr><td colspan="11">피해</td></tr>
<tr><td>내가 원하지 않음에도 성관계를 강요하였다</td><td>97.7</td><td>1.9</td><td>0.2</td><td>0.1</td><td>0.0</td><td>0.0</td><td>-</td><td>2.3</td><td>94.8</td><td>5.2</td></tr>
<tr><td>내가 원하지 않는 형태의 성관계를 강요하였다</td><td>99.1</td><td>0.9</td><td>-</td><td>0.1</td><td>-</td><td>-</td><td>-</td><td>0.9</td><td>97.3</td><td>2.7</td></tr>
<tr><td colspan="11">가해</td></tr>
<tr><td>상대방이 원하지 않음에도 성관계를 강요하였다</td><td>99.7</td><td>0.3</td><td>-</td><td>-</td><td>-</td><td>-</td><td>-</td><td>0.3</td><td>98.9</td><td>1.1</td></tr>
<tr><td>상대방이 원하지 않는 형태의 성관계를 강요하였다</td><td>99.9</td><td>0.1</td><td>-</td><td>-</td><td>-</td><td>-</td><td>-</td><td>0.1</td><td>99.4</td><td>0.6</td></tr>
</table>

주 1) 백분율은 2,689명(응답자 수)을 기준으로 가중치를 부여하여 추정함
2) 분석에서 무응답은 제외함

출처: 여성가족부(2016). 2016 가정폭력 실태조사 연구, p. 82.

〈표 4-11〉 성적 폭력 실태(남성)

(단위: %)

<table>
<tr><th rowspan="3">폭력행위</th><th colspan="8">지난 1년간</th><th colspan="2">1년 이전</th></tr>
<tr><th rowspan="2">없음</th><th colspan="7">있음</th><th rowspan="2">없음</th><th rowspan="2">있음</th></tr>
<tr><th>1년에 3~4회</th><th>월 1회</th><th>월 2~3회</th><th>주 1회</th><th>주 2~3회</th><th>거의 매일</th><th>소계</th></tr>
<tr><td colspan="11">피해</td></tr>
<tr><td>내가 원하지 않음에도 성관계를 강요하였다</td><td>99.7</td><td>0.3</td><td>-</td><td>-</td><td>-</td><td>-</td><td>-</td><td>0.3</td><td>99.3</td><td>0.7</td></tr>
<tr><td>내가 원하지 않는 형태의 성관계를 강요하였다</td><td>99.8</td><td>0.2</td><td>-</td><td>-</td><td>-</td><td>-</td><td>-</td><td>0.2</td><td>99.5</td><td>0.5</td></tr>
<tr><td colspan="11">가해</td></tr>
<tr><td>상대방이 원하지 않음에도 성관계를 강요하였다</td><td>98.3</td><td>1.6</td><td>0.0</td><td>-</td><td>-</td><td>-</td><td>-</td><td>1.7</td><td>96.5</td><td>3.5</td></tr>
<tr><td>상대방이 원하지 않는 형태의 성관계를 강요하였다</td><td>99.2</td><td>0.7</td><td>0.0</td><td>-</td><td>-</td><td>-</td><td>-</td><td>0.8</td><td>97.5</td><td>2.5</td></tr>
</table>

주 1) 백분율은 1,272명(응답자 수)을 기준으로 가중치를 부여하여 추정함
2) 분석에서 무응답은 제외함

출처: 여성가족부(2016). 2016 가정폭력 실태조사 연구, p. 88.

2) 첫 폭력 발생 시기 및 폭력 이유

(1) 폭력 발생 시기

부부폭력 경험이 있는 남녀 응답자를 대상으로 먼저 폭력이 처음 발생한 시기를 살펴보면, 피해여성이 배우자로부터 폭력피해를 처음으로 경험한 시기는 '결혼 후 1년 이상 5년 미만'이 44.2%로 가장 많았으며, '결혼 후 5년 이후' 35.7%, '결혼 후 1년 미만' 18.1%, '결혼 전 교제 기간' 2.0%였다.

〈표 4-12〉 부부폭력 첫 발생 시기(여성)

(단위: %)

구분	피해	가해
결혼 전 교제 기간	2.0	1.9
결혼 후 1년 미만	18.1	16.7
결혼 후 1년 이상 5년 미만	44.2	41.5
결혼 후 5년 이후	35.7	39.9
계	100.0	100.0

주 1) 백분율은 피해와 가해 각각 315명, 238명(응답자 수)을 기준으로 가중치를 부여하여 추정함
2) 분석에서 무응답은 제외함

출처: 여성가족부(2016). 2016 가정폭력 실태조사 연구, p. 92.

〈표 4-13〉 부부폭력 첫 발생 시기(남성)

(단위: %)

구분	피해	가해
결혼 전 교제 기간	–	3.5
결혼 후 1년 미만	13.5	13.9
결혼 후 1년 이상 5년 미만	36.9	44.4
결혼 후 5년 이후	49.6	38.3
계	100.0	100.0

주 1) 백분율은 피해와 가해 각각 111명, 147명(응답자 수)을 기준으로 가중치를 부여하여 추정함
2) 분석에서 무응답은 제외함

출처: 여성가족부(2016). 2016 가정폭력 실태조사 연구, p. 92.

(2) 부부폭력 이유

응답자가 생각하는 부부폭력이 일어나게 된 가장 큰 이유를 조사한 결과, 전반적으로 여성과 남성 모두 배우자가 폭력을 행사한 이유와 본인이 배우자에게 폭력을 행사한 이유에서 성격 차이가 약 50%의 비율로 가장 높았고, 다음으로 경제적인 문제가 약 25%의 비율을 차지했다

〈표 4-14〉 부부폭력이 일어나게 된 이유(여성)

(단위: %)

구분	피해	가해
경제적인 문제	25.7	22.6
성격 차이	45.3	45.3
시가, 처가 문제	9.3	11.0
자녀 문제	1.8	3.1
배우자의 음주 문제	9.6	10.7
귀하의 음주 문제	4.4	2.0
배우자의 이성 문제(외도 또는 외도 의심)	1.1	1.4
귀하의 이성 문제(외도 또는 외도 의심)	0.4	0.3
이유를 모르겠음	2.2	2.9
기타	0.3	0.8
계	100.0	100.0

주 1) 백분율은 피해와 가해 각각 315명, 238명(응답자 수)을 기준으로 가중치를 부여하여 추정함
2) 분석에서 무응답은 제외함

출처: 여성가족부(2016). 2016 가정폭력 실태조사 연구, p. 93.

〈표 4-15〉 부부폭력이 일어나게 된 이유(남성)

(단위: %)

구분	피해	가해
경제적인 문제	22.4	24.0
성격 차이	47.5	49.5
시가, 처가 문제	4.4	2.3
자녀 문제	4.5	3.7
배우자의 음주 문제	5.4	2.9

구분	피해	가해
귀하의 음주 문제	7.5	9.4
배우자의 이성 문제(외도 또는 외도 의심)	–	0.7
귀하의 이성 문제(외도 또는 외도 의심)	2.1	–
이유를 모르겠음	6.3	6.3
기타	–	1.3
계	100.0	100.0

주 1) 백분율은 피해와 가해 각각 111명, 147명(응답자 수)을 기준으로 가중치를 부여하여 추정함
2) 분석에서 무응답은 제외함

출처: 여성가족부(2016). 2016 가정폭력 실태조사 연구, p. 94.

3) 부부폭력 피해 영향

배우자로부터 폭력 피해 경험이 있다고 한 응답자를 대상으로 폭력으로 인한 신체적 상처 정도를 조사하였다.

응답자의 85.4%는 별다른 상처가 없다고 응답하였고, 14.5%는 신체적 상처를 경험한 것으로 나타났다. 성별로 살펴보면, 여성이 남성에 비해 배우자의 폭력으로 인해 신체적인 상처를 입은 비율이 높았으며, 신체적 상처의 정도도 높은 것으로 나타났다.

〈표 4-16〉 배우자의 폭력으로 인한 신체적 상처(부상) 정도 (단위: %)

구분	전체	여성	남성
별다른 상처 없음	85.4	80.0	93.7
약간의 상처를 입음	12.5	17.3	5.2
다소 심각한 상처를 입음	1.9	2.5	1.1
매우 심각한 상처를 입음	0.1	0.2	–
계	100.0	100.0	100.0

주 1) 백분율은 배우자 폭력 피해를 경험한 426명(응답자 수: 여성 315명, 남성 111명)을 기준으로 가중치를 부여하여 추정함
2) 분석에서 무응답은 제외함

출처: 여성가족부(2016). 2016 가정폭력 실태조사 연구, p. 95.

배우자의 폭력으로 인해 신체적 상처를 입었다고 한 응답자들을 대상으로 신체적 상처에 대해 병원치료를 받았는지를 조사한 결과, 신체적 상처를 입은 응답자의 9.1%가 병원치료를 받았으며, 나머지 90.9%는 병원치료를 받지 않은 것으로 나타났다. 성별로는 상처를 입은 여성의 11.0%가 병원치료를 받았으며, 남성이 병원치료를 받은 사례는 없었다. 병원치료에서의 성별 차이는 남성이 입은 신체적 상처가 경미한 수준이기 때문인 것으로 볼 수 있다.

〈표 4-17〉 신체적 상처(부상) 병원치료 여부

(단위: %)

구분	전체	여성	남성
예	9.1	11.0	-
아니요	90.9	89.0	100.0
계	100.0	100.0	100.0

주 1) 백분율은 신체적 상처를 경험한 71명(응답자 수)을 기준으로 가중치를 부여하여 추정함
2) 분석에서 무응답은 제외함

출처: 여성가족부(2016). 2016 가정폭력 실태조사 연구, p. 96.

4) 정신적 고통

(1) 배우자의 폭력으로 인한 정신적 고통 정도

배우자로부터 폭력 피해 경험이 있다고 한 응답자를 대상으로 폭력으로 인한 정신적 고통 정도를 조사하였다.

응답자의 33.8%는 정신적 고통을 경험했다고 응답하여 폭력피해 경험이 있는 응답자 3명 중 1명은 폭력으로 인해 정신적인 고통을 겪은 것으로 나타났다. 성별로 살펴보면, 신체적 상처와 마찬가지로 여성이 남성에 비해 배우자의 폭력으로 인해 정신적인 고통을 느낀 비율이 훨씬 높았다.

〈표 4-18〉 배우자의 폭력으로 인한 정신적 고통 정도

(단위: %)

구분	전체	여성	남성
별다른 정신적 고통 없음	66.3	56.6	81.0
약간의 고통을 겪음	28.0	35.6	16.4
다소 심각한 고통을 겪음	3.9	6.4	-
매우 심각한 고통을 겪음	1.9	1.4	2.5
계	100.0	100.0	100.0

주 1) 백분율은 배우자 폭력 피해를 경험한 426명(응답자 수)을 기준으로 가중치를 부여하여 추정함
2) 분석에서 무응답은 제외함

출처: 여성가족부(2016). 2016 가정폭력 실태조사 연구, p. 97.

다음으로 정신적 고통을 경험했다고 한 응답자들을 대상으로, 응답자가 겪은 정신적 고통의 내용을 조사하였다. 응답자의 65.8%가 '자신에 대한 실망, 무력감, 자아상실'을 경험했다고 응답했으며, '매사에 불안, 우울'을 경험한 응답자는 33.8%, '가해자에 대한 적대감이나 분노'를 경험한 응답자는 31.5%였다.

여성과 남성이 느낀 정신적 고통 내용은 비슷하였으나, 가해자에 대한 적대감이나 분노를 느꼈다는 비율은 여성 응답자에서는 34.1%, 남성 응답자에서는 22.4%로 나타나 피해여성에게서 가해자에 대한 적대감과 분노가 더 많이 보고되었다.

〈표 4-19〉 배우자의 폭력으로 인한 정신적 고통 내용(복수응답)

(단위: %)

구분	전체	여성	남성
자신에 대한 실망, 무력감, 자아상실	65.8	64.5	70.3
매사에 불안, 우울	33.8	34.7	30.6
폭력으로 죽을 것 같은 생각	2.6	3.4	-
가해자에 대한 적대감이나 분노	31.5	34.1	22.4
계속 폭력 피해 당시의 생각이 남	6.4	6.6	5.5
죽고 싶다는 생각	5.2	4.7	7.2
사람 만나는 것을 기피	6.5	5.5	10.0

주 1) 백분율은 정신적 고통을 경험한 166명(응답자 수)을 기준으로 가중치를 부여하여 추정함
2) 분석에서 무응답은 제외함

출처: 여성가족부(2016). 2016 가정폭력 실태조사 연구, p. 97.

배우자의 폭력으로 인해 정신적 고통을 겪었다고 한 응답자들을 대상으로 정신적 고통에 대해 병원치료를 받았는지를 조사하였다. 정신적 고통을 겪은 응답자의 1.6%만 병원치료를 받았으며, 나머지 98.4%는 치료를 받지 않은 것으로 나타났다. 성별로는 고통을 겪은 여성의 0.9%, 남성의 4.1%가 병원치료 경험이 있다고 응답하여 남성이 치료를 받은 비율이 여성보다 높았다.

〈표 4-20〉 정신적 고통 병원치료 여부

(단위: %)

구분	전체	여성	남성
예	1.6	0.9	4.1
아니요	98.4	99.1	95.9
계	100.0	100.0	100.0

주 1) 백분율은 정신적 고통을 경험한 166명(응답자 수)을 기준으로 가중치를 부여하여 추정함
2) 분석에서 무응답은 제외함

출처: 여성가족부(2016). 2016 가정폭력 실태조사 연구, p. 98.

5) 위협이나 공포심 정도

배우자로부터 폭력 피해 경험이 있다고 한 응답자를 대상으로 배우자의 폭력행동이 있었을 당시에 위협이나 공포심을 느낀 정도를 조사하였다.

응답자의 66.0%는 별다른 위협이나 공포심을 느끼지 않았다고 응답하였고, 29.0%는 어느 정도의 위협이나 공포심을 느낀 것으로 나타났다. 성별로 살펴보면, 앞의 신체적 폭력, 정신적 고통에서와 동일하게 여성이 남성에 비해 위협이나 공포심을 느낀 비율과 정도가 훨씬 높은 것으로 나타났다.

피해여성의 37.6%가 약간의 위협이나 공포심을 느꼈다고 응답했으며, 7.2%는 상당한 위협이나 공포심, 0.3%는 매우 심각한 위협이나 공포심을 느꼈다고 응답하여 피해여성의 45.1%가 배우자 폭력으로 위협이나 공포심을 경험하였다.

피해남성의 경우에는 16.1%가 약간의 위협이나 공포심을, 0.5%는 상당한 위협이나 공포심을, 0.6%는 매우 심각한 위협이나 공포심을 느꼈다고 응답하여 피해남

성의 17.2%가 배우자의 폭력으로 위협이나 공포심을 경험한 것으로 나타났다.

〈표 4-21〉 정신적 위협, 공포심을 느낀 정도 (단위: %)

구분	전체	여성	남성
별다른 위협이나 공포심은 느끼지 않음	66.0	54.9	82.8
약간의 위협이나 공포심을 느꼈음	29.0	37.6	16.1
상당한 위협이나 공포심을 느꼈음	4.6	7.2	0.5
매우 심각한 위협이나 공포심을 느꼈음	0.4	0.3	0.6
계	100.0	100.0	100.0

주 1) 백분율은 배우자 폭력 피해를 입은 426명(응답자 수)을 기준으로 가중치를 부여하여 추정함
2) 분석에서 무응답은 제외함

출처: 여성가족부(2016). 2016 가정폭력 실태조사 연구, p. 99.

4 가정폭력에 대한 대응 경험

1) 폭력에 대한 대응방법

배우자로부터 폭력 피해를 경험한 응답자들을 대상으로 배우자의 폭력행동이 있었을 때 어떻게 대응했는지 조사하였다. 응답자의 66.6%는 그냥 있었다고 응답하였고, 24.1%는 자리를 피하거나 집밖으로 도망갔다, 8.1%는 함께 폭력을 행사했다고 응답하였다. 배우자의 폭력행동 당시 주위에 도움을 요청했다는 응답은 1.0%에 불과한 것으로 나타났다.

성별로 살펴보면, 여성의 경우, '그냥 있었다'는 응답이 63.9%, '자리를 피하거나 집 밖으로 피하였다' 24.7%, '함께 폭력을 행사하였다' 10.0%, '주위에 도움을 요청하였다' 1.1%였다. 남성의 경우 배우자의 폭력행동 시 '그냥 있었다'는 응답이 70.7%, '자리를 피하거나 집 밖으로 도망갔다' 23.2%, '함께 폭력을 행사하였다' 5.2%, '주위

에 도움을 요청하였다' 0.9%였다.

〈표 4-22〉 배우자 폭력에 대한 대응방법

(단위: %)

구분	전체	여성	남성
그냥 있었다	66.6	63.9	70.7
자리를 피하거나, 집 밖으로 도망갔다	24.1	24.7	23.2
함께 폭력을 행사하였다	8.1	10.0	5.2
주위에 도움을 요청하였다	1.0	1.1	0.9
기타	0.1	0.2	–
계	100.0	100.0	100.0

주 1) 백분율은 배우자 폭력 피해를 입은 426명(응답자 수)을 기준으로 가중치를 부여하여 추정함
2) 분석에서 무응답은 제외함

출처: 여성가족부(2016). 2016 가정폭력 실태조사 연구, p. 100.

배우자의 폭력행동 시 '그냥 있었다'고 한 응답자를 대상으로 그 이유를 조사한 결과, 여성과 남성 응답 모두에서 '그 순간만 넘기면 되어서', '배우자이기 때문에'라는 응답이 가장 많았다.

〈표 4-23〉 그냥 있었던 이유(1순위)

(단위: %)

구분	전체	여성	남성
무서워서	3.0	5.1	–
대응하면 폭력이 심해지므로	12.7	15.1	9.4
내가 잘못한 것이므로	12.7	5.2	22.9
배우자이기 때문에	23.6	21.9	26.0
창피하고 자존심 상해서	15.6	16.1	14.9
그 순간만 넘기면 되어서	26.3	28.6	23.1
아이들 때문에	5.5	6.8	3.7
기타	0.7	1.3	–
계	100.0	100.0	100.0

주 1) 백분율은 그냥 있었다고 응답한 275명(응답자 수)을 기준으로 가중치를 부여하여 추정함
2) 분석에서 무응답은 제외함

출처: 여성가족부(2016). 2016 가정폭력 실태조사 연구, p. 101.

2) 도움 요청 대상

배우자로부터 폭력 피해를 경험한 응답자들을 대상으로 가족이나 친척, 이웃이나 친구 등 사적인 지지체계와 경찰, 가정폭력 지원기관 등의 공적인 지지체계에 도움을 요청한 적이 있는지를 조사하였다.

각각에 대해 도움을 요청한 적이 있는지 조사한 결과, '가족이나 친척'에게 도움을 요청한 경험은 응답자의 12.1%, 이웃이나 친구에게 도움을 요청한 경험은 응답자의 10.3%였고, 경찰 1.7%, 종교지도자 1.0%, 여성긴급전화 1366과 가정폭력상담소 및 보호시설/쉼터는 각각 0.6%로 매우 낮게 나타났다. 전반적으로 주변에 도움을 요청한 비율도 매우 낮을 뿐더러 도움을 요청한 대상이 대부분 가족이나 친척, 이웃이나 친구 등 사적 지원체계에 집중되어 있었다. 성별로 보면 여성이 남성에 비해 주변에 도움을 요청한 비율이 높은 것으로 나타났다.

〈표 4-24〉 주위 도움 요청 여부

(단위: %)

구분	전체	여성	남성
경찰	1.7	2.8	-
가족이나 친척	12.1	16.3	5.8
이웃이나 친구	10.3	12.9	6.5
종교지도자	1.0	1.6	-
여성긴급전화 1366	0.6	1.0	-
가정폭력상담소 및 보호시설/쉼터	0.6	1.0	-

주 1) 백분율은 배우자 폭력 피해를 입은 426명(응답자 수)을 기준으로 가중치를 부여하여 추정함
2) 분석에서 무응답은 제외함

출처: 여성가족부(2016). 2016 가정폭력 실태조사 연구, p. 103.

경찰에 도움을 요청한 적이 없다고 한 응답자를 대상으로 경찰에 도움을 요청하지 않은 이유를 질문하였다. 폭력이 심각하지 않아서 경찰에 도움을 요청하지 않았다는 응답이 가장 많았지만, 부부폭력을 여전히 사적인 일로 인식하고 집안 일이

알려지는 것이 창피해서 신고하지 않은 경우나 경찰에 도움을 요청해도 소용이 없을 것 같다는 생각으로 도움을 요청하지 않은 경우도 상당수 있는 것으로 나타났다. 성별로는 남성이 여성에 비해 '폭력이 심각하지 않다고 생각해서'라는 응답이 많았고, 여성이 남성에 비해 '신고해도 소용이 없을 것 같아서'라는 응답이 많았다.

경찰에 신고하지 않은 이유 1순위 응답은 '폭력이 심각하지 않다고 생각해서'가 41.2%로 가장 많았고, '집안 일이 알려지는 것이 창피해서' 29.6%, '신고해도 소용 없을 것 같아서' 14.8%의 순이었다.

〈표 4-25〉 경찰에 도움 요청하지 않은 이유(1순위)

(단위: %)

구분	전체	여성	남성
배우자의 보복이 두려워서	2.8	3.1	2.3
배우자가 전과자가 될까 봐	3.2	2.4	4.5
신고하면 이혼하게 될까 봐	0.8	1.0	0.5
신고해도 소용이 없을 것 같아서	14.8	19.3	8.1
집안 일이 알려지는 것이 창피해서	29.6	28.7	30.8
폭력이 심각하지 않다고 생각해서	41.2	35.4	49.8
자녀들을 생각해서	7.3	9.7	3.9
신고할 수 있다는 것을 몰라서	–	–	–
기타	0.2	0.3	–
계	100.0	100.0	100.0

주 1) 백분율은 경찰에 도움을 요청하지 않았다고 한 418명(응답자 수)을 기준으로 가중치를 부여하여 추정함
2) 분석에서 무응답은 제외함

출처: 여성가족부(2016). 2016 가정폭력 실태조사 연구, p. 104.

3) 폭력을 먼저 시작한 사람

배우자로부터의 폭력 피해 경험이 있다고 한 남녀 응답자에게 부부폭력 발생 시 주로 누가 먼저 그 행동을 시작했는지 조사한 결과, 항상 또는 주로 남편이 먼저 시작한 비율은 48.4%, 아내가 먼저 시작한 비율은 15.8%, 서로 비슷하게 시작했다는

비율은 35.8%로 남성이 폭력행동을 먼저 시작한 비율이 훨씬 높았다.

〈표 4-26〉 폭력행동을 주로 먼저 시작한 사람 (단위: %)

구분	전체	여성	남성
항상 남편이 먼저	12.0	11.4	12.8
주로 남편이 먼저	36.4	47.8	19.1
서로 비슷하게	35.8	32.1	41.4
주로 아내가 먼저	12.8	5.6	23.7
항상 아내가 먼저	3.0	3.0	3.1
계	100.0	100.0	100.0

주 1) 백분율은 배우자 폭력 피해를 입은 426명(응답자 수)을 기준으로 가중치를 부여하여 추정함
2) 분석에서 무응답은 제외함

출처: 여성가족부(2016). 2016 가정폭력 실태조사 연구, p. 107.

4) 이혼, 별거, 사별 응답자의 부부폭력 경험

여성이 이혼, 별거, 사별 전에 배우자로부터 한 번이라도 폭력 피해를 경험한 비율은 50.5%였으며, 여성이 (전)배우자에게 폭력을 가해한 경험은 27.9%였다. 상호폭력 비율은 25.5%로, 가해 경험이 있는 여성의 대부분이 피해 경험도 있는 것으로 나타났다.

남성이 이혼, 별거, 사별 전에 배우자로부터 한 번이라도 폭력 피해를 경험한 비율은 37.4%였으며, 남성이 (전)배우자에게 폭력을 가해한 경험은 51.2%였다. 상호폭력 비율은 33.7%로, 이는 피해 경험이 있는 남성의 대부분이 가해 경험이 있음을 의미한다.

폭력 유형별로는 정서적 폭력의 비율이 전반적으로 가장 높게 나타났으며, 다음으로 신체적 폭력과 경제적 폭력의 비율이 비슷한 수준이었다.

〈표 4-27〉 이혼 별거 사별 응답자의 부부폭력 경험 (단위: %)

구분	전체	여성			남성		
		피해	가해	상호폭력	피해	가해	상호폭력
부부폭력률(1)	52.9	50.5	27.9	25.5	37.4	51.2	33.7
신체적 폭력	25.2	25.7	9.3	8.3	6.5	20.4	5.5
경한 폭력	24.8	25.3	8.7	7.8	6.5	19.9	5.5
중한 폭력	4.5	5.7	1.2	1.0	-	0.5	-
정서적 폭력	47.6	44.5	25.4	23.7	36.5	47.5	32.9
경제적 폭력	26.3	26.8	5.8	3.9	5.1	17.1	2.4
성적 폭력	15.2	17.0	1.4	1.0	0.8	9.3	0.8

주 1) 백분율은 600명(응답자 수)을 기준으로 가중치를 부여하여 추정함
2) 분석에서 무응답은 제외함
3) 부부폭력률(1)은 신체적, 정서적, 경제적, 성적 폭력 중 하나라도 경험한 비율임
4) 유형별 폭력률은 각 유형에 해당하는 폭력행동들 중 하나라도 경험한 비율임. 신체적 폭력률은 경한 신체적 폭력이나 중한 신체적 폭력 행동 중 하나라도 경험한 비율임
5) 이혼, 별거, 사별 전에 한 번이라도 경험한 비율임

출처: 여성가족부(2016). 2016 가정폭력 실태조사 연구, p. 109.

5 폭력 발생 시 신고의사

1) 부부폭력 발생 시 경찰신고 의사

(1) 본인 가정에 부부폭력 발생 시

본인 가정에서 부부폭력이 발생할 경우 경찰에 신고할 의사가 있는지 조사한 결과, 전체 응답자의 61.4%는 신고할 의사가 있다고 응답하였고, 38.6%는 신고할 의사가 없다고 응답하였다. 성별로는 여성 중 67.2%, 남성 중 55.5%가 경찰에 신고할 의사가 있다고 응답하여 부부폭력 발생 시 여성의 신고 의사가 남성에 비해 높은 것으로 나타났다.

본인 가정에서 부부폭력이 발생할 경우 경찰에 신고할 의사가 없다고 응답한 경우 신고하지 않는 이유로는 '가족이므로'가 49.7%, '대화로 해결 원함'이 33.3%로 대부분을 차지하였고, '창피해서' 10.7%, '신고해도 소용이 없을 것 같아서' 3.2%, '폭력이 심해질까 봐' 3.0%의 순으로 나타났다.

〈표 4-28〉 본인 가정에서 부부폭력 발생 시 경찰신고 의사 (단위: %)

구분	전체	여성	남성
예	61.4	67.2	55.5
아니오	38.6	32.8	44.5
계	100.0	100.0	100.0

주 1) 백분율은 6,000명(응답자 수)을 기준으로 가중치를 부여하여 추정함
2) 분석에서 무응답은 제외함

출처: 여성가족부(2016). 2016 가정폭력 실태조사 연구, p. 151.

〈표 4-29〉 경찰에 신고하지 않는 이유 (단위: %)

구분	전체	여성	남성
가족이므로	49.7	49.8	49.7
폭력이 심해질까 봐	3.0	4.2	2.2
대화로 해결 원함	33.3	29.9	35.8
창피해서	10.7	11.2	10.3
생활비를 중단할까 봐	0.0	0.1	–
신고해도 소용이 없을 것 같아서	3.2	4.7	2.0
기타	0.1	0.1	0.1
계	100.0	100.0	100.0

주 1) 백분율은 경찰에 신고하지 않겠다고 한 2,132명(응답자 수)을 기준으로 가중치를 부여하여 추정함
2) 분석에서 무응답은 제외함

출처: 여성가족부(2016). 2016 가정폭력 실태조사 연구, p. 151.

(2) 이웃 가정에 부부폭력 발생 시 신고의사

이웃 가정에서 부부폭력이 발생할 경우 경찰에 신고할 의사에 대해서는 전체 응

답자의 65.0%가 신고할 의사가 있다고 응답하였다. 여성 응답자 66.7%, 남성 응답자 63.2%가 이웃 가정에서 부부폭력 발생 시 경찰에 신고할 의사가 있다고 응답하여 성별에 따른 신고 의사는 유사한 수준이었다.

이웃 가정에서 부부폭력 발생 시 경찰에 신고하지 않겠다고 응답한 경우 그 이유로는 '남의 일이므로'가 51.9%를 차지하였고, '화를 입을까 봐/보복이 두려워서' 21.5%, '대화로 해결 원함' 20.2%, '귀찮아서' 6.0%의 순이었다. 이웃 가정에서 부부폭력 발생 시 경찰에 신고할 의사가 없는 이유로 여성과 남성 모두 남의 일이기 때문이라는 의견이 가장 많았지만, 여성은 남성에 비해 신고로 인해 화를 입거나 보복을 당하는 것이 두려워서 신고하지 않겠다는 의견이 조금 더 높게 나타났다.

〈표 4-30〉 이웃 가정에서 부부폭력 발생 시 경찰신고 의사

(단위: %)

구분	전체	여성	남성
예	65.0	66.7	63.2
아니오	35.0	33.3	36.8
계	100.0	100.0	100.0

주 1) 백분율은 6,000명(응답자 수)을 기준으로 가중치를 부여하여 추정함
2) 분석에서 무응답은 제외함

출처: 여성가족부(2016). 2016 가정폭력 실태조사 연구, p. 152.

〈표 4-31〉 경찰에 신고하지 않는 이유

(단위: %)

구분	전체	여성	남성
남의 일이므로	51.9	49.6	54.0
화를 입을까 봐/보복이 두려워서	21.5	28.1	15.4
대화로 해결 원함	20.2	17.1	23.1
귀찮아서	6.0	4.8	7.0
기타	0.4	0.4	0.5
계	100.0	100.0	100.0

주 1) 백분율은 경찰에 신고하지 않겠다고 한 2,016명(응답자 수)을 기준으로 가중치를 부여하여 추정함
2) 분석에서 무응답은 제외함

출처: 여성가족부(2016). 2016 가정폭력 실태조사 연구, p. 153.

2) 자녀학대 발생 시 경찰신고 의사

(1) 본인 가정에 자녀학대 발생 시

본인 가정에서 배우자나 다른 가족에 의한 자녀학대가 발생할 경우 경찰 또는 아동보호전문기관에 신고할 의사가 있는지 조사한 결과, 전체 응답자의 72.9%가 신고할 의사가 있다고 응답하였고, 27.1%는 신고할 의사가 없다고 응답하였다.

성별로는 여성 중 75.4%, 남성 중 70.3%가 본인 가정에서 자녀학대가 발생할 경우 경찰에 신고할 의사가 있다고 응답하여 배우자나 다른 가족에 의한 자녀학대 발생 시 여성의 신고 의사가 남성에 비해 다소 높은 것으로 나타났다.

본인 가정에서 자녀학대가 발생할 경우 경찰 또는 아동보호전문기관에 신고할 의사가 없다고 응답한 경우, 신고하지 않는 이유로는 '가족이므로'가 46.4%, '대화로 해결 원함'이 39.2%로 대부분을 차지하였고, 그 외 '창피해서' 6.5%, '학대가 심해질까 봐' 4.8%, '신고해도 소용이 없을 것 같아서' 3.0%의 순으로 나타났다.

〈표 4-32〉 본인 가정에서 자녀학대 발생 시 경찰신고 의사 (단위: %)

구분	전체	여성	남성
예	72.9	75.4	70.3
아니오	27.1	24.6	29.7
계	100.0	100.0	100.0

주 1) 백분율은 6,000명(응답자 수)을 기준으로 가중치를 부여하여 추정함
2) 분석에서 무응답은 제외함

출처: 여성가족부(2016). 2016 가정폭력 실태조사 연구, p. 154.

〈표 4-33〉 경찰에 신고하지 않는 이유 (단위: %)

구분	전체	여성	남성
가족이므로	46.4	47.2	45.6
학대가 심해질까 봐	4.8	5.7	4.0
대화로 해결 원함	39.2	35.6	42.2

구분	전체	여성	남성
창피해서	6.5	7.7	5.5
신고해도 소용이 없을 것 같아서	3.0	3.7	2.3
기타	0.2	-	0.3
계	100.0	100.0	100.0

주 1) 백분율은 경찰에 신고하지 않겠다고 한 1,486명(응답자 수)을 기준으로 가중치를 부여하여 추정함
2) 분석에서 무응답은 제외함

출처: 여성가족부(2016). 2016 가정폭력 실태조사 연구, p. 154.

(2) 이웃 가정에 자녀학대 발생 시

이웃 가정에서 자녀학대가 발생할 경우 경찰 또는 아동보호전문기관에 신고할 의사에 대해서는, 전체 응답자 중 77.1%가 신고할 의사가 있다고 응답하였다. 여성 중 77.7%, 남성 중 76.5%가 이웃 가정에서 자녀학대 발생 시 경찰 또는 아동보호전문기관에 신고할 의사가 있다고 응답하여 성별에 따른 경찰신고 의사는 유사한 수준이었다. 이웃 가정에서 자녀학대 발생 시 경찰 또는 아동보호전문기관에 신고하지 않겠다고 응답한 경우, 미신고 의사 이유로는 '남의 일이므로'가 50.3%로 약 절반을 차지하였고, '대화로 해결 원함' 22.4%, '화를 입을까 봐/보복이 두려워서' 21.8%, '귀찮아서' 5.1%의 순이었다.

〈표 4-34〉 이웃 가정에서 자녀학대 발생 시 경찰신고 의사 (단위: %)

구분	전체	여성	남성
예	77.1	77.7	76.5
아니오	22.9	22.3	23.5
계	100.0	100.0	100.0

주 1) 백분율은 6,000명(응답자 수)을 기준으로 가중치를 부여하여 추정함
2) 분석에서 무응답은 제외함

출처: 여성가족부(2016). 2016 가정폭력 실태조사 연구, p. 155.

〈표 4-35〉 경찰에 신고하지 않는 이유

(단위: %)

구분	전체	여성	남성
남의 일이므로	50.3	48.5	52.1
화를 입을까 봐/보복이 두려워서	21.8	28.1	15.8
대화로 해결 원함	22.4	20.1	24.6
귀찮아서	5.1	3.2	6.9
기타	0.4	0.2	0.5
계	100.0	100.0	100.0

주 1) 백분율은 경찰에 신고하지 않겠다고 한 1,300명(응답자 수)을 기준으로 가중치를 부여하여 추정함
2) 분석에서 무응답은 제외함

출처: 여성가족부(2016). 2016 가정폭력 실태조사 연구, p. 155.

이상의 내용을 토대로 정리하면 신체적 폭력이 아니라 할지라도 정서적 폭력만으로도 폭력을 경험하지 않은 여성보다 정서적 폭력을 경험한 여성이 우울, 불안, 공포감 등을 느낄 가능성이 더 크고, 공포감으로 자존감 결여와 무기력에 빠지는 등 정신적인 부분에 영향을 받는다.

자녀학대는 자녀가 부모에게 신체적, 정서적 폭력을 당하는 직접적인 폭력경험으로, 이러한 경험을 한 자녀는 공격성과 주로 폭력적·파괴적 행동양식을 나타낼 수 있으며, 특히 부부간에 폭력이 잦을 경우 형제관계가 나빠지게 되고(김성희, 2008) 부모의 신체적, 정서적 자녀학대가 형제폭력 가해 발생과 높은 상관을 보인다고 하였다(배화옥, 2001).

가정폭력에서 흔히 볼 수 있는 것은 신체적으로 밀기, 잡기, 때리기와 같은 행동이나 인격적인 모욕의 표현, 두려움을 유발시키는 정신적·성적 하대와 같은 유형이다.

6 가정폭력이 아동에게 미치는 영향

첫째, 성장기에 있는 아동은 환경 속에서 많은 것을 학습하며 성장한다. 즉, 폭력적인 가정환경에서 성장한다는 것은 폭력을 학습한다는 것이다. 가정은 최초의 학습장소이다. 어릴 때부터 보고 배운 잘못된 폭력행위는 아동에게 부정적인 것을 내재화하여 문제해결 방법으로 폭력을 사용하게 한다.

둘째, 가정폭력의 영향은 아동기에서 끝나는 것이 아닌 청소년기와 성인기에 형성되는 개인의 인격과 대인관계까지 영향을 미치게 된다. 또, 아동에게 있어 어머니가 아버지로부터 폭행당하는 장면을 목격한 경험은 신체적, 정신적으로 부적응을 나타낸다고 보고하고 있다(김정란, 2003).

셋째, 폭력을 목격하며 성장하게 된 아동은 신체적 폭력보다 정서적 피해가 더 큰 문제로 대두된다. 정서적 폭력은 부모가 자녀에 대해 직접적인 물리력을 행사하지 않지만, 수치심이나 굴욕을 느끼게 하는 모욕적 행위, 공포심이나 위협적 행위, 다른 자녀와의 비교로 심적으로 주눅 들게 하는 행위 등을 말한다(김난영, 2008).

넷째, 부모와 같은 공간에 머물면서 부모로부터 직접적인 신체적 학대를 경험하거나 부모 간의 싸움을 직접 목격하는 경우, 가정 내에서 일어나는 부모 쌍방 또는 일방의 폭력은 기본적으로 부부 당사자에 부정적인 영향을 미치는 것은 당연하며, 성장기에 있는 자녀에게 건전한 부모로서의 역할을 하지 못해 이러한 상황을 학습한 자녀가 부모와 자녀와의 관계를 왜곡시키며 부정적인 영향을 미친다(장덕희, 2001).

다섯째, 아동이 가정폭력 장면을 목격하거나 관찰하는 것뿐만 아니라 다른 공간에서 소리를 듣거나 폭력의 결과를 보는 등 간접적으로 경험하는 것까지 폭력가정의 위험한 환경에 노출된 아동으로 보아야 한다. 아동에게는 간접적인 경험으로도 정신적 혹은 정서적으로 커다란 영향을 미치기 때문이다.

여섯째, 가정폭력은 자녀의 발달에 중요한 영향을 미친다. 가정폭력에 지속적으로 노출된 아동은 성인이 되어서도 그 경험이 기억 속에 잔재되어 외상 후 스트레스 장애(PTSD), 강박장애 등 다양한 형태의 정신장애를 일으켜 일상생활이나 사회생활 전반에 걸쳐 성장기에 학습된 폭력을 그대로 또는 변질시켜 외형으로 나타내게 된다(김해선, 2000).

일곱째, 가정폭력에 노출된 아동은 부모로부터의 정상적인 애착관계를 통해 성장한 아동에 비해 우울이나 불안 증상을 더 많이 나타내며 공격적 성향이 증가하는 등 정신적인 문제를 나타내고, 교우관계 또한 원만치 못해 학업성적이 떨어지는 등 학교생활에서의 부적응과 사회적 인간관계에서의 부적응 결과를 나타낸다(김재엽, 2003).

함께 생각해 봅시다

01 가정폭력 피해여성이 지각하는 성 평등의식은 자립 의지에 어떠한 영향을 미치는가?

02 가정폭력 피해여성이 지각하는 성 역할 정체감은 자립 의지에 어떠한 영향을 미치는가?

03 가정폭력 피해여성이 지각하는 사회적 지지는 자립 의지에 어떠한 영향을 미치는가?

04 가정폭력 피해여성의 자아상태, 인생의 태도, 결혼만족도 실태는 어떠한가?

05 가정폭력 피해여성의 자아상태(CP, NP, A, FC, AC)가 결혼만족도에 어떠한 영향을 미치는가?

05

CHAPTER

노인학대

1 노인학대의 개요

우리나라의 고령화는 세계에서 유례없이 빠른 속도로 진행되고 있다. 1990년 5.1%였던 65세 이상 노인인구 비율은 '고령화 사회' 진입 기준인 7%를 초과하는 데 10년이 걸렸고(2000년), 2018년에 '고령사회' 진입 기준인 14%를 초과한 바 있다(통계청, 2018).

노인인구의 증가는 세대 간 갈등인 노인부양에 대한 사회적 부담을 가중시켜 결과적으로 노인학대로 이어질 수 있다. 그 가운데 노인학대는 노인의 인권을 유린하는 행위이며, 학대의 행위자가 노인이 의지하는 매우 가까운 사람들에 의해 이루어진다는 점에서 노인의 삶에 심각한 위해를 가하므로 중요하게 다루어야 한다.

1) 노인학대의 개념

고령화가 급속하게 진행되면서 노인의 자기방임 문제에 대한 사회적인 관심이 늘어나고 있다. 언론매체에 전형적으로 등장하는 자기방임 노인은 기본적인 용모관리를 하지 않아 매우 더러운 모습으로 묘사되거나 필요한 의료나 사회서비스를 거부·거절하는 것으로 그려진다. 아니면 노인의 집안 내부 혹은 외부에서 쓰레기, 불필요한 신문, 잡지, 병 등을 수집하거나 집안을 청소하지 않거나 관리하지 않아 집 안에 곰팡이가 피어 있는 모습으로 표현된다.

「노인복지법」 제1조의2 제4호를 통해서 노인학대에 대하여 정의하면, "노인학대라 함은 노인에 대하여 신체적·정신적·정서적·성적 폭력 및 경제적 착취 또는 가혹행위를 하거나 유기 또는 방임하는 것"을 말한다.

매년 6월 15일은 유엔이 지정한 '세계 노인학대 인식의 날(World Elder Abuse Awareness Day)'인데 2019년 5월 말부터 연재된 한겨레신문 기사('엄마의 몸에 없던 멍이 생겼다… 2년 뒤 엄마는 하늘로' 등)에서도 지적되었듯이 노인학대는 국가 통계가 수

집되기 시작한 2005년 2,038건에서 2017년 4,622건에 달할 정도로 꾸준히 증가하고 있다.

특히 심각한 학대행위가 발생하는데도 구조상 은폐되고 있는 장기요양기관시설 학대를 예방하기 위해서는 보건복지부의 엄격한 행정처분의 집행이 필수적인데, 그동안 행정처분조차 제대로 집행되고 있지 않은 것으로 확인되어 참여연대사회복지위원회는 2019년 6월 10일 감사원에 공익감사를 청구했다.

지방자치단체는 학대행위자에 대해서는 「노인장기요양보험법」 제37조(장기요양기관 지정의 취소 등), 「노인복지법」 제39조의9(금지행위)의 각 호에 해당하는지를 판단하고 법에 규정된 절차 및 조치에 따라 이행할 의무가 있다.

노인보호전문기관에 신고가 접수되어 상담원이 수개월에 걸친 현장조사 및 사정, 사례판정회의 등을 거쳐 노인학대로 판정된 분명한 사례조차 최종 단계인 지방자치단체의 행정처분에서 어떠한 행정조치도 취해지지 않는다면, 행정력의 낭비일 뿐만 아니라 학대의 중지 및 예방 효과를 기대하기 어렵다. 반복되는 장기요양기관시설 학대를 예방하기 위해서는 지자체의 엄격한 행정처분과 그 집행이 제대로 이뤄지는지에 대한 보건복지부의 감시 · 감독이 필수적이다.

우리나라 「노인복지법」(제1조의2 제4호)에서는 노인에 대하여 신체적 · 정신적 · 정서적 · 성적 폭력 및 경제적 착취 또는 가혹행위를 하거나 유기 또는 방임을 하는 것으로 노인학대를 규정해 두고 있다.

노인학대에 대한 일관된 정의가 존재하지는 않지만, 우리나라 보건복지부와 노인보호전문기관(2016)에서는 노인학대를 신체적 학대, 정서적 학대, 경제적 학대, 성적 학대, 유기, 방임에 더하여 자기방임까지를 포괄하는 것으로 정의하고 있다. 자기방임은 “노인 스스로가 의식주 제공 및 의료 처치 등의 최소한의 자기보호 관련 행위를 의도적으로 포기 또는 비의도적으로 관리하지 않아 심신이 위험한 상황이나 사망에 이르게 하는 행위”로 정의한다.

국외 학자들은 대체로 노인학대에 abuse와 neglect만을 포함시키고, 노인 본인이 스스로를 방임하는 자기방임은 노인학대 개념에서 제외시키고 있다. 국내에서도 자기방임을 노인학대 개념에서 배제시키자는 주장이 이어져 왔으나, 노인학대 전담기관인 노인보호전문기관 이외의 사회복지기관에서 자기방임을 다루는 것이 어렵다는 이유 등으로 인해 노인학대의 한 유형으로 계속 포함되어 개입이 이루어지고 있는 실정이다.

자기방임은 1960년대 이후 알려진 사회문제로 주로 불결, 디오게네스 신드롬(diogenes syndrome)의 문제로 인식되었고 유사 용어로 senile breakdown syndrome, social breakdown syndrome, messy house syndrome 등이 사용되었다(Day et al., 2012).

영국이나 호주에서는 자기방임을 불결, 저장 행위, 자기관리의 세 가지 유형으로 구분하고 있으며, 자기방임과 노인학대를 별도로 구분하여 접근하는 방식을 취한다(Pertusa et al., 2010). 미국에서는 주마다 차이가 있지만 자기방임을 노인학대의 한 유형으로 접근하기도 한다.

다음은 중앙노인보호기관 노인학대의 대표 행위에 대해 살펴보고자 한다(중앙노인보호기관 홈페이지).

2) 노인학대행위[1)]

(1) 신체적 학대

출처: 중앙노인보호기관 홈페이지(www.noinboho.or.kr).

① 노인을 폭행한다.

- 노인을 밀치거나 넘어뜨린다.
- 노인을 발로 찬다.
- 노인을 주먹으로 폭행한다.
- 노인의 몸을 벽에 박거나 바닥에 내리치는 행위 등을 가한다.
- 노인의 머리나 목 또는 몸을 강하게 잡거나 흔든다.
- 노인의 목을 조른다.
- 노인을 손 또는 몸으로 강하게 억압하며 짓누른다.
- 노인의 몸을 발로 밟는다.
- 노인을 질질 끌고 다닌다.
- 노인의 머리채를 잡아당기거나 움켜잡아 뽑는다.
- 노인을 할퀴거나 꼬집는다.
- 노인을 입으로 물어뜯는다.
- 몽둥이, 빗자루 등의 도구로 노인을 폭행한다.
- 물건을 던져 노인에게 상해를 입힌다.

---

1) 중앙노인보호기관 홈페이지(http://noinboho.or.kr/index.html)를 참고함

- 칼이나 흉기를 사용하여 노인에게 상해를 입힌다.
- 담뱃불 또는 도구를 이용하여 노인에게 화상을 입힌다.

② 노인을 제한된 공간에 강제로 가두거나 노인의 거주지 출입을 통제한다.

- 노인을 집 안의 제한된 공간에서 나가지 못하게 통제한다.
- 노인을 집 밖으로 나가지 못하게 통제한다.
- 노인을 제한된 공간에 장치(예: 자물쇠 등)를 설치하여 출입을 통제한다.
- 노인을 집 밖으로 끌어낸다.
- 노인을 집 밖으로 쫓아낸다.
- 노인을 집에 들어오지 못하게 한다.
- 노인의 거주지 주변 출입을 통제한다.

③ 노인의 신체를 강제로 억압한다.

- 노인을 침대 등에 묶어 움직이지 못하게 한다.
- 노인의 신체 일부 또는 모두를 사용하지 못하게 장치(예: 끈으로 묶어두기, 수갑 채우기, 손·발목 묶기 등)를 설치한다.

④ 신체적 해를 가져올 위험성이 큰 행위로 노인을 협박하거나 위협한다.

- 칼이나 가위 등 흉기를 사용하여 노인을 협박하거나 위협한다.
- 물건을 던지거나 기물파손하는 등의 행위로 노인을 협박하거나 위협한다.

⑤ 노인의 신체적 생존을 위협할 수 있는 행위를 한다.

- 노인의 기본 생존 유지에 필요한 장치(가스, 난방, 전기, 수도)를 단절시킨다.
- 노인을 기본 생존 유지에 필요한 식사 또는 음료를 보관하는 물품(밥통, 냉장고)으로부터 단절시킨다.
- 노인을 기본 생존 유지에 필요한 식사 또는 음료로부터 단절시킨다.
- 노인을 치료 및 생존 유지에 필요한 약물(예: 심장 관련, 당뇨, 혈압 등)로부터 단절시킨다.

⑥ 약물을 사용하여 노인의 신체를 통제하거나 저해한다.

- 노인에게 의료적으로 불필요한 약물이나 주사를 강제로 복용 · 투입한다.

⑦ 노인이 원하지 않거나 수행하기 어려운 노동을 하게 한다.

- 노인이 원치 않는 의사를 보였음에도 불구하고 일(노동)을 하도록 강요한다.
- 노인을 강제로 수감하거나 위협하여 일(노동)을 강요한다.
- 노인이 일을 수행하기 어려운 정신 및 신체적 상황임에도 불구하고 일(노동)을 하도록 강요한다.
- 노인에게 정신 및 신체적 악화를 가져올 수 있는 일 또는 조건에서 일(노동)을 하도록 강요한다.

(2) 정서적 학대

출처: 중앙노인보호기관 홈페이지(www.noinboho.or.kr).

① 노인과의 접촉을 기피한다.

- 노인을 쳐다보지 않고 무시한다.
- 노인에게 말을 걸지 않거나 대화를 하지 않는다.
- 노인의 말과 행동을 지속적으로 무시하고 반응을 보이지 않는다.
- 노인의 일상생활(예: 식사, 일상물품 사용 등)을 타 가구원과 별도로 하게 한다.

② 노인의 사회관계 유지를 방해한다.

- 노인이 친구나 친지들과 만나거나 연락하는 것을 방해한다.

- 노인의 친구나 친지 등이 방문하는 것을 싫어한다.
- 비방이나 폭력적 행동 등으로 타인이 노인과의 관계를 유지하는 것을 싫어하게 만든다.
- 노인의 일상적인 사회활동이나 종교활동을 노골적으로 방해한다.
- 비방이나 유언비어로 노인의 경제활동을 저해한다.
- 노인의 이성교제를 방해한다.

③ 노인을 위협·협박하는 언어적 표현이나 감정을 상하게 하는 행동을 한다.

- '죽이겠다'고 협박한다.
- '시설로 보낸다' 또는 '집에서 나가라' 등의 위협·협박을 한다.
- 노인의 요구를 무조건 무시한다.
- 노인에게 고함을 지르거나 욕을 한다.
- 노인에게 혐오스러운 말을 한다.
- 노인이 수치심을 느끼게 하는 모욕적인 말을 한다.
- 자존심을 상하게 하는 말을 한다.
- 노인에게 창피를 준다.
- 노인을 비웃거나 조소를 한다.
- 노인을 재앙을 가져오는 사람으로 취급한다.

④ 노인과 관련된 결정사항에 대해서 의사결정 과정에서 소외시킨다.

- 노인의 거취 결정에서 노인을 배제시킨다.
- 노인의 소지품 처분을 결정할 때 노인의 의사를 반영하지 않는다.
- 노인을 집안 경조사에 참여시키지 않는다.

(3) 성적 학대

출처: 중앙노인보호기관 홈페이지(www.noinboho.or.kr).

① 노인에게 성폭력을 행한다.

- 노인이 원치 않음에도 불구하고 강제적으로 성관계를 갖는다.
- 노인이 원치 않음에도 불구하고 강제적으로 성관계를 강요 또는 시도한다.
- 노인이 원치 않음에도 불구하고 입맞춤, 애무 등을 요구한다.
- 노인이 원치 않음에도 불구하고 가슴이나 엉덩이 등 신체 일부를 만진다.
- 판단 능력이 없거나 의사표현을 할 수 없는 노인을 성폭행한다.

② 노인에게 성적 수치심을 주는 표현이나 행동을 한다.

- 노인의 신체를 빗대어 혐오감을 주는 언행을 한다.
- 성적 언행 등으로 노인에게 굴욕감이나 협오감을 느끼게 한다.
- 사람들이 보고 있음에도 불구하고 노인의 성적 부위를 드러내고 옷 또는 기저귀를 교체한다.
- 사람들이 보고 있음에도 불구하고 노인을 알몸으로 목욕시킨다.
- 원하지 않거나, 판단 능력이 부족한 노인임에도 성적 신체 부위를 몰래 촬영한다.
- 노인이 원치 않음에도 학대행위자의 성기 및 자위 행위를 보게 한다.
- 노인이 원치 않음에도 포르노 잡지나 비디오를 보게 한다.
- 원하지 않거나, 판단 능력이 부족한 노인임에도 노인의 성적 신체 부위 전체 또는 일부를 노출시켜 놓는다.

(4) 경제적 학대

출처: 중앙노인보호기관 홈페이지(www.noinboho.or.kr).

① 노인의 소득 및 재산, 임금을 가로채거나 임의로 사용한다.

- 노인의 허락 없이 임금, 연금, 임대료, 재산 등을 가로챈다.
- 의사표현 능력이 없는 노인의 연금, 재산 등을 가로챈다.
- 노인의 허락 없이 저축, 주식 등을 임의로 사용한다.
- 공적 부조(예: 국민기초생활보장 수급자 생계비) 급여를 가로채거나 임의로 사용한다.
- 노인의 허락 없이 노인명의의 은행계좌로부터 현금을 인출하여 사용한다.
- 노인의 허락 없이 노인 소유의 귀중한 물건을 빼앗는다.
- 노인 소유의 귀중한 물건을 파괴하는 등 재산적 피해를 준다.
- 노인에게 빌린 돈을 갚지 않거나 귀중한 물건을 돌려주지 않는다.
- 노인의 노동에 대한 대가를 정당하게 지급하지 않는다.

② 노인의 재산에 관한 법률적 권리를 침해하는 행위를 한다.

- 노인 소유의 부동산을 노인의 동의 없이 임의로 사용하거나 강제로 명의변경한다.
- 노인의 허락 없이 수표 및 기타 금융·법적 서류에 서명을 날조한다.
- 노인의 허락 없이 노인의 신용을 이용하여 이익을 취한다(명의 도용).
- 노인의 허락 없이 노인명의로 은행 등에서 대출을 받는다.
- 노인의 허락 없이 노인명의의 은행계좌, 보험 등을 해약한다.

- 사기나 강압, 부당한 위력으로 유언장, 계약서, 위임장 등에 서명을 허위로 작성하거나 변조한다.
- 대리권을 노인이 원하지 않는 방법으로 악용한다.
- 노인부양을 전제로 재산 상속을 약속 또는 증여하였으나 부양의무를 이행하지 않는다.

③ 노인의 재산 사용 또는 관리에 대한 결정을 통제한다.

- 노인이 희망하는 재산 사용을 이유 없이 제한하거나 강요한다.
- 노인 자신의 돈을 일상생활에서 마음대로 사용하지 못하게 한다.
- 노인의 재산을 노인이 원하지 않는 방법으로 사용하도록 강요한다.
- 노인의 재산관리 관련 결정을 제한하거나 강요한다.
- 노인명의의 재산을 불법적으로 소유하려고 협박한다.
- 수표 및 기타 금융·법적 서류에 서명을 강요한다.

(5) 방임

출처: 중앙노인보호기관 홈페이지(www.noinboho.or.kr).

① 거동이 불편한 노인의 의식주 등 일상생활 관련 보호를 제공하지 않는다.

- 스스로 식사하기 힘든 노인을 방치한다.
- 스스로 배변처리가 어려운 노인을 방치한다.

- 노인 스스로 청결 유지(예: 목욕, 빨래 등) 또는 환경관리(예: 청소 등)가 불가능함에도 이를 방치한다.
- 심각한 질환(예: 치매 등)이 있는 노인을 홀로 거주하게 한다.
- 노인에게 안정된 주거공간을 제공하지 않고 떠돌게 한다.

② 경제적 능력이 없는 노인의 생존을 위한 경제적인 보호를 제공하지 않는다.

- 경제 능력이 없는 노인의 기본적 생존을 위한 생활비를 지원하지 않거나 중단한다.
- 경제 능력이 없는 노인의 생활 관련 업무(예: 세금 및 각종 요금납부)를 방치한다.
- 경제 능력이 없는 노인의 사회적 활동(예: 용돈, 종교 활동비, 경조사비 등)을 위한 경제적 지원을 제공하지 않는다.

③ 의료 관련 욕구가 있는 노인에게 의료적 보호를 제공하지 않는다.

- 노인에게 필요한 보장구(예: 틀니, 보청기, 돋보기, 지팡이, 휠체어 등)를 제공하지 않는다.
- 노인에게 필요한 의료 처치를 제공하지 않거나 거부·방해하거나 소홀히 한다.
- 질병으로 인해 거동이 불편한 노인의 간병을 소홀히 한다(예: 악취, 욕창, 염증 등 발생).

④ 자신을 돌보지 않거나 돌봄을 거부함으로써 노인의 생명이 위협받는다(자기방임).

- 노인 자신이 의료처치 또는 약복용 등 의사의 지시에 따른 치료 행위를 거부한다.
- 건강, 생활, 환경 등의 위험한 상황에서 노인이 도움을 요청하지 않거나 거부한다.
- 노인 스스로 생존을 위해 필수적인 의식주 관련 행위를 거부함으로써 생명이 위협받는다.
- 일상생활 수행을 위한 신체적·정신적 능력을 상실한 노인이 돌봄을 거부함으로써 생명이 위협받는다.

- 건강에 치명적임에도 불구하고 노인이 약물이나 알코올 남용을 지속한다.
- 노인이 자살을 시도한다.

(6) 유기

출처: 중앙노인보호기관 홈페이지(www.noinboho.or.kr).

① 의존적인 노인을 유기한다.

- 노인과 연락을 두절하거나 왕래를 하지 않는다.
- 노인을 시설, 병원에 입소시키고 연락과 왕래를 두절한다.
- 인지기능을 상실한 노인(예: 치매, 약물중독, 알코올중독, 정신질환 등)을 고의적으로 가출 또는 배회하게 한다.
- 노인을 낯선 장소에 버린다.
- 배회하는 상태에서 발견된 노인에 대하여 부양의무자가 부양의무 이행을 거부한다.

3) 노인학대의 구체적 행위와 증상

노인학대예방센터 업무수행 지침(2004. 9.)에 제시된 노인학대의 구체적인 행위와 증상은 다음과 같다.

〈표 5-1〉 노인학대의 구체적 행위와 증상

① 신체학대

구체적 행위	증상	학대 세부내용 분류
• 때린다. • 세게 친다. • 꼬집는다. • 물건을 집어 던진다. • 흉기로 위협한다. • 강하게 누른다. • 찌른다. • 강하게 흔든다. • 강하게 붙잡는다. • 난폭하게 다룬다. • 무리하게 먹인다. • 신체 구속한다. • 감금(가둠)한다. • 의자나 침대에 묶어 둔다. • 불필요한 약물을 투여한다. • 담배 등으로 화상 입힌다.	• 설명할 수 없는 상처 • 설명과 일치하지 않는 상처 • 치료를 받지 못한 상처(예: 잘린 상처, 찔린 상처, 생채기, 출혈, 골절 등) • 신체 부상(예: 얼굴, 목, 가슴, 복부, 골반, 팔, 다리) • 외관상 나타나지 않는(예: 옷이나 신체의 일부분에 의해 가려진) 상처 • 머리카락이 뽑힌 흔적이나 머리에 출혈한 흔적 • 화상(예: 담뱃불이나 질산 혹은 로프나 체인의 마찰로 야기된 화상 등) • 영양 부족 상태 또는 질병과 관계없는 탈수 상태 • 이상한 체중 감소 • 행동이나 활동 수준의 변화	☑ 외상 없음 ☑ 부종 ☑ 멍듦 ☑ 할퀌 ☑ 꼬집힘 ☑ 물어 뜯김 ☑ 찢김 ☑ 경미한 출혈 ☑ 머리카락 뽑힘 ☑ 목 졸린 흔적 ☑ 묶은 흔적 ☑ 유해한 약물 투여 ☑ 감금 ☑ 삠(접질림) ☑ 골절 ☑ 탈골 ☑ 인대손상 ☑ 고막파열 ☑ 화상 ☑ 복부출혈 ☑ 호흡곤란 ☑ 두개골 골절 ☑ 경뇌막 혈종 ☑ 신체 떨림(수전증) ☑ 뇌손상 ☑ 의식장해 ☑ 뇌사 ☑ 사망 ☑ 기타

출처: 보건복지부(2004). 노인학대예방센터 업무수행 지침, p. 4.

② 언어 · 정서학대

구체적 행위	나타나는 징후	학대 세부내용 분류
• 말로 욕을 퍼붓는다. • 노인에게 고함을 지른다. • 말로 혐오스럽게 한다. • 말로 협박한다(예: 양로원 등의 시설로 보내겠다). • 노인에게 쓸모없는 늙은이라고 하는 등 자존심을 상하게 하는 말을 한다. • 신체적 저하로 인한 노인의 실수를 비난하고 꾸짖는다. • 노인이 수치심을 느끼게 하는 모욕적인 말을 한다. • 유아처럼 다룬다. • 고령자를 가족과 친구로부터 격리한다. • 외출시키지 않는다. • 노인을 보지 않는다. • 노인에게 말을 걸지 않는다. • 무시하고 대답하지 않는다. • 노인만 따로 식사하게 한다. • 창피를 준다. • 비웃거나 조소를 한다. • 재앙을 가져오는 사람으로 취급한다. • 위협적으로 무례한 태도를 취한다. • 노인의 친구나 친지 등이 방문하는 것을 싫어한다. • 노인의 일상적인 사회활동이나 종교활동을 노골적으로 방해한다.	• 반응하려고 하지 않는다. • 질문을 해도 '네' 혹은 '아니요'라는 짧은 답변 외에는 응답이 없다. • 표정이 없다. • 정서상태: 우울, 공포, 혼돈상태, 부정, 분노, 흥분, 수동성 • 무기력하다. • 말하기를 꺼리거나 주저한다. • 고개를 숙이고 있다. • 웃는 모습이 아니다. • 눈물을 머금다. 운다. 절망이나 동요를 보인다. • 대화에 참가하지 않는다. • 걱정되는 듯한 모습을 하고 있다. • 눈이 쑥 들어가 있다. • 가족의 안색을 살핀다. • 가족을 피하려고 한다. • 집에 돌아가려 하지 않는다.	☑ 무관심 ☑ 소리 지름 ☑ 비하된 언어 ☑ 이유 없는 짜증과 화 ☑ 심한 욕설 ☑ 대꾸 안함 ☑ 무시 ☑ 모멸감 ☑ 고의적 따돌림 ☑ 언어적 협박 및 위협 ☑ 흉기로 위협 ☑ 과대한 요구 ☑ 생활기구 제한 ☑ 기물파손 ☑ 물건 던짐 ☑ 사회적 활동 제한 ☑ 사용 공간 제한 ☑ 생활기구 사용 제한 ☑ 쫓아냄 ☑ 집에 못 들어오게 함 ☑ 나가지 못하게 함 ☑ 기타

출처: 보건복지부(2004). 노인학대예방센터 업무수행 지침, p. 5.

③ 성학대

구체적 행위	나타나는 징후	학대 세부내용 분류
• 노인이 성적 수치심을 갖게 하는 성 관련 언어표현이나 행위 • 성 관련 언어, 시각적 자료, 행동으로 성적 굴욕감을 유발하는 행위 • 폭행한 후 강제로 성 행위 및 강간하는 것 • 물건이나 흉기를 사용하여 강제로 성폭행하는 것 • 원치 않는 성 행위 및 강간 • 성적 수치심을 유발하는 환경(예: 남녀 구별이 필요한 공간에 구별 없는 경우, 탈의실, 화장실 개방 등)	• 걷거나 앉을 때 어려워함 • 속옷이 찢어져 있음 • 외부 성기 부분이나 항문 부위의 타박상이나 하혈을 보임 • 성병 • 우울 • 사회관계의 단절 • 수면장애 • 분노 또는 수치심	☑ 성적 수치심 유발 행위 ☑ 성적 수치심 유발 환경 ☑ 성희롱 ☑ 성추행 ☑ 성폭행 ☑ 강제적 성 행위 및 강간 ☑ 기타

출처: 보건복지부(2004). 노인학대예방센터 업무수행 지침, p. 6.

④ 재정학대

구체적 행위	나타나는 징후	학대 세부내용 분류
• 노인의 유언장을 허위로 작성하거나, 노인이 작성한 유언장을 노인의 동의 없이 수정한다. • 노인의 허락 없이 노인의 이름을 사용해서 계약을 한다. • 노인의 허락 없이 부동산(재산)을 사고팔거나 빌린다. • 노인의 허락 없이 노인명의의 증서를 변경한다. • 노인의 허락 없이 노인 재산을 증여한다. • 노인의 소득(예: 연금, 임대료, 수당 등)을 가로채거나 대리권을 악용한다. • 노인의 허락 없이 노인 금전에서 돈을 빌려준다. • 노인의 허락 없이 노인명의의 은행계좌에서 돈을 인출한다(예: 돈을 훔침, 돈을 악용함, 연금을 가로채서 사용함 등). • 노인에게서 빌린 돈이나 물건을 돌려주지 않는다. • 노인의 값나는 물건을 빼앗음 • 노인의 허락 없이 노인명의의 은행구좌를 해약한다.	• 자신의 생활이나 보호를 위한 충분한 돈을 갖고 있지 않다. • 필요한 물건을 살 수 없다. • 체납된 공과금 및 세금서가 발견되고 있다. • 은행계좌의 현저한 혹은 비적절한 거래가 있다. • 노인의 서명이 아닌 노인의 서명과 유사하게 서명된 수표나 서류가 있다. • 개인 소지품이 없어졌다. • 노인의 재산이 타인의 명의로 갑자기 전환되었다.	☑ 인감 도용 ☑ 연금 및 생계급여 등 수입에 대한 착취 ☑ 강제적인 명의 변경 ☑ 부양 전제 증여 후 부양의무 불이행 ☑ 은행계좌 무단 인출 ☑ 현금 갈취 ☑ 동산 갈취 ☑ 부동산 갈취 ☑ 재산권 사용 제한 (예: 근저당) ☑ 유언장 허위 작성 ☑ 의사표현 능력이 없는 노인의 재산 갈취 ☑ 불완전한 의사표시 상태에서 노인의 재산 갈취 ☑ 신용카드 명의도용 및 도용 ☑ 노인 임금 채무 불이행 ☑ 기타

출처: 보건복지부(2004). 노인학대예방센터 업무수행 지침, p. 6.

⑤ 방임

구체적 행위	나타나는 징후	학대 세부내용 분류
• 식사와 물을 주지 않는다. • 약물을 불충분하게 투여한다. • 치료를 받게 하지 않는다(예: 병원에 데리고 가지 않는다). • 청결 유지를 태만히 한다(예: 옷 갈아입기, 기저귀 교환, 손톱 깎기, 산발, 목욕 등). • 노인에게 필요한 기구(예: 안경, 의치, 보청기 등)를 제공하지 않는다. • 거동이 불편한 노인을 장기간 혼자 있게 둔다. • 노인 방만 청소하지 않는다. • 와상 시 몸의 위치 변경을 태만히 한다. • 노인이 사고를 당할 수 있는 위험한 상황에 처하게 한다.	• 오물, 대소변 냄새, 노인 주변 환경에 있어서 건강이나 안전에 관련되어 위험한 증후가 있다. • 머리, 수염, 손톱 등이 자라서 지저분해져 있다. • 욕창이 있다. • 땀띠, 염증, 이(기생충)가 있음 • 악취가 난다. • 의치, 보청기, 안경 등이 없다. 또는 부수어져 있다. • 식사를 거르고 있다. • 영양실조나 탈수상태에 있다. • 필요한 의료를 받지 않거나 필요한 약을 먹지 않고 있다. • 의복을 착용하지 않았다. • 언제나 같은 의복이나 더럽고 찢어진 옷 또는 계절에 맞지 않는 의복을 입고 있다. • 오물로 침대나 이불이 더렵혀져 있다. • 기저귀가 교환되지 않는다. • 전기, 가스, 전화, 수도가 단절되어 있다.	☑ 의료적 방임(치료받아야 하는 상황) ☑ 보장기구(보청기, 당뇨 체크 기구 등) 제공 거부 ☑ 필수 생활비, 생계비의 지원 단절 ☑ 비위생 거주 환경 ☑ 개인위생 방치(와상, 치매 등 거동 불가능 노인) ☑ 난방 단절 ☑ 전기, 가스, 수도 단절 ☑ 주거 환경 안전사고 위험 ☑ 거동 불가능 노인에게 충분치 못한 식사 제공 ☑ 영양실조 ☑ 탈수상태 ☑ 연락두절 ☑ 왕래두절(1년 이상) ☑ 노인의 배회 ☑ 신변 위험 상태 방치 ☑ 죽게 내버려 둠 ☑ 가출 후 찾지 않음 ☑ 기타

출처: 보건복지부(2004). 노인학대예방센터 업무수행 지침, p. 7.

⑥ 자기방임

구체적 행위	나타나는 징후	학대 세부내용 분류
• 노인 스스로 할 수 있음에도 불구하고 신변의 청결, 건강 관리, 가사 등을 포기하거나 관리하지 않아 심신의 문제가 발생한다. • 자기의 신변 청결, 건강 관리, 가사 등을 본인이 할 능력이 부족하거나 어떤 이유로 노인도 모르는 사이에 심신의 문제가 발생한다.	• 스스로 식사와 수분을 섭취하지 않는다. • 필요한 치료와 약복용을 중지 또는 이로 인해 건강상태가 악화된다. • 의도적으로 죽고자 하는 모든 행위를 보인다.	☑ 의도적으로 신변 청결 및 기본생활 회피 ☑ 의도적으로 식사 거부 ☑ 의도적으로 기본적인 보호 거부로 건강문제 발생 ☑ 치료 행위 거부로 생명에 위험 초래 ☑ 자해 ☑ 자살기도 ☑ 사망 ☑ 기타

출처: 보건복지부(2004). 노인학대예방센터 업무수행 지침, p. 7.

⑦ 유기

구체적 행위	나타나는 징후	학대 세부내용 분류
• 노인을 낯선 장소에 버린다. • 노인을 다른 주거지에 거하게 하고 연락을 두절한다. • 거동이 불편한 노인을 시설에 맡기고 연락을 두절한다. • 노인을 강제적으로 반 감금 형태 시설에 보내 집으로 돌아오지 못하게 한다.	• 노인이 낯선 장소에서 오랜 시간 배회하며 자신의 주거지 및 연락처를 알지 못한다. • 주거지가 아닌 장소에서 불결한 신변 상황이나 식사를 제대로 하지 못한 상태에 방치되어 있다. • 자녀들이 전혀 연락이 되지 않으며, 주거지를 옮기거나 이민을 떠났다. • 노인의 신상에 대한 정보를 전혀 알 수가 없다.	☑ 노인을 길, 시설, 낯선 장소에 버림 ☑ 반 감금 형태의 시설에 입소 ☑ 사망 ☑ 기타

출처: 보건복지부(2004). 노인학대예방센터 업무수행 지침, p. 7.

2 노인학대 범죄의 주체

1) 노인학대 범죄의 주체

노인은 65세 이상의 자로 「노인복지법」상 노인을 정의하는 규정은 없으나 노인학대 범죄를 정의한 규정을 근거로 판단하고 노인학대는 노인에 대하여 신체적, 정신적, 정서적, 성적 폭력 및 경제적 착취 또는 가혹행위를 하거나 유기 또는 방임을 하는 것이다(「노인복지법」 제1조의2 제4호).

고령화와 함께 나이 든 자녀의 부양 능력이 떨어지면서 생기는 경제적 어려움이 노노(老老) 학대 증가의 원인으로 꼽힌다. 자신도 보살핌을 받아야 하는 노년기에 접어들어서도 나이 든 부모를 모셔야 하는 경우 신체적·경제적 어려움에 따른 부양 스트레스가 증가하고, 이것이 부모 학대로 나타나고 있다는 해석이다. 바로 그런 이유 때문에 노노 학대를 개인 문제로만 생각하지 말고 행위자와 피해자를 모두 도울 수 있는 해결책을 모색해야 한다는 지적도 나오고 있다(우정구, 2018. 5. 8).

노인학대 범죄의 주체는 보호자로 규정하고 있으며 보호자란 부양의무자, 배우자(사실상의 혼인관계에 있는 자 포함), 직계비속 및 그 배우자(사실상의 혼인관계에 있는 자 포함)이다.

또한, 업무 고용 등의 관계로 사실상 노인을 보호하는 자는 노인을 보호하고 있는 자로부터 계약이나 특수 법령에 의하여 그 노인의 사실상 보호·감독을 위탁받은 자 및 정당한 위탁을 받지 않았다 하더라도 사실상 노인을 자신의 지배 아래 두고 보호하는 자이다.

2) 노인학대 신고방법 및 보호절차

신고방법으로는 경찰서를 방문하는 것과 전화번호 112 신고, 경찰서 민원에 고소장을 접수하는 것이 있다. 또한, 노인학대전문기관(1577-1389)으로 방문한다. 보호절차는 '신고 – 접수 – 현장조사 – 사례판정 – 서비스 제공 – 평가 및 종결 – 사후관리'에 따른다.

관련 근거는 「노인복지법」과 「가정폭력범죄의 처벌 등에 관한 특례법」이다. 관련 법령으로는 「가정폭력범죄의 처벌 등에 관한 특례법」 제3조(다른 법률과의 관계)가 있다.

우리 사회는 급속도로 고령화 사회에 진입하였고 노인인구의 증가와 더불어 노인학대는 사회문제가 되었다. 현재 우리나라 노인인구는 735만 명이며, 이 중 약 10%가 학대피해 경험이 있는 것으로 추정된다(통계청, 2016).

학대는 노인에게 여러 가지 신체상 부정적 영향을 초래하며 조기사망으로 이어지기도 한다. 더불어 사회심리적 영역에서 공포, 슬픔, 분노, 고립, 삶의 질 저하, 우울증, 트라우마, 자아존중감 저하와 같은 위험을 증가시켜 결과적으로는 노인의 삶을 황폐화시키게 된다.

노인학대는 다양한 요인에 의해 발생한다. 노인학대 위험요인에 대한 선행연구들을 종합해 보면, 노인 개인의 열악한 건강과 경제 상태 및 사회인구학적 특성, 학대행위자의 사회인구학적 특성과 열악한 신체 · 심리 · 정신적 건강 상태, 노인과 가족의 부정적 관계 및 주거환경 특성, 사회 · 문화 특성과 환경적 요인, 이웃 및 공공과의 단절된 관계 등이 노인학대를 발생시키는 요인으로 언급되고 있다.

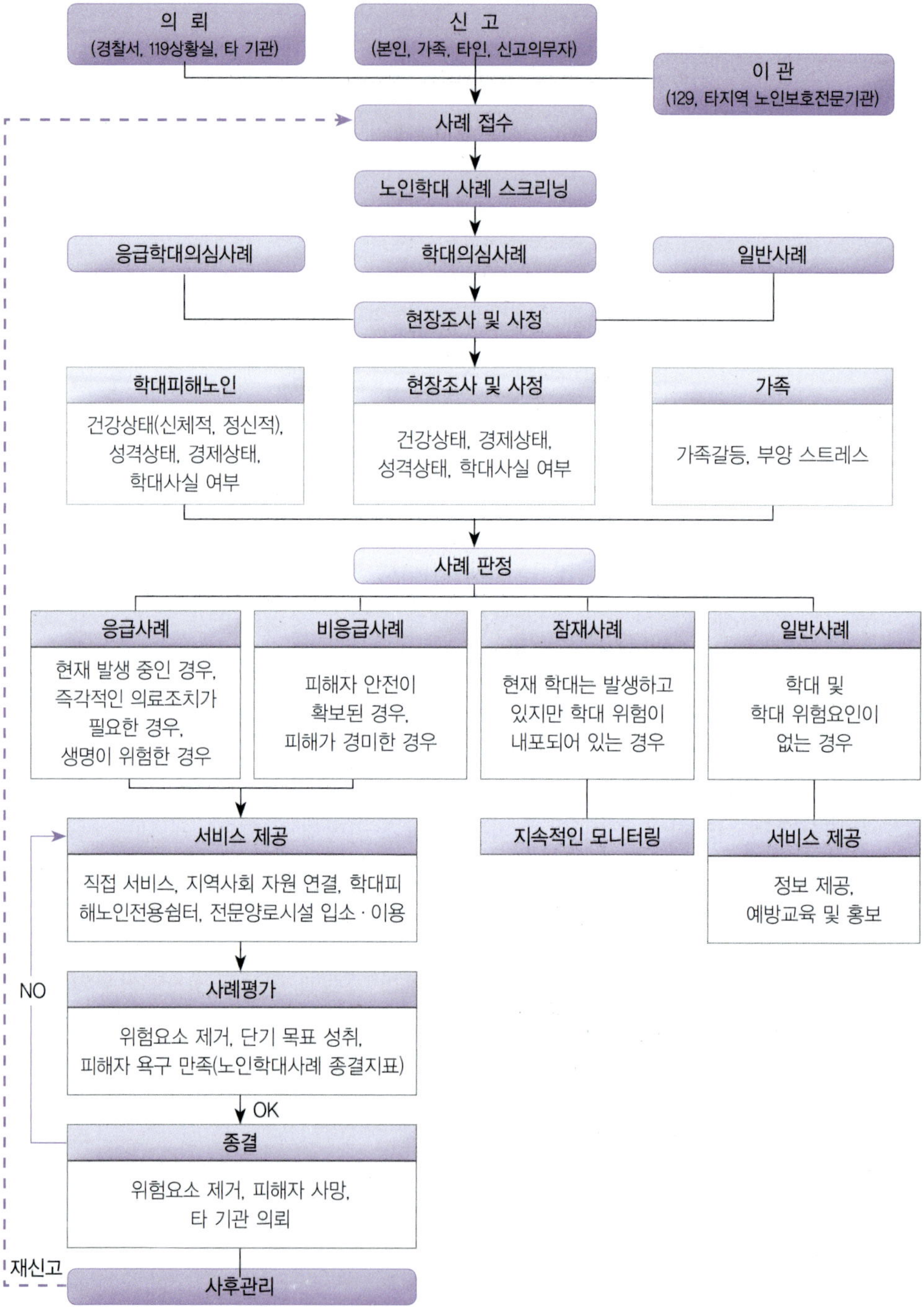

[그림 5-1] 노인학대 의심사례 업무진행도

출처: 중앙노인보호기관 홈페이지.

3 노인학대 원인

1) 노인학대 원인

가정폭력과 마찬가지로 노인학대는 여러 원인으로 발생한다. 어느 한 요인으로 설명되는 것이 아니라 개인, 가정, 사회적인 측면이 종합적으로 연관되어 발생된다. 노인학대 원인에 대하여 여러 계층을 대상으로 조사한 결과는 다음과 같다.

〈표 5-2〉 노인학대의 원인

구분	학대행위자의 개인적인 원인 (특성)	피해자와 행위자의 갈등 관계	노인 개인적인 원인	노인복지 서비스 부족	노인에 대한 부정적 인식
일반 노인	20.3%	15.9%	50.1%	–	11.0%
학대 경험자	41.2%	11.5%	• 노인의 낮은 경제 상태: 17.0% • 노인의 건강 상태: 9.2%	–	–
일반 국민	–	43.1%	–	26.6%	15.3%
전문가	8%	69%	–	10.9%	–

출처: 보건복지부(2010). 전국 노인학대 실태조사, pp. 1-8.

학대자가 경험하는 생활 속에서 발생하는 스트레스가 결코 노인학대에 대한 정당한 변명이 될 수는 없다. 하지만 스트레스의 축척은 분명히 노인을 향한 학대가 이루어지는 원인을 제공한다.

의존적인 노부모를 모셔야 하는 책임으로 인해 가족들의 스트레스는 누적될 수 있다. 부모를 학대하는 성인자녀는 대개 경제적·정신적·정서적으로 문제를 가지고 있는 경우가 많다. 노인 부양으로 인한 경제적 어려움, 직장에서의 업무 과중,

재정적 어려움, 다른 가족 구성원으로부터의 부양에 대한 도움을 받지 못하는 상황 등 여러 문제 상황이 쌓이면 그들은 노인을 학대하는 것에 대한 가능성이 커진다.

부양자가 알코올 중독이나 약물 중독 등 어떤 것에 심한 집착이나 중독 증세를 보이는 경우 자신의 감정이나 행동을 통제할 수 없어 학대행위가 나타날 수 있다.

또한, 노인에 대한 학대행위는 학습된 폭력에서 생기기도 한다. 폭력행위를 보거나 경험하면서 성장한 아동은 가정에서의 관찰과 참여를 통해 학대를 학습해 왔다. 사회적 분위기와 메스미디어를 통해 폭력이 일상화되고 폭력으로 문제가 해결되는 것을 본 아동은 폭력 성향이 학습화되어 폭력적인 경향을 가지고 성장하게 된다.

2) 노인학대 원인에 대한 이론적 배경

(1) 사회학습이론

사회학습이론(social learning theory)은 미국의 심리학자 Bandura가 제시한 이론으로 개인의 특정 행동은 사회적 학습을 통한 결과물이라고 주장한다. 아동기에 부모로부터 학대를 받고 자란 사람이 성인이 되어서 그들이 노부모를 학대하는 역학대를 하게 된다고 설명한다(한동희 · 김정옥, 1994).

학대 피해노인을 대상으로 연구한 국내 양적 조사에 따르면 아동기에 학대를 경험하거나 목격한 경우 신체적 학대와 경제적 학대를 행할 가능성이 큰 것으로 나타났다(배진희 · 정미순, 2008).

우리가 자살하는 사람을 보면 '왜 자살을 생각하는 것일까?'라는 생각을 하게 될 것이다. 자살생각은 단순한 원인이 아니라 복합적인 원인에 의해 이루어진다. 스트레스, 정신적 질환, 상실, 충동적 성격, 심리적 유약성, 약물중독, 가족 요인, 사회적 · 환경적 요인 등 다양한 안팎의 조건이 개인에게 복잡하게 작용했을 것이다.

우리 사회에서 자살은 남의 문제만이 아닌 심각한 사회문제로 대두되고 있다. 판단력이 미성숙한 상태의 청소년이 보여 주는 자살의 모습에 더 예민해 있었다면, 특히 노년의 자살문제는 우리가 심각하게 다루어야만 할 문제이다.

괴테의 소설『젊은 베르테르의 슬픔』을 학창 시절 읽어 본 기억이 있다. 그런데 어느 날 인터넷 검색 도중 이 책의 출판에 뒤이어 유럽 전 지역에서 젊은이들이 모방자살을 했고 이 때문에 자살의 전염성에 대한 사회적 인식이 생겨나게 되었다는 기사를 접하게 되었다. 이후 자살의 전염성을 베르테르효과(the Werther effect)라고 부르게 되었다.

요즘에도 미디어에 공개된 자살 사건을 보면서 많은 사람이 모방자살을 시도하는 것을 보게 된다. 자살에 대한 기사나 드라마, 영화의 자살묘사를 보는 사람 또는 자살자와 비슷한 현실적·심리적 문제를 갖고 있거나 잠재적인 자살시도 가능성을 안고 있는 사람에게 영향을 미쳐 자살을 유도할 수도 있겠다는 생각이 든다.

직접적인 체험을 통한 학습보다는 관찰을 통한 대리적 학습의 비중을 더 강조한 Bandura는 학습을 직접 경험을 통해 배우기도 하고, 타인의 행동을 관찰함으로써 배운다고 설명하였다.

즉, 사회학습이론에 따르면 사람들이 하는 행동은 스스로 학습되었거나 자연적으로 습득되는 것이 아닌, 집단 내 사회적 관계에서 다른 사람의 행동이나 상황을 관찰하고 이를 모방한 결과라는 것이다. 특히 모방은 그 행동의 대상이 자신이 따르고 싶은 사람일 경우 더 강하게 발생한다.

학대하는 행동도 이와 유사하다고 할 수 있겠다. 학대하는 사람, 특히 부모나 노인을 경시하고 학대하는 사람은 타인을 통해 학대하는 과정을 학습했으리라 여길 수 있다.

부모를 학대하는 자녀의 경우에 부모와의 관계에서 본인과 같이 힘든 상황을 겪고 있는 사람들이 부모를 학대할 수밖에 없었다고 고백하는 사실을 접하게 된다면 부모를 학대하지 않고 공경하고 있는 대다수 사람보다 동화되기 쉽다. 학대를 행할 수밖에 없었던 이유와 자신의 현실을 일치시킴으로써 부모학대를 현실 타개의 수단으로 인식하게 된다. 또한, 아동·청소년기까지 부모와 불편한 관계를 경험했거나 부모의 학대 과정을 지켜본 사람이라면, 부모와 경험하고 있는 갈등관계에 대한 본인의 문제해결 방안을 학대로 여길 가능성이 크다고 유추해 볼 수 있다.

사회학습이론을 정리하면 개인의 행동이 사회환경적 요인인 가정, 또래, 학교와 미디어에 의해 폭력행위를 학습하게 된다고 보는 이론이라 하겠다. Alkers(1998)는 차별적 접촉, 정의, 모방, 차별적 강화라는 네 가지 개념에 초점을 두고 일반적인 범죄와 비행 · 일탈행동을 사회학습한다고 설명하고 있다.

① **차별적 접촉**

일탈행위를 하는 개인이나 집단의 직접적인 접촉이나 상호작용에 노출되는 정도를 의미한다. 즉, 특정 행위를 하는 사람과의 직 · 간접적 접촉뿐만 아니라 다른 규범이나 가치에 대한 노출 정도를 모두 포함한다.

② **정의**

일탈행동에 대해 우호적일 수도 있고 비우호적일 수도 있는데, 우호적인 정의는 긍정적인 것과 중립적인 것의 두 가지로 나누어진다. 긍정적인 정의는 일탈행동을 수용할 만한 것으로 여기는 태도를 의미하고, 중립적인 정의는 일탈행동을 합리화 또는 정당화하려는 경향을 말한다. 이러한 우호적 정의는 모방과 강화에 의해 발달하게 된다.

③ **모방**

타인의 행동을 직 · 간접적으로 관찰한 후에 그와 유사하게 행동하는 것을 의미하는데, 가족이나 친구와 같은 원초집단뿐만 아니라 미디어를 포함한 대중매체를 통해서도 발생된다.

④ **차별적 강화**

특정 행위에 대한 기대 또는 보상과 처벌 간의 균형을 의미하는데, 일탈행동을 통해 긍정적인 보상을 얻게 되거나 부정적인 처벌이 회피될 때 그 행위는 강화된다.

사회학습이론에 따르면 행위에 대한 결과로 인해 부정적인 처벌을 받게 될 때 차별적 접촉과 강화, 정의와 모방이 이루어질 수 있는 사회적 환경으로 가정을 그 예로 들 수 있다.

아동 및 청소년기에 가정과 학교 그리고 미디어에 의해 가치, 태도, 행동 등을 배우게 되는데(오미영, 2008), 특히 가정 내에서 발생하는 폭력적인 상황은 아이의 폭력행동 학습의 기회를 높여 준다(김경은 · 윤혜미, 2012). 이러한 폭력행위는 부모의 행동을 관찰함으로써 학습될 뿐만 아니라 부모에게 본인이 폭력을 당한 경험에 의해서도 학습될 수 있다.

결국 어릴 적 아동학대 경험이 성인이 된 이후에도 신체적 · 심리적 · 사회적 발달과정에 매우 부정적인 영향을 미쳤기 때문에 폭력을 모방하거나 부모와의 갈등문제 해결 방법에 합법적인 수단이 폭력이나 학대라고 인식하게 만들어 폭력을 행사할 위험성을 높인다(김경호, 2006; 김재엽 · 조춘범 · 정윤경, 2008).

(2) 정신병리이론

정신병리이론은 학대행위자는 그들을 학대적으로 만드는 정신장애가 있다는 이론이다. 가정 내 폭력 중 아동학대나 배우자 학대보다 노인학대 가해자 사이에서 정신질환 유병률이 높게 나오는 것으로 보고되고 있다(Walace, 2005, 재인용, p. 258). 특히 신체학대와 정서학대에서 정신병리를 보고하고 있으며, 다수의 가해자들이 정신분열증과 같은 정신장애로 과거 병원에 입원한 경력이 있는 것으로 나타났다(Walace, 2005).

(3) 사회적 교환 이론

관계의 의존이 노인학대를 불러온다는 이론이다. 피해자가 행위자에게 혹은 행위자가 피해자에게 지나치게 의존할 경우 학대행위를 불러일으킨다는 설명이다. 예를 들어, 성인자녀가 주거나 재산 등의 경제적 보상을 위해 노인에게 의존하면서 힘이 없는 노인을 학대하여 통제를 획득하는 경우가 이에 해당한다.

(4) 가정스트레스 이론

가정 내의 스트레스가 노인학대의 원인이 된다는 가정스트레스 이론이다. 노인에 대한 부양이 경제적 궁핍이나 정상적인 가정생활 등을 간섭할 수 있으며, 이것으로 인해 부양자가 노인에 대해 불만, 짜증을 느끼거나 우울 혹은 스트레스 등이 생겼을 때 노인에 대한 원망을 일으킨다는 것이다.

3) 노인학대 가해자의 유형화에 대한 연구

제한적이지만 최근 국내외에서 노인학대 유발 요인을 기반으로 노인학대 가해자에 대한 유형화 연구가 이루어지고 있다. 가장 많이 사용되는 방법은 노인학대 가해자들에 대한 임상적인 경험을 바탕으로 분류하는 방식이다.

(1) Tueth(2000)

노인학대 유형 중에서 가장 자주 발생하고 심각한 피해를 남기는 경제적 착취 행위자를 임상적 경험을 바탕으로 나누었다.

① 수동적/기회주의적(pasive/oportunist) 학대자

사회적인 능력이 부족하고, 낮은 자존감으로 스트레스를 받으며, 약물중독 등의 문제를 가지고 있다.

② 능동적/약탈적(active/predatory) 학대자

취약한 노인을 위협과 협박하는 등 능동적으로 학대한다.

(2) Ramsey-Klawsnik(2000)

연구대상을 모든 학대 유형으로 확대하고 피해자-가해자 관계를 기반으로 해 노인학대자들을 크게 다섯 가지로 유형화하였다.

① 압도된(overwhelmed) 학대자

악의가 없으며 보호자로서의 의무도 잘 수행할 수 있지만, 극도의 스트레스로 인해 노인을 학대하게 된다.

② 결함 있는(impaired) 학대자

취약성, 발달적 문제, 신체적 장애, 정신장애, 약물남용과 같은 문제로 보호자로서의 의무를 성실히 수행할 수 없어서 노인에 대해 심리적 학대, 신체적 학대, 방임 등을 저지른다.

③ 자기애적(narcisistic) 학대자

개인적인 이득이 목적이며 손쉬운 피해자를 선택한다.

④ 지배적이고/괴롭히는(domінering/bulying) 학대자

자기애적인 동기로 피해자를 강압적으로 통제하고 착취하는 것을 정당화한다. 이러한 유형의 가해자는 신체적, 심리적, 성적인 학대를 가한다.

⑤ 가학적인(sadistic) 학대자

노인에게 해를 가하면서 쾌락을 추구하며, 정신병질적 성격장애를 보이며, 죄의식, 부끄러움, 반성 등을 보이지 않는다.

(3) Jackson(2014)

임상인터뷰 기법을 사용해 학대행위자를 학대행위의 의도(malicous intent)에 따라 네 가지로 나누었다.

① 무지한(ignorant) 학대자

보호자로서의 의무를 수행하지 못하기 때문에 학대를 하게 된다.

② 비자발적(reluctant) 학대자

자신의 스트레스나 다른 동기로 인해 피해자를 학대한다.

③ 준비된(ready) 학대자

학대를 계획하지는 않았으나 기회가 생기면 피해자를 학대한다.

④ 악의적(bad) 학대자

학대를 계획하여 악의적으로 저지른다.

이처럼 임상적 연구방법론에 기반한 노인학대 가해자 연구는 노인학대 행위자의 내면적인 문제에 초점을 맞추고 이에 따라 분류하고 있다. 따라서 노인학대 가해자의 내면을 심층적으로 살펴볼 수 있는 장점이 있다. 하지만 이러한 연구들은 임상적인 경험, 인터뷰, 직관만을 이용해 노인학대 가해자를 분류하기 때문에 연구의 신뢰성과 타당성을 확보하기 어려운 단점도 있다. 최근에는 실증적 통계분석기법을 사용해 노인학대 가해자의 유형 분류를 시도하고 있다.

4 노인학대 보호요인과 판정지표

1) 노인학대 보호요인

노인학대의 위험요인은 노인을 둘러싼 미시, 중간, 거시, 외부 체계에 이르기까지 광범위하게 위치하고 있는 반면, 보호요인은 상대적으로 노인 개인의 긍정적 특성에 집중되어 있음을 알 수 있다.

노인학대 위험요인과 보호요인 간에 차이가 있지만, 다수의 노인학대 관련 연구에 따르면 노인학대는 노인과 학대행위자 및 가족 구성원의 개개인의 특성 혹은 부족한 사회서비스와 정책 등의 시스템상의 특성과 관련한다.

노인학대 사례에 대한 개입은 피해노인 개인적 차원뿐 아니라 사회제도적 차원까지의 접근이 요구되며 학대 피해노인과 이해관계자인 보호자 및 부양의무자 등 가족적 차원에의 사회적 개입이 필요함이 제기되기도 한다(김선태, 2016).

노인학대의 경향성을 바탕으로 사례개입의 방향성을 제시한 연구들은 학대 피해노인 보호에 주력하는 위기개입에 기반을 둔 단기 서비스체계가 학대 원인 중 하나인 학대행위자의 문제에 대한 장기적 개입을 어렵게 만들어 재학대 발생으로 이어진다고 지적했다(이미진 · 김혜련, 2016). 이에 노인보호전문기관 상담원의 능력 함양과 인력 확충을 제안하고 더 나아가 사후관리 기간 연장과 표준화된 매뉴얼 보급 등의 제도적 변화를 촉구했다(이미진·장고은, 2016). 또한, 사례발굴 중심으로의 정책적 전환과 여성노인학대 및 자기방임 사례에 대한 주목이 필요함을 강조했다(이윤경, 2016; 김혜성, 2017). 이 연구들은 노인학대 사례개입의 질적 향상을 위한 방향성을 제시했다는 점에서 의의가 있지만 노인학대 사례개입에서 어떠한 요인이 영향 미친다. 그러나 피해노인을 둘러싼 다양한 요인의 상호작용을 심층적으로 살펴보지 못해 노인학대 사례개입의 세부적인 실천방안을 제시하지 못한 한계를 지닌다. 반면, 노인학대 사례개입의 과정을 심층적으로 살펴보고 효과성에 대해 탐색한 연구도 존재한다.

2) 판정지표

보건복지부 업무수행지침에서 정하는 신체적 학대는 물리적인 힘 또는 도구를 이용하여 노인에게 신체적 혹은 정신적 손상, 고통, 장애 등을 유발시키는 행위이다. 노인을 폭행하거나 강제로 가두거나 출입을 통제, 신체 억압 및 통제, 생명 저해 등을 구체적인 학대행위의 지표로 삼고 있다.

정서적 학대는 비난, 모욕, 위협 등의 언어 및 비언어적 행위를 통해 노인에게 정서적으로 고통을 유발시키는 행위로 정의된다. 노인과의 접촉을 기피하거나 노인의 사회관계 유지를 방해하고, 노인을 위협, 협박하는 언어적 표현이나 감정을 상하게 하는 행동을 하거나 노인과 관련된 결정사항의 의사결정 과정에서 소외시키는 것 등을 지표로 한다.

성적 학대는 성적 수치심 유발행위 및 성폭력 등의 노인의 의사에 반하는 성적 행위로 정의한다.

경제적 학대는 노인의 의사에 반하여 노인으로부터 재산 또는 권리를 빼앗는 행위로서 경제적 착취, 노인 재산에 관한 법률 권리 위반, 경제적 권리와 관련된 의사결정에서의 통제 등으로 정의한다. 구체적으로 노인의 소득 및 재산, 임금을 가로채거나 임의로 사용하는 것, 재산에 관한 법률적 권리를 침해하는 것, 재산 사용 또는 권리에 대한 결정을 통제하는 것 등을 지표로 삼고 있다.

〈표 5-3〉 경제적 학대의 판정지표별 대표적 행위

판정지표	대표적 행위
노인의 소득, 재산, 임금을 가로채거나 임의로 사용한다.	• 노인의 허락 없이 임금, 연금, 임대료, 재산 등을 가로챈다. • 의사표현 능력이 없는 노인의 연금, 재산 등을 가로챈다. • 노인의 허락 없이 저축, 주식 등을 임의로 사용한다. • 공적 급여 부조를 가로채거나 임의로 사용한다. • 노인의 허락 없이 노인명의의 은행계좌에서 현금을 인출하여 사용한다. • 노인의 허락 없이 노인 소유의 귀중한 물건을 빼앗는다. • 노인 소유의 귀중한 물건을 파괴하는 등 재산적 피해를 준다. • 노인에게 빌린 돈을 갚지 않거나 귀중한 물건을 돌려주지 않는다. • 노인의 노동에 대한 대가를 정당하게 지급하지 않는다.
노인의 재산에 관한 법률적 권리를 침해하는 행위를 한다.	• 노인 소유 부동산을 노인의 동의 없이 임의로 사용하거나 강제로 명의변경한다. • 노인의 허락 없이 수표 및 기타 금융/법적 서류에 서명을 날조한다. • 노인의 허락 없이 노인의 신용을 이용하여 이익을 취한다. • 노인의 허락 없이 노인명의로 은행 등에서 대출을 받는다. • 노인의 허락 없이 노인명의의 은행계좌, 보험 등을 해약한다. • 사기나 강압, 부당한 위력으로 유언장, 계약서, 위임장 등에 서명을 허위로 작성하거나 변조한다. • 대리권을 노인이 원하지 않는 방향으로 악용한다. • 노인 부양을 전제로 재산 상속을 약속 또는 증여하였으나 부양의무를 이행하지 않는다.
노인의 재산 사용 또는 관리에 관한 결정을 통제한다.	• 노인이 희망하는 재산 사용을 이유 없이 제한하거나 강요한다. • 노인 자신의 돈을 일상생활에서 마음대로 사용하지 못하게 한다. • 노인의 재산을 노인이 원하지 않는 방법으로 사용하도록 강요한다. • 노인의 재산관리 관련 결정을 제한하거나 강요한다. • 노인명의의 재산을 불법적으로 소유하려고 협박한다. • 수표 및 기타 금융/법적 서류에 서명을 강요한다.

출처: 보건복지부(2015). 노인보호전문기관 업무수행지침, p. 10.

우리나라 「노인복지법」은 노인의 질환을 예방 또는 조기 발견하고 질환 상태에 따른 적절한 치료·요양으로 심신의 건강을 유지하고, 노후의 생활안정을 위하여 필요한 조치를 강구함으로써 노인의 보건복지 증진에 기여함을 목적으로 한다(제1조). 그에 따라 법의 주요 골자는 노인의 보건, 복지를 위한 각종 조치(제3장) 및 노인복지시설의 설치와 운영(제4장)으로 구성되어 있다.

노인학대는 같은 법 제1조의 2 '정의' 규정 제4호에 "노인에 대하여 신체적·정신적·정서적·성적 폭력 및 경제적 착취 또는 가혹행위를 하거나 유기 또는 방임하는 것"으로 정의는 되어 있지만, 이는 학대 유형을 추상적으로 적시하는 데 그칠 뿐 구체적인 행위는 규정하고 있지 않다. 따라서 노인학대 현장의 사정을 종합적으로 고려하여 노인보호 측면에서 노인학대 여부를 사안에 따라 판단하도록 하고 있다고 볼 수 있다.

노인학대에 대한 추상적이고 불명확한 법의 정의와 개념은 실무에서 노인학대를 대응하는 데 많은 어려움을 야기한다. 노인학대의 발생률을 측정하고 그 위험을 조정하는 데에도 일관성 있는 기준이 존재하지 않아 국가나 지방자치단체, 노인보호기관 등이 유기적이고 예측 가능한 방법으로 노인학대에 개입하고 관련 정책을 수립하는 것이 어렵게 되어 있기 때문이다(고준기, 2013).

보건복지부 업무수행지침에서는 신체학대, 정서학대, 성학대, 경제적 학대, 방임, 자기방임, 유기에 대하여 구체적인 행태를 예시로 언급하고 있다. 이를 바탕으로 학대행위가 규명되고 있기는 하나, 일반인 혹은 피해대상 노인이 그 행위를 노인학대로 인식하는지에 있어서는 상당한 괴리가 존재하는 부분이 있다. 특히 경제적 학대행위는 더욱 그러하다. 이에 대하여 표로 정리하면 다음과 같다〈표 5-4〉.

〈표 5-4〉 노인학대 선별도구 항목별 노인학대 인식 정도 예

유형	학대 항목 (예)	학대가 아니라고 응답한 비율			
		일반인	전문가	노인	전문가와 편차
정서 학대	가족이나 보호자가 나에게 욕을 하거나 화를 낸다.	7.7%	0%	12.6%	12.6%
	가족이나 보호자가 생명에 위협을 느끼게 하는 말을 한 적이 있다.	5.8%	0%	1.9%	1.9%
경제적 학대	다른 사람이 내 돈이나 재산 등을 허락없이 사용하거나 빼앗아간 적이 있다.	2.6%	2.6%	2.6%	15.
	내 명의의 은행 대출서류, 유언장, 계약서 등이 거짓으로 작성되거나 강제로 서명한 적이 있다.	2.3%	2.3%	2.3%	12.7
신체 학대	내 명의의 은행 대출서류, 유언장, 계약서 등이 거짓으로 작성되거나 강제로 서명한 적이 있다.	0.9%	0%	4%	0.4%

출처: 정경희 외(2010). 2009년도 전국 노인학대 실태조사, p. 282.

일반적으로 노인학대는 노인의 의존성에서 비롯되는 부양자의 스트레스, 가족관계의 역동과 지역사회 여러 특성의 상호작용 등에서 비롯된다고 알려져 있다. 경제적 학대도 사회문화와 정책적 문맥, 노인과 가해자 사이의 신뢰 혹은 역학관계에 따라 인식 수준, 발생 비율, 대응 방법 등이 다르게 나타나는 것으로 조사된다. 노인의 자산을 가정문화 혹은 사회문화가 어떻게 인식하느냐에 따라 학대로 인식하는 범주가 달라진다는 의미이다. 일례로 백인, 흑인, 한국계, 중국계, 일본계 미국인을 상대로 경제적 학대에 대한 인식 수준을 조사해 보니 한국계 미국인이 경제적 학대에 대하여 가장 낮은 인식 수준을 가진 것으로 조사되기도 하였다.

〈표 5-5〉 노인학대의 거시적 및 미시적 요소

거시적 요소	미시적 요소
• 형사법적 조사, 기소, 처벌 • 민사법적 구제 • 행정적 보고, 관리, 처리 • 복지 정책 및 입법 트렌드 • 사회문화적 예방/요소 등	• 가해자와 피해자 간 불평등한 지위 • 가해자와 피해자 간 신뢰관계 • 가해자의 사회관계 • 피해자의 사회관계 등

출처: Rabiner, D. et al. (2004). A conceptual framework of financial exploitation of older persons, p. 16.

5 노인학대 현황

「노인복지법」에 따라 정부가 3년마다 발표하는 전국 노인실태조사에서 금전적 피해 시 행위자를 '타인'으로만 물어 가족에 의한 학대는 확인되지 않을 가능성이 있다.

경찰청 범죄 현황보고서에 따르면 60대 이상 사기 피해자는 2011년 10,265명에서 2012년 19,485명, 2013년 22,331명, 2014년 22,700명 등으로 증가하는 추세다. 금융감독원에선 60세 이상 보이스피싱 범죄 피해액은 지난해 987억 원에 달하는 것으로 보고 있다.

피해노인의 경제적 학대의 재발을 막을 수 있을지도 미지수다. 지난해 노인보호전문기관에서 학대 피해노인에게 제공한 서비스는 145,552회에 달한다(newsis, 2019. 9. 11).

2016년 자녀로부터의 폭력경험 조사를 통해 가족원으로부터 학대를 받은 경험을 물었다. 자녀가 '나에게 물건을 집어던졌다' 1.3%, '물건을 부수거나 발로 걷어찼다' 1.2%, '욕설 등의 심한 말을 하였다' 1.1%였다.

〈표 5-6〉 자녀로부터의 폭력경험 실태(여성)

(단위: %)

폭력행위	본인	배우자
욕설 등의 심한 말을 하였다	0.7	0.4
물건을 부수거나 발로 걷어찼다	1.5	0.8
나/배우자에게 물건을 집어던졌다	1.6	0.5
세게 밀쳤다	0.5	0.3
손바닥으로 뺨을 때렸다	0.2	0.1
발로 차거나 주먹으로 때렸다	0.7	0.4
허리띠, 몽둥이 등으로 때렸다	-	0.0
사정없이 마구 때렸다	-	0.1

주 1) 백분율은 미성년 자녀가 있는 여성 1,283명(응답자 수)을 기준으로 가중치를 부여하여 추정함
2) 분석에서 무응답은 제외함

출처: 여성가족부(2016). 2016 가정폭력 실태조사 연구, p. 121

〈표 5-7〉 자녀로부터의 폭력경험 실태(남성)

(단위: %)

폭력행위	본인	배우자
욕설 등의 심한 말을 하였다	1.5	0.6
물건을 부수거나 발로 걷어찼다	0.9	0.6
나/배우자에게 물건을 집어던졌다	1.0	0.5
세게 밀쳤다	0.7	0.8
손바닥으로 뺨을 때렸다	0.2	0.5
발로 차거나 주먹으로 때렸다	0.5	0.5
허리띠, 몽둥이 등으로 때렸다	0.2	0.5
사정없이 마구 때렸다	0.2	0.6

주 1) 백분율은 미성년 자녀가 있는 남성 529명(응답자 수)을 기준으로 가중치를 부여하여 추정함
2) 분석에서 무응답은 제외함

출처: 여성가족부(2016). 2016 가정폭력 실태조사 연구, p. 121

1) 노인학대 분류 및 현황

(1) 노인학대 발생공간에 따른 분류

구분	주요내용
가정 학대	노인과 동일 가구에서 생활하는 노인의 가족 구성원인 배우자, 성인자녀뿐만 아니라 노인과 동일 가구에서 생활하지 않는 부양의무자 등 그 밖의 친족에 의한 학대
시설 학대	노인에게 비용(무료 포함)을 받고 제공하는 요양원, 양로원 등의 시설에서 발생하는 학대로 시설 관련 종사자 등에 의해서 발생하는 학대 ※ 학대 발생 장소가 노인복지생활시설이라도 학대행위자가 가족 구성원인 경우에는 가정학대로 분류
성학대	성적 수치심 유발 행위 및 성폭력(성희롱, 성추행, 강간) 등의 노인의 의사에 반하여 강제적으로 행하는 모든 성적 행위
기타	가정 및 시설 외의 공간 및 기타 학대행위자에 의해 발생하는 학대

출처: 경상북도 노인보호기관 홈페이지 참조, http://noin1389.or.kr/g5/

(2) 노인학대 형태적 분류

구분	주요내용
신체학대	물리적 힘 또는 도구를 이용하여 노인에게 신체적 혹은 정신적 손상, 고통, 장애 등을 유발시키는 행위
정서학대	비난, 모욕, 위협 등의 언어 및 비언어적 행위를 통하여 노인에게 정서적으로 고통을 유발시키는 행위
성학대	성적 수치심 유발 행위 및 성폭력(성희롱, 성추행, 강간) 등의 노인의 의사에 반하여 강제적으로 행하는 모든 성적 행위
경제학대	노인의 의사에 반(反)하여 노인으로부터 재산 또는 권리를 빼앗는 경제적 착취, 노인 재산에 관한 법률 권리 위반 등 경제적 권리와 관련된 의사결정에서 통제하는 행위
방임	부양의무자로서의 책임이나 의무를 거부, 불이행 혹은 포기하여 노인의 의식주 및 의료를 적절하게 제공하지 않는 행위(필요한 생활비, 병원비 및 치료, 의식주를 제공하지 않는 행위)
자기방임	노인 스스로가 의식주 제공 및 의료 처치 등의 최소한의 자기보호 관련 행위를 의도적으로 포기 또는 비의도적으로 관리하지 않아 심신이 위험한 상황이나 사망에 이르게 하는 행위
유기	보호자 또는 부양의무자가 노인을 버리는 행위

출처: 경상북도 노인보호기관 홈페이지 참조, http://noin1389.or.kr/g5/

(3) 유형별 노인학대 실태

① 신체적 학대 실태

노인 응답자의 신체적 학대피해 경험을 항목별로 살펴보면, 지난 1년간 신체적 학대는 여성 노인에게서만 보고되었다. 여성 노인의 0.2%가 가족원으로부터 '화풀이 또는 거친 의사표시를 하는 행위'를 경험했다고 응답했으며, 여성 노인의 0.4%가 '밀치거나 넘어뜨리는 행위'를 경험했다고 응답했다.

〈표 5-8〉 신체적 학대피해 실태

(단위: %)

구분	전체	여성	남성
화풀이 또는 거친 의사표시를 하는 행위	0.1	0.2	-
할퀴거나 꼬집거나 물어뜯는 행위	-	-	-
머리(채)나 목 또는 몸을 강하게 잡거나 흔드는 행위	-	-	-
밀치거나 넘어뜨리는 행위	0.2	0.4	-
발로 차거나 주먹으로 때리는 행위	-	-	-
도구나 흉기를 사용하여 위협하거나 상해 또는 화상을 입히는 행위	-	-	-
방이나 제한된 공간에 강제로 가두거나 묶어두는 행위	-	-	-

주 1) 백분율은 661명(응답자 수)을 기준으로 가중치를 부여하여 추정함
2) 분석에서 무응답은 제외함

출처: 여성가족부(2016). 2016 가정폭력 실태조사 연구, p. 134.

② 정서적 학대 실태

정서적 학대 경험을 살펴보면, '대화 기피, 나의 의견을 무시하거나 화내는 행위'를 경험한 비율이 3.8%로 가장 높았으며, '가족으로부터 따돌리거나 가족모임 또는 의사결정 과정에서 소외' 2.0%, '모욕적인 말로 감정을 상하게 하거나 수치심을 느끼도록 하는 행위' 1.8%, '부양부담 스트레스를 노골적으로 표현' 1.1%, '집을 나가라는 폭언' 0.6%, '신체 기능 저하로 인한 실수를 비난하거나 꾸짖음' 0.4%의 순으로 나타났다.

〈표 5-9〉 정서적 학대피해 실태

(단위: %)

구분	전체	여성	남성
모욕적인 말을 하여 감정을 상하게 하거나 수치심을 느끼도록 하는 행위	1.8	1.8	1.8
집을 나가라는 폭언을 하는 행위	0.6	0.3	1.0
가족으로부터 따돌리거나 가족모임 또는 의사결정 과정에서 자주 소외시키는 행위	2.0	1.5	2.6
대화를 기피하거나 나의 의견을 무시하거나 또는 화내는 행위	3.8	3.2	4.7
신체적 기능의 저하로 인한 실수를 비난하거나 꾸짖는 행위	0.4	0.2	0.6
부양부담으로 인한 스트레스를 노골적으로 표현하는 행위	1.1	1.3	0.9

주 1) 백분율은 661명(응답자 수)을 기준으로 가중치를 부여하여 추정함
2) 분석에서 무응답은 제외함

출처: 여성가족부(2016). 2016 가정폭력 실태조사 연구, p. 135.

③ 경제적 학대 실태

가족원으로부터의 경제적 학대는 '빌린 돈을 갚지 않거나 물건을 돌려주지 않는 행위' 1.5%, '연금, 임대료 등의 소득 또는 저축, 주식 등을 가로채거나 임의로 사용하는 행위' 0.2%의 형태로 나타나고 있었다. 경제적 학대 경험은 대부분 남성 노인에게서 보고되었으며, 여성의 학대피해는 낮은 수준이었다.

〈표 5-10〉 경제적 학대피해 실태

(단위: %)

구분	전체	여성	남성
연금, 임대료 등의 소득 또는 저축, 주식 등을 가로채거나 임의로 사용하는 행위	0.2	-	0.5
나의 동의 없이 부동산에 대한 권리를 임의로 행사하거나 강제로 명의 변경하는 행위	-	-	-
빌린 돈을 갚지 않거나 물건을 돌려주지 않는 행위	1.5	0.4	2.9
유언장을 허위로 작성하거나 변조하여 재산을 취하는 행위	-	-	-

주 1) 백분율은 661명(응답자 수)을 기준으로 가중치를 부여하여 추정함
2) 분석에서 무응답은 제외함

출처: 여성가족부(2016). 2016 가정폭력 실태조사 연구, p. 135.

(4) 노인학대 현황

2019년 9월 30일 더불어민주당 소병훈 의원이 경찰청에서 받은 '노인학대 사건 송치 현황'에 따르면 2017년부터 2019년 6월까지 노인학대로 검거된 건수는 총 3,334건으로 집계됐다. 하루 평균 3명 이상의 노인이 학대를 경험하는 수치로, 연 평균 1,333건으로 전국에서 매일 3명 이상이 어르신을 학대해 검거된 것으로 분석된다는 것이 소 의원 측의 설명이다.

지역별로는 경기가 1,052건으로 전체 검거 건 3,332건의 31.6%를 차지했으며, 서울 600건(18%), 부산 213건(6.4%), 인천 199건(6%), 대구 183건(5.5%) 순이었다.

연도별 증가율은 광주가 2017년 대비 2019년 기준 161.5%(2019년 검거 건 연간수치로 환산 시) 증가하여 가장 높은 증가율을 보였고, 이어 제주 80.0%, 세종·충남 76.9%, 전남 73.0%, 경북 70.2% 순이었다.

노인학대 가해자로는 전체 3,446명 중 93.5%인 3,223명이 가족으로 거의 대부분을 차지해 충격을 줬다. 특히 2017년 90.8%, 2018년 94.9%, 2019년 6월 94.9% 등 가정 내 폭력으로 인한 노인학대가 계속 증가하는 것으로 파악됐다.

친인척에 의한 노인학대도 2018년 0.9%에서 2019년 6월 1.6%로 증가하고 있어 그 심각성이 더해지고 있다. 소 의원은 "가정 내에서 벌어지는 아동학대와 노인학대는 외부로 드러나는 경우가 많지 않아 학대가 장기간 반복되는 경향이 있다."라고 지적했다(시티저널, 2019. 9. 30).

중앙노인보호전문기관과 경남노인보호전문기관 등에 따르면 최근 3년간 경남에서 노인학대로 신고가 접수된 건수는 2016년 1,097건, 2017년 990건, 2018년 1,095건으로 매년 1,000여 건 이상이 신고되고 있다.

〈표 5-11〉 연도별 전체 신고접수 건수 및 비율

(단위: 건, %)

구분	2014년	2015년	2016년	2017년	2018년
전체 사례	10,569	11,905	12,009	13,309	15,482
증감률	–	12.6	0.9	10.8	16.3

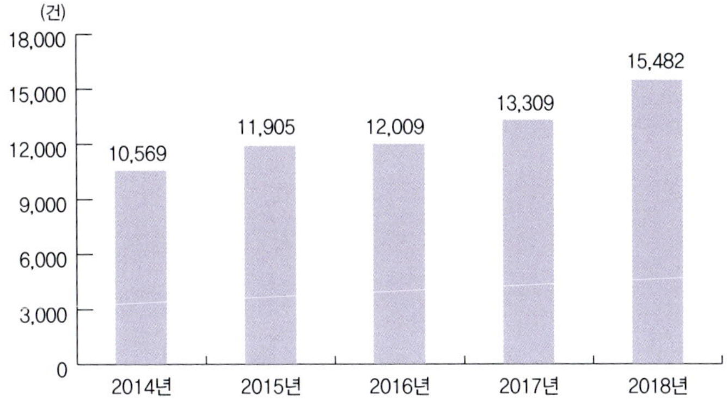

출처: 중앙노인보호전문기관(2018). 2018 노인학대 현황보고서 가이드북, p. 17.

이 중 노인학대로 판정된 건수는 2016년 247건, 2017년 273건, 2018년 296건으로 매년 꾸준하게 증가하는 것으로 나타났다. 학대사례의 경우 전체 사례의 30~40% 수준이며 2014년 대비 약 46.9%가 증가(3,532건 → 5,188건)하였다.

〈표 5-12〉 연도별 신고접수 건수 및 비율(학대사례) (단위: 건, %)

구분	2014년	2015년	2016년	2017년	2018년
학대 사례	3,532	3,818	4,280	4,622	5,188
	33.4	32.1	35.6	34.7	33.5
증감률	–	8.1	12.1	8.0	12.2

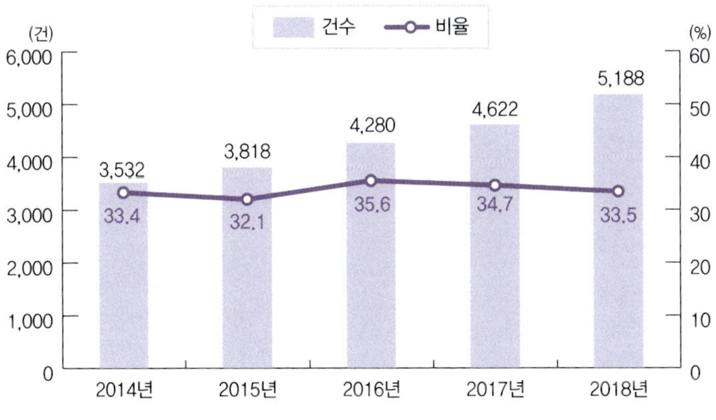

출처: 중앙노인보호전문기관(2018). 2018 노인학대 현황보고서 가이드북, p. 18.

전문가들은 가족에 의한 학대 비율이 높게 나타나는 이유로 노부모가 아들에게 부양부담 및 의존을 기대하는 문화적 배경, 부양부담에 대한 스트레스 증대, 돌봄에 대한 전문가의 정보제공 부족 등을 이유로 들었다. 특히 노인학대를 가족 간의 문제로 치부해 신고나 처벌을 망설이는 경우가 많아 실제 학대는 더 많이 일어나는 것으로 예상했다.

이와 같은 이유로 노인에 대한 재학대가 계속해서 발생하고 있는데 학대 사례 중 재학대 사례는 2014년 이후 계속해서 증가 추세를 보이며 2018년 학대 사례 대비 재학대 사례 비율은 9.4%로 나타났다. 노인학대 문제는 더 이상 개인의 문제가 아니다. 우리 모두의 문제인 것이다. 따라서 노인학대를 가족 간의 일로 치부하기보다는 신고의무자와 비신고의무자 등 노인학대를 목격한 모두가 적극적으로 신고해 학대가 근절될 수 있도록 노력해 나가야만 한다.

〈표 5-13〉 연도별 재학대 건수 및 비율

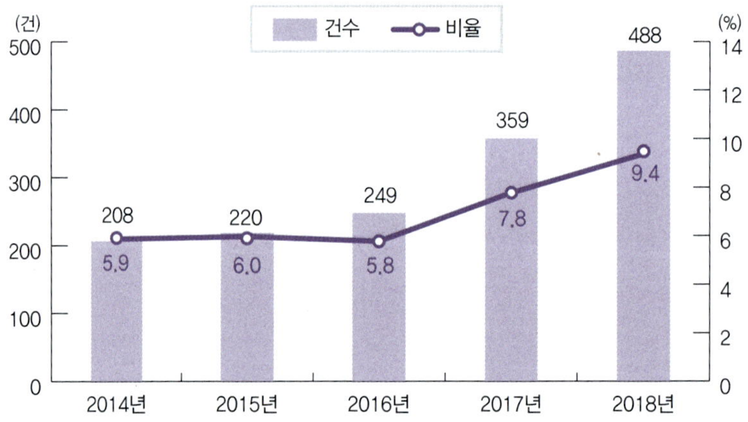

출처: 중앙노인보호전문기관(2018). 2018 노인학대 현황보고서 가이드북, p. 20.

학대받는 노인들이 학대받은 사실에 대해 전문가를 방문하여 학대상담을 받는 횟수가 2014년 대비해서 약 42.1% 증가(71,889회 → 102,172회)하였으며, 전체 상담 횟수의 79.8%를 차지하게 되었다.

〈표 5-14〉 연도별 전체 학대상담 횟수 및 비율

(단위: 회, %)

구분	2014년	2015년	2016년	2017년	2018년
학대 상담	71,889	78,368	82,468	88,919	102,172
	86.9	85.3	83.4	79.9	79.8
증감률	–	9.0	5.2	7.8	14.9

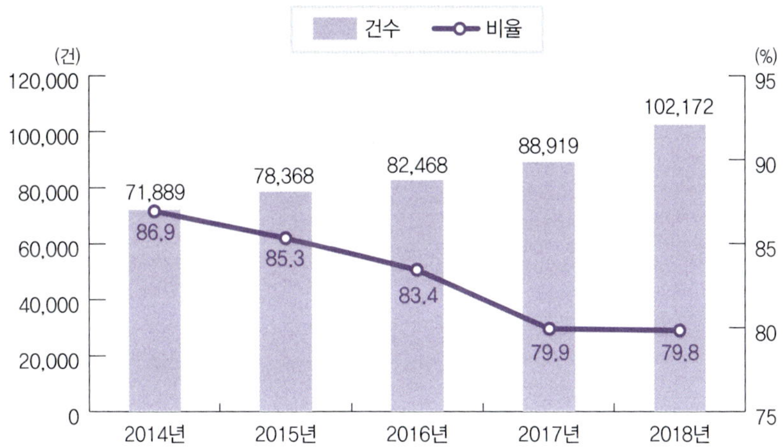

출처: 중앙노인보호전문기관(2018). 2018 노인학대 현황보고서 가이드북, p. 25.

학대 발생장소는 가정 내 학대의 경우 2018년 4,616건(89.0%)으로 가장 높은 비율을 보이고 있으며 4,129건에서 4,616건으로 전년 대비 11.8%가 증가하였다. 생활시설 학대의 경우 2018년 380건(7.3%)이며, 전년 대비 16.2%(327건 → 380건) 증가하였다.

〈표 5-15〉 연도별 학대 발생장소

(단위: 건, %)

구분	2014년	2015년	2016년	2017년	2018년
가정 내	2,983	3,276	3,799	4,129	4,616
	84.5	85.8	88.8	89.3	89.0
생활시설	246(주1)	206(주2)	238(주2)	327(주2)	380(주2)
	7.0	5.4	5.6	7.1	7.3
이용시설	44	57	16	16	41
	1.2	1.5	0.4	0.3	0.8
병원	100	88	24	27	65
	2.8	2.3	0.6	0.6	1.3
공공장소	74	80	94	58	42
	2.1	2.1	2.2	1.3	0.8
기타	85	111	109	65	44
	2.4	2.9	2.5	1.4	0.8
계	3,532	3,818	4,280	4,622	5,188
	100.0	100.0	100.0	100.0	100.0

주 1) 학대행위자가 가족 구성원인 경우를 포함한 수치임. 동 경우를 가정 내 학대로 포함할 경우 190건 (5.4%)

2) 학대행위자가 가족 구성원인 경우를 가정 내 학대에 포함한 수치임(2015~2018년)

출처: 중앙노인보호전문기관(2018). 2018 노인학대 현황보고서 가이드북, p. 26.

연도별 학대 피해노인가구 형태를 살펴보면 노인 혼자 사는 가구를 의미하는 노인단독가구는 2014년에 30% 내외였으며 2016년부터 감소 경향을 보인 반면, 노인부부는 2014년 대비 9.3%p(19.8% → 29.1%)로 증가하였다. 그리고 자녀동거가구의 경우 전년 대비 13.2%(1,536건 → 1,738건) 증가하였다.

〈표 5-16〉 연도별 학대 피해노인 가구형태

(단위: 건, %)

구분		2014년	2015년	2016년	2017년	2018년
노인단독		1,172	1,318	1,140	1,007	999
		33.2	34.5	26.6	21.8	19.3
노인부부		701	808	1,023	1,216	1,512
		19.8	21.2	23.9	26.3	29.1
자녀동거		932	1,021	1,328	1,536	1,738
		26.4	26.7	31.0	33.2	33.5
손자녀동거		123	139	154	178	187
		3.5	3.6	3.6	3.9	3.6
자녀·손자녀 동거		244	185	234	245	252
		6.9	4.8	5.5	5.3	4.9
기타		360	347	401	440	500
		10.2	9.1	9.4	9.5	9.6
계		3,532	3,818	4,280	4,622	5,188
		100.0	100.0	100.0	100.0	100.0

출처: 중앙노인보호전문기관(2018). 2018 노인학대 현황보고서 가이드북, p. 28.

학대행위자는 아들이 37.2%로 지속해서 가장 높은 비율을 보이고 있으며, 최근에는 '배우자'가 2순위로 증가하여 그 비율이 높아지고 있다. 이를 도표로 나타내면 다음과 같다〈표 5-17〉.

〈표 5-17〉 연도별 학대행위자와 학대 피해노인과의 관계

(단위: %)

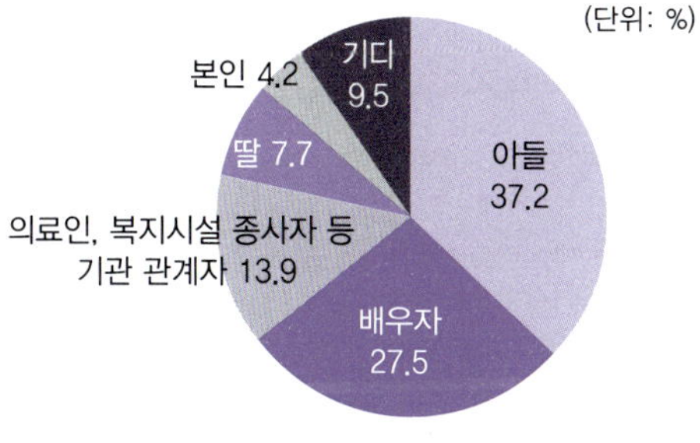

연도별 학대 피해노인의 연령대는 70대가 최근 5년간 45% 내외의 수치를 보이며 가장 많은 비율을 차지하는 것으로 나타났으며 2014년 대비 2018년 학대 피해노인 연령대를 보면, 70대 학대 피해노인 비율은 4.6%p(42.5% → 47.1%) 증가한 반면, 80대 및 90대 이상은 각각 1.2%p(32.2% → 31.0%), 0.8%p(6.9% → 6.1%) 감소하였다.

〈표 5-18〉 연도별 학대 피해노인의 연령대

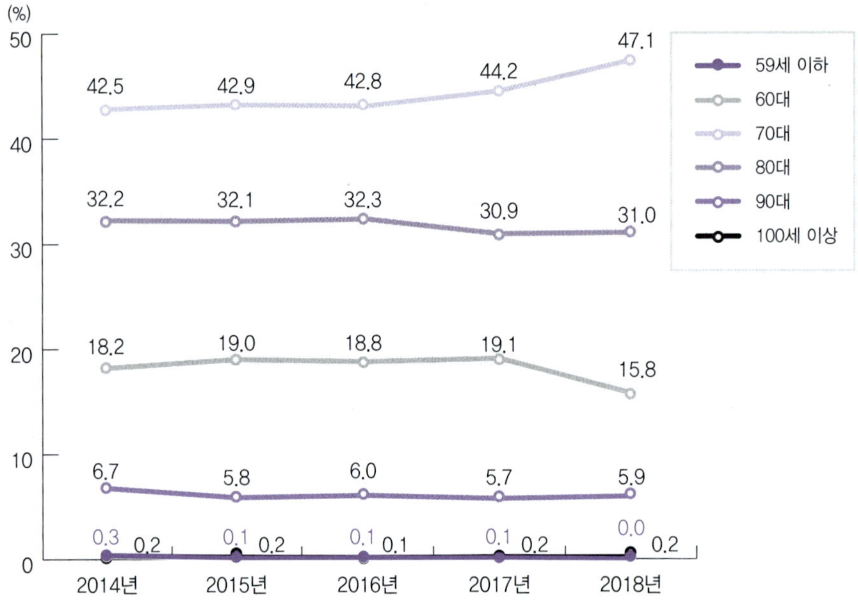

출처: 중앙노인보호전문기관(2018). 2018 노인학대 현황보고서 가이드북, p. 32.

또한, 최근 5년간 40~50대 중년층의 학대행위자는 지속해서 감소하고 있다. 40~50대 학대행위자 추이는 48.8%(2014년)에서 47.5%(2016년)로 감소하였고, 47.1%(2018년)로 더욱 감소하였다. 조사결과 2018년 학대행위자 연령대는 70세 이상이 1,701명(30.0%)으로 가장 많고, 50대 1,414명(25.0%), 40대 1,253명(22.1%)의 순으로 나타났다.

2016년부터는 70세 이상의 학대행위자가 전체 학대행위자 중 가장 높은 비율을 차지하면서 학대행위자의 연령대가 갈수록 높아지고 있음을 알 수 있다.

〈표 5-19〉 연도별 학대행위자의 연령대

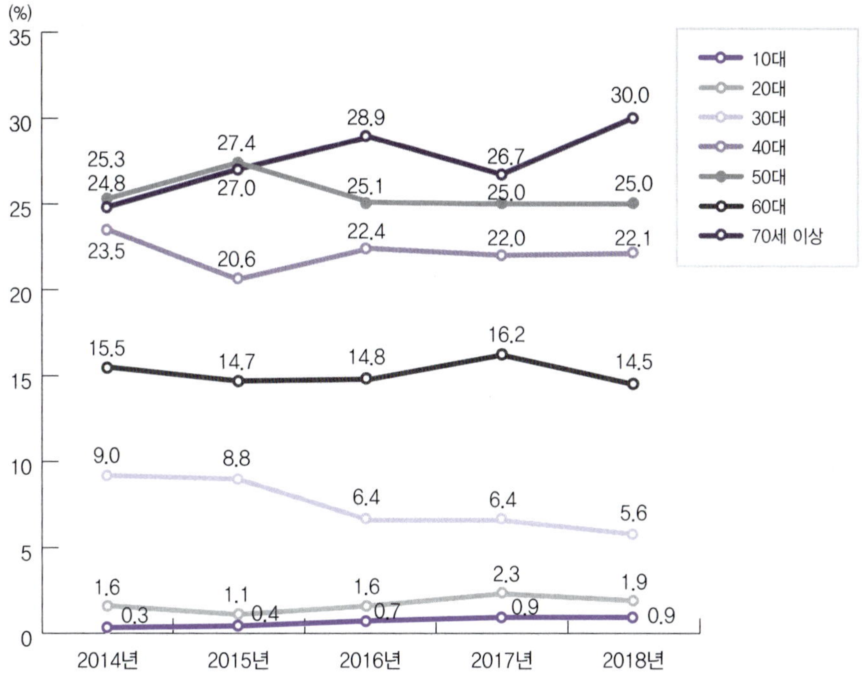

출처: 중앙노인보호전문기관(2018). 2018 노인학대 현황보고서 가이드북, p. 33.

노인학대는 여러 유형이 동시다발적으로 발생하며, 보통 '정서학대 - 신체학대 - 방임' 유형의 순으로 나타난다. 2018년도 조사결과 학대 유형 건수는 정서학대 3,508건(42.9%), 신체학대 3,046건(37.3%), 방임 718건(8.8%), 경제적 학대 381건(4.7%), 자기방임 240건(2.9%), 성학대 228건(2.8%), 유기 55건(0.7%)의 순으로 조사되었다.

신체학대, 성학대 유형은 전년 대비 크게 증가하였으며, 신체학대 증가율은 14.9%(2,651건 → 3,046건), 성학대 증가율은 52.0%(150건 → 228건)이고, 자기방임의 경우 전년 대비 17.5% 감소하였다.

이를 정리하여 나타내면 다음과 같다〈표 5-20〉. 다시 이 결과를 도표로 나타내면 〈표 5-21〉과 같다.

〈표 5-20〉 노인학대 유형별 현황

구분		건수(건)	비율(%)
신체 학대	물리적인 힘 또는 도구를 이용하여 노인에게 신체적 혹은 정신적 손상, 고통, 장애 등을 유발하는 행위	3,046	37.3
정서 학대	비난, 모욕, 위협 등의 언어 및 비언어적 행위를 통하여 노인에게 정서적으로 고통을 유발하는 행위	3,508	42.9
성학대	성적 수치심 유발행위 및 성폭력(성희롱, 성추행, 강간) 등의 노인의 의사에 반하여 강제적으로 행사는 모든 성적 행위	228	2.8
경제적 학대	노인의 의사에 반하여 노인으로부터 재산 또는 권리를 빼앗는 행위로써 경제적 착취, 노인 재산에 관한 법률 권리 위반, 경제적 권리와 관련된 의사결정에서의 통제 등을 하는 행위	381	4.7
방임	부양의무자 또는 보호자의 책임이나 의무를 거부, 불이행, 혹은 포기하여 노인의 의식주 및 의료를 적절하게 제공하지 않는 행위 (필요한 생활비, 병원비, 치료, 의식주를 제공하지 않는 행위)	718	8.8
자기방임	노인 스스로가 의식주 제공 및 의료 처치 등 최소한의 자기보호 관련 행위를 의도적으로 포기 또는 비의도적으로 관리하지 않아 심신이 위험한 상황이나 사망에 이르게 하는 행위	240	2.9
유기	보호자 또는 부양의무자가 노인을 버리는 행위	55	0.7
합계		8,176	100.0

출처: 장예진(2019. 6. 14).

마지막으로, 노인이 가장 많이 경험하는 질병인 치매로 인하여 학대를 받았는지를 질문하였다. 개인 스스로 경험한 학대에 대해서 학대 피해노인 중 치매를 진단받았거나 치매가 의심되는 사례를 조사하니 〈표 5-22〉와 같은 결과를 알 수 있었다. 2014년 949건에서 2018년 1,207건으로 약 27.2% 증가한 것으로, 우리나라 인구구조의 고령화가 급속히 진행되는 가운데 정부의 보호대책에도 불구하고 노인학대가 지속적으로 증가하고 있어 대책 마련이 시급하다.

〈표 5-21〉 노인학대 유형별 현황

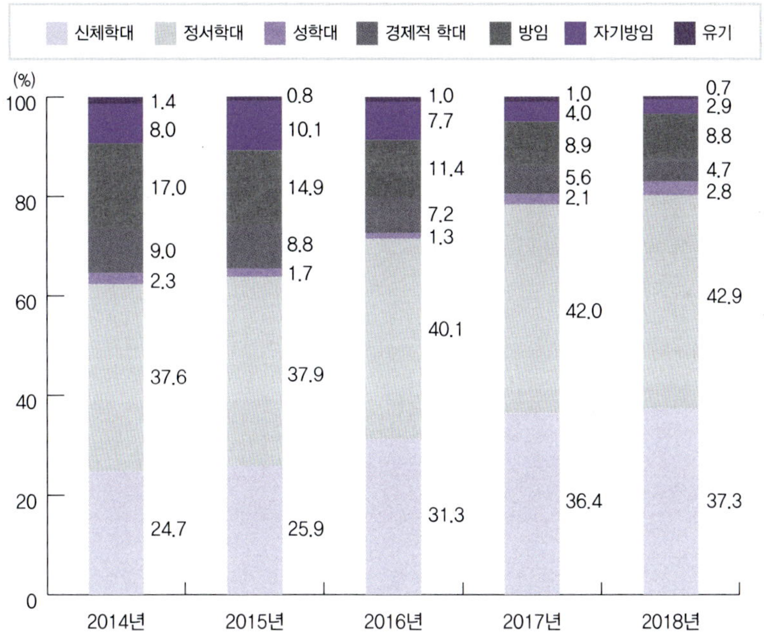

출처: 2018 노인학대 현황보고서 가이드북(2018), 중앙노인보호전문기관, 35p.

〈표 5-22〉 연도별 학대 피해노인 치매의심 및 진단 사례 현황

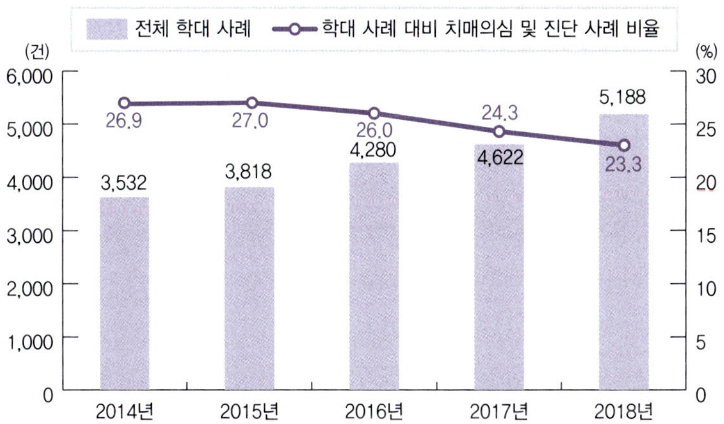

출처: 2018 노인학대 현황보고서 가이드북, (2018), 중앙노인보호전문기관, 36p

2) 노인학대 사례

사례 1 노인학대 지난해 12% 증가…가해자 65%는 아들 · 배우자

학대받는 노인이 지난해에만 전년보다 12% 늘어난 것으로 나타났다. 노인학대 10건 중 9건은 가정에서 발생했고, 학대자 4명 중 1명은 아들이었다.

14일 보건복지부의 '2018년 노인학대 현황보고서'에 따르면, 지난해 전국 31개 지역 노인보호전문기관을 통해 노인학대로 신고된 사건은 1만 5,482건, 이 중 학대로 판정된 건수는 5천188건으로 전년(4천622건)보다 12.2% 증가했다.

노인학대는 2014년 3,532건, 2015년 3,818건, 2016년 4,280건, 2017년 4,622건 등으로 매년 늘고 있다.

복지부는 "노인학대 신고 및 학대 건수가 매년 증가하고 있는데, 그 이유는 노인보호전문기관의 지속적 확충, 신고 의무자 직군 확대 등으로 은폐되었던 노인학대 사례가 신고되기 때문으로 추정된다."고 설명했다.

학대행위자는 5,665명으로 남자 4,008명(70.8%), 여자 1,657명(29.2%)이었다. 피해노인과의 관계는 아들 2,106건(37.2%), 배우자 1,557건(27.5%), 의료인 · 복지시설 종사자 등 기관 관계자 788건(13.9%), 딸 436건(7.7%), 피해자 본인 240건(4.2%) 등이었다.

학대행위자가 피해자보다 많은 것은 피해자 1명의 대한 학대자가 2명 이상일 수 있기 때문이다.

출처: 신재우(2019. 6. 14).

사례 2 고령사회 그늘 '노인학대'

우리 사회가 고령사회를 넘어 초고령사회로의 진입을 목전에 둔 가운데 노인학대 문제가 고령화의 그늘로 작용하고 있다.

5일 전라북도노인보호전문기관에 따르면, 올해 들어 7월까지 전북 동부권 8개 시 · 군(전주 · 완주 · 임실 · 순창 · 남원 · 무주 · 진안 · 장수)에서 노인학대 신고가 모두 240건 접수됐다. 이는 전년도 동기 대비 181건보다 33%p 증가한 수치다.

노인학대 유형은 정서적 학대가 42.4%로 가장 많은 비중을 차지했으며, 신체적 학대 35.6%, 방임 학대 10.8%, 자기방임 학대 5.2%, 경제적 학대 3.6%, 성적 학대 1.2%, 유기 학대 1.2% 순으로 나타났다.

특히 학대행위자가 배우자 35.1%, 아들 32.9%, 본인 8.5%에 해당하는 등 가족 구성원이 전체의 89.3%를 차지하고 있다.

앞서 지난 4월에는 고령화의 그늘이 학대를 넘어 배우자에 의한 살인이라는 범죄로 이어져 지역을 충격에 몰아넣은 바 있다.

A 씨(31)는 지난 4월 22일 군산시 자택에서 아내 B 씨(82)를 흉기와 둔기를 이용해 숨지게 한 혐의로 기소, 최근 법원으로부터 유죄를 인정받아 징역 3년을 선고받았다. A 씨는 지난 2012년부터 치매와 당뇨 증상을 앓던 B 씨를 보살펴 왔으며, 증세가 악화됨에 따라 B 씨에게 "요양병원에 입원하자"고 말했던 것으로 확인됐다. 당시 범죄 현장에서는 A 씨의 유서가 발견, 유서에는 '너무 힘들었다. 자녀들에게 미안하다'는 내용이 담긴 것으로 알려졌다.

재판부는 "살인은 사람의 생명을 빼앗는 반인륜적인 범죄로, 그 어떠한 변명으로도 용서받을 수 없다."면서도 "다만 피고인이 초범이고 범행을 모두 인정하고 반성하고 있는 점, 2012년부터 치매에 걸린 아내를 돌봐왔던 점, 자식들에게 짐이 되기 싫어 범행을 저지른 것으로 보이는 점, 가족들이 처벌을 바라지 않는 점 등을 감안해 형을 정했다."고 양형 이유를 설명했다.

노인보호전문기관은 학대행위자가 가족 구성원이 높은 비중을 차지함에 따라 은폐되는 등 좀처럼 노출되지 않는 것으로 판단, 인식 제고 및 사회적 대응의 필요성을 강조하고 있다.

전라북도 노인보호전문기관 관계자는 "가정 내 학대가 매우 높은데도 불구하고 노인학대의 특성인 은폐성으로 쉽게 노출되지 않고 있다. 노인학대 문제를 가정 내 문제로 치부해 방관할 것이 아니라 학대 피해노인의 안전 등 심각성을 인식할 필요가 있다."라면서 "학대상담 전화 1577-1389를 통해 노인인구가 좀 더 편안한 노후를 보낼 수 있도록 적절한 서비스를 제공하겠다."라고 말했다.

이와 관련해 도내 노인인구는 36만여 명으로 전북 전체 인구의 19.8%를 차지한다.

출처: 권순재(2019. 8. 5).

사례 3

한인 노인들 '학대' 받아도

페어팩스에 사는 80대 후반의 김 모 노인은 60대 초반의 아들 부부와 함께 살고 있는데 요즘은 하루빨리 죽었으면 하는 게 소원이다. 아들 부부와는 말이 끊긴 지 오래고 식사도 따로따로 한 지 한참 됐다. 양로원이라도 가고 싶지만 대리 위임장을 가진 아들 부부가 베네핏과 연금을 관리하며 내보내주지 않는다.

락빌에 거주 중인 70대의 이 모 씨는 부부가 함께 살지만 매일이 지옥이다. 비즈니스를 접고 은퇴한 직후부터 부인에게 찬밥 신세가 됐다. 말다툼이 나면 이제는 부인의 목소리가 더 크다. 온갖 욕설은 기본이고 꼬집거나 주먹으로 때린다.

센터빌에 거주하는 박 모 씨는 20년 전 딸의 요청으로 어린 손자들을 돌봐 주러 미국에 와 딸과 함께 살았다. 이제 손자들은 다 커서 대학생 또는 사회에 진출해서 일하는 성인이 됐다. 70대 중반이 되니 몸은 여기저기 아프고, 딸 부부도 눈치를 주며 한국으로 가라고 한다. 그러나 한국으로 돌아가려 해도 한국에 있는 아들 부부도 반가워하지 않는 눈치라 매일이 고민스럽다.

워싱턴한인복지센터(이사장 변성림)가 노인 인권과 학대문제가 사회적 이슈로 대두된 가운데 행복한 노년을 위해 한인사회 노인단체 및 시니어 센터 등에서 릴레이 세미나를 전개한다. 복지센터는 오는 16일(목) 메릴랜드 게이더스버그에 있는 베다니 시니어 아카데미, 내달 하워드카운티 시니어 센터에 이어 올가을에는 홈헬스 기관의 의료 종사자들을 위해 노인인권 및 노인학대 예방 세미나를 펼친다.

'노인인권 및 노인학대'를 주제로 세미나를 이끌 복지센터의 고미정 코디네이터(시니어 프로그램 담당)는 "노인학대에 대한 인식 부족이나, 인지기능 상실(치매), 공포심(보복), 수치심(부끄러움), 사회적인 체면으로 인해 미국 내 노인학대 신고율은 24명 중 1명"이라며 "여기에 한인 노인들은 한국적인 사고방식과 언어장벽까지 더해져 도움을 받기가 더 어렵다."고 말했다. 박신영 코디네이터는 1일 "노인학대는 부부와 자녀 등 가족 간에도 빈번히 발생하며, 주변 친지, 노인 케어 기버에게서도 발생한다. 요즘은 거동이 어렵고 기능을 많이 상실한 노인들 주변의 가족, 지인들이 카운티 베네핏 등을 악용하기 위해 위임장에 억지로 사인하게 하는 일도 빈번하다."고 밝혔다.

복지센터는 '시니어들의 행복한 미소, 워싱턴한인복지센터가 만들어 갑니다'의 슬로건 아래 지속적인 세미나를 전개할 예정이다. 노인이라는 이유로 인간의 존엄성을 차별

받지 않고 인간답게 생활할 수 있는 권리, 노인학대 실제 사례들과 함께 노인학대 유형, 구체적인 예방책 및 신고방법 등 관련 정보를 제공한다.

노인 복지 기관 종사자 및 상담 전문가, 시니어 아카데미 관계자 등을 초청한 '노인학대 예방을 위한 지역사회 협력 방안'도 모색한다.

출처: 정영희(2019. 5. 2).

사례 4

지난해 노인학대 사례 총 2,090건

서울시에서 운영 중인 서울시남부노인보호전문기관과 서울시북부노인보호전문기관에서 집계해 11일 발표한 '서울시 노인학대 사례 현황'에 따르면 지난해 60세 이상 노인학대 건수는 총 2,090건인 것으로 나타났다.

연도별로는 2016년 2,150건, 2017년 1,910건, 2018년 2,090건으로 2017년에 소폭 감소했다가 지난해 다시 증가한 것으로 조사됐다.

노인학대 신고 건수는 2016년 1,117건, 2017년 1,470건, 2018년 1,681건으로 해마다 증가했다. 올해 4월까지 접수된 노인학대 신고 건수는 593건으로 나타나 이러한 추세로 간다면 지난해보다 증가할 것으로 전망된다.

학대 유형별로는 정서학대가 1,034건(49.5%)으로 가장 높은 비율을 차지했고, 763건의 신체학대(36.5%), 돌봄이 이뤄지지 않은 방임 형태의 학대가 143건(6.8%)으로 집계되었다. 이어 경제적 학대 98건(4.7%), 자기방임 30건(1.4%), 유기 12건(0.6%) 성 10건(0.5%) 등의 순이었다.

서울시는 "가장 높은 비율을 차지하는 정서적 학대의 경우 매년 예방을 위한 인식개선 홍보 및 교육을 실시하고 있음에도 2016년 46.3%, 2017년 46.4%, 2018년 49.5%로 증가한 실정이다."라고 설명했다. 학대행위자는 배우자, 아들·딸 등의 친족이 90.5%(437건)로 대부분을 차지하는 것으로 나타났다. 이어 시설 6.6%(32건), 본인 2.3%(11건), 타인 0.6%(3건) 순이었다. 학대 피해노인의 연령은 60대가 69건, 70대 245건, 80대 176건, 90세 이상은 35건으로 70대가 가장 많았다.

출처: 임성희(2019. 6. 12).

사례 5

전북 지역 노인학대 최근 3년간 694건 발생, 재학대도 26건에 달해

도내에서도 노인학대가 심각한 수준인 것으로 나타나 대책 마련이 시급한 실정이다.

19일 국회 김광수 의원이 보건복지부로부터 제출받은 자료를 분석한 결과 최근 3년간 도내에서는 1,631건의 신고가 접수, 이 가운데 694건이 노인학대로 판정됐다. 또한, 적발된 뒤 또다시 학대를 저지르는 재학대 사례도 26건에 달했다.

전국적으로는 이 기간 의심건수 40,800건 중 14,090건이 노인학대로 판정됐다. 특히 배우자와 아들, 딸 등 직계가족에 의한 학대가 전체 70.5%에 달해 충격을 주고 있다.

가해자 유형을 세부적으로 살펴보면 아들이 37.3%를 차지해 가장 높았으며 다음으로 배우자 24.5%, 기관 12.2%, 딸 8.7% 순이었다.

발생장소를 보면 90% 가까이가 가정 내에서 이뤄졌으며 이어 노인생활·이용시설 7.2%, 공공장소 1.4%, 병원 0.8%로 나타났다.

김광수 의원은 "노인학대가 심각한 사회문제로 대두되고 있지만 예방을 위한 정부 대책이 제대로 이뤄지지 않고 있다."면서 "조기 발견 단계에서부터 사후관리까지 전반에 걸쳐 노인학대를 근절할 수 있는 근본적인 해결책을 마련해야 한다."라고 강조했다.

출처: 정석현(2019. 9. 19).

사례 6

학대 노인 갈 수 있는 쉼터는 전북에 1곳…그것도 최대 5명만

전북에서 학대를 받았다고 신고된 노인이 매년 200건 안팎에 이르고 있으나 정작 이들이 법률서비스나 의료서비스, 상담 등을 받을 수 있는 쉼터는 도내에 한 곳에 불과하다. 2일 노인의 날을 앞두고 노인을 위한 정부와 도내 지자체의 실질적인 지원과 관심이 요구된다.

국회 보건복지위원회 소속 기동민 의원(더불어민주당)이 보건복지부로부터 제출받은 자료에 따르면 지난 2014년도부터 지난해까지 5년간 도내에서 발생한 노인학대 건수는 모두 1,022건에 이른다. 2014년 121건, 2015년 207건, 2016년 225건, 2017년 236건, 지난해 233건의 노인학대가 발생했다.

매년 도내에서 평균 204건의 노인학대가 발생하고 있지만 이들이 보호받고 심리적 안정을 취할 수 있는 쉼터는 한 곳뿐이며, 이마저도 인력 등이 열악한 실정이다. 쉼터 입소 정원도 5명에 불과하다.

학대 피해노인 전용쉼터는 학대 피해노인에게 식사 제공, 법률서비스 제공, 학대 피해노인을 위한 의료기관 연계 및 의료비 지원, 전문가 상담, 심리치료, 사회기능회복을 위한 프로그램 등을 제공하는 곳이다.

이렇게 중요한 기관임에도 도내 학대 피해노인 전용쉼터에 근무하는 직원은 사회복지사 1명과 요양보호사 3명 등 4명뿐이다. 쉼터의 특성상 24시간 운영되어야 하기 때문에 주간근무자인 사회복지사 1명을 제외하면 요양보호사 3명이 교대 근무를 통해 쉼터의 노인을 돌봐야 하는 상황이다.

전라북도 노인보호전문기관 관계자는 "야간이나 주말의 경우 요양보호사 1명이 시설 내 노인을 돌봐야 하는 실정이다. 만약 긴급한 일이 발생할 경우 혼자서 대응하기에는 한계가 있고 이는 전북지역의 문제뿐만 아닌 전국적인 현상이다."고 말했다.

보건복지부에 따르면 학대 피해노인전용쉼터는 전국에 18개소가 있으며 경기와 경북에만 쉼터가 2곳이 있고 나머지 시·도에는 쉼터가 한 곳만 있으며 운영 인력 역시 공히 4명이다.

전문가들은 노인복지의 중요성이 커지는 만큼 쉼터에 대한 구체적인 논의가 필요한 시점이라고 조언했다.

허준수 숭실대학교 사회복지학부 교수는 "노인학대가 전국적으로 문제가 되고 있는 상황에서 쉼터의 역할은 학대 가해자와 피해자를 분리하고 또 치유를 할 수 있는 공간으로 중요하다. 노인학대를 신고접수받는 절차의 점검과 전체 노인학대 수에 따른 18개의 쉼터 운영에 대한 점검, 또 관리 인력 등에 대한 논의가 필요한 시점이다."고 조언했다.

이에 대해 보건복지부 관계자는 "당장 쉼터 확충 계획은 없다. 노인보호전문기관이나 쉼터의 증원이 필요하다는 부분에는 공감하고 있어 이용자 현황 등을 점검하고 있다."고 설명했다.

출처: 엄승현(2019. 10. 1).

사례 7

서귀포시, 요양원 노인학대 넉달만에 재발

제주도 서귀포시의 한 노인전문요양시설에서 노인요양보호사(요양사)가 시끄럽게 한다는 이유로 치매를 앓고 있는 A(93, 여) 씨의 휠체어를 자전거 자물쇠를 이용해 1시간여 동안 결박한 사실이 드러났다.

3일 서귀포시에 따르면 지난달 12일 오전 10시 20분경 발생한 이 사건은 발생 당일 요양원 측의 자진 신고를 통해 노인보호전문기관의 조사 결과 노인학대로 보고 관련 요양사 3명을 경찰에 고발했다.

뉴스핌이 입수한 해당 요양원 CCTV 녹화 화면을 살펴보면 시설 1층에서 A 씨가 식사를 마치자 한 요양사가 A 씨가 탄 휠체어를 끌고 복도 끝 측면에 있는 난간에 휠체어를 결박하는 모습과 이를 완강히 거부하는 A 씨를 붙잡는 또 다른 2명의 요양사들이 모습이 고스란히 기록됐다.

이에 시는 사건 발생 나흘 후인 지난달 16일 해당 팀과 서귀포시 노인요양전문기관 소속 전문가를 현장에 파견, 동행조사 후 '학대'로 판정했으며 내부 검토를 거쳐 서귀포경찰서에 형사고발했다.

시청 조사에서 가해 요양사들은 평소, 피해자 A 씨가 주기적으로 요양시설을 나가려고 하는 행동을 보이고 새벽에 문을 두드려 다른 노인에게 피해를 주는 일이 잦아 휠체어를 묶어 놓았다고 진술했다고 알려졌다.

가해 요양사들은 서귀포시가 노인학대 판정 공문을 보내고 징계를 위한 인사위원회가 개최되기 전인 지난달 30일 자진 사직했다.

해당 요양시설 B 원장은 "(사건)확인 즉시 가해자 피해자 분리하고 인사위원회를 통해 그들의 업무를 정지했다. 시의 행정처분이 있는 경우 추가 인사위원회를 열 계획이었는데, 가해자들이 뉘우친다면서 30일 자로 사직서를 제출했다."라고 설명했다.

B 원장은 또 "평상시 전체 직원을 대상으로 노인학대 예방 등 교육을 실시해 왔는데 이런 일이 발생해 책임을 통감한다."라며 "혹시 숨겨진 사안이 있는지 전수조사와 더불어 특별교육 등 재발 방지에 최선을 다할 것"이라고 말했다.

이어 "노인들이 발작 등으로 인해 신체구속을 해야 하는 불가피한 상황이 발생할 때 보호자의 동의를 받아 손목결박 등 다양한 방법의 제재대를 사용하고 있다."면서 "제제대 사용 시 2시간에 1회씩 사용할 수 있는 규정이 있다."고 강조했다.

서귀포시는 지난 5월에도 지역 내 다른 요양원에서 방임행위를 적발해 「노인복지법」 위반으로 300만 원의 과태료 부과와 시설장을 교체했으며, 「노인장기요양보험법」상 노인학대 관련 양벌규정에 따라 요양원 대표와 요양보호사를 경찰에 고발한 바 있다.

출처: 순정우(2019. 10. 7).

사례 8

고령사회에 짙게 드리운 그늘 '노인학대'

2016년 152건에서 지난해 607건으로 4배 급증

노인 1,000명당 학대 신고율 6.3명 '전국 최고'

2일 제23회 노인의 날을 맞이한 가운데 노인학대 문제가 고령사회의 그늘로 짙게 드리우고 있다. 특히 제주지역의 경우 노인학대가 매년 증가하면서 예방책 마련과 사후관리 강화 등의 대책이 필요할 전망이다.

1일 보건복지부에 따르면 제주지역에서 신고된 노인학대 의심건수는 2016년 152건, 2017년 208건, 2018년 607건 등으로 3년 새 4배가량 급증했다. 이에 노인학대로 판정된 건수 역시 2016년 81건, 2017년 98건, 2018년 158건 등으로 증가했다.

노인재학대 건수는 2016년 9건, 2017년 4건, 2018년 13건으로 집계됐다. 지난해 기준 제주지역 노인 1,000명당 노인학대 신고접수율은 6.3명으로 전국에서 가장 높았다. 강원 3.7명, 경북 3.5명 등이 그 뒤를 이었으며 전국 평균은 2.0명으로 조사됐다.

이와 함께 2016년부터 2018년까지 전국적으로 발생한 노인학대 가운데 70.5%가 직계가족에 의한 것으로 나타났다. 노인학대 10건 중 7건은 배우자와 아들, 딸 등에 의해 이뤄지고 있던 셈이다. 노인학대 발생장소는 가정이 89%로 대부분을 차지했으며 노인생활·이용시설 7.2%, 공공장소 1.4%, 병원 0.8% 등의 순이었다.

이에 노인학대를 사회적 문제로 인식하고 근본적인 해결을 위한 대책을 마련해야 한다는 목소리가 커지고 있다. 윤세찬 제주특별자치도 노인복지협회장은 "노인학대 예방과 존엄케어 실천을 위해 교육을 강화하는 등 지속적으로 노력하고 있다. 우리 모두가 노인은 우리의 부모이고, 지역의 어르신이며 국가로 봤을 때 살아 있는 역사라는 인식을 가질 필요가 있다. 돌봄의 문제를 떠나 노인들이 우리 사회에서 한 인격체로 살아가기 위해서는 인식의 변화와 함께 관련 제도 마련이 필요하다."고 말했다.

한편 통계청이 지난달 발표한 '2019 고령자 통계'에 따르면 올해 기준 제주지역의 65세 이상 고령인구는 9만 6천 명으로, 도내 전체 인구의 14.5%인 것으로 나타났다.

출처: 김지우(2019. 10. 1).

사례 9

노인의 날 앞둔 가운데 인천지역 노인학대 5년간 증가

제23회 노인의 날을 앞둔 가운데 최근 5년간 인천지역 홀몸노인 비율과 노인학대 사례가 증가한 것으로 나타났다. 열악한 삶을 이어가는 노인인구가 늘고 있어 고령화사회에 대응하는 실질적인 대책이 필요하다는 지적이 나온다.

1일 국회 보건복지위원회 더불어민주당 인재근 의원이 보건복지부를 통해 받은 자료에 따르면 인천지역 홀몸노인은 2014년 46,000명에서 지난해 60,000명으로 증가했다. 노인 인구 10만 명당 홀몸노인 수는 18,000명에서 19,000명으로 늘었다.

노인학대 사례도 꾸준히 증가 추세를 보였다. 인천에서 발생한 노인학대는 2014년 203건에서 2015년 274건, 2016년 356건, 2017년 444건, 2018년 436건으로 집계됐다. 전국적으로 볼 때 노인학대피해자는 여성 비율이 2배 이상 많았고 가해자의 84.5%가 배우자와 자녀, 친척 등 가족인 것으로 확인됐다.

지역 내 노인을 대상으로 한 범죄 실태도 심각했다. 경찰청 자료를 확인한 결과 인천지방경찰청으로 집계된 범죄 건수는 2014년 5,306건에서 지난해 6,864건으로 1,000건 이상 증가했다. 5년간 발생한 범죄는 총 3만1,046건에 달했다. 전체적인 범죄 유형은 기타 범죄(31만1,741건)를 제외하고 사기와 횡령, 배임 등 지능범죄가 154,429건으로 가장 많았다.

인재근 의원은 "우리나라 노인 자살률이 OECD 국가 중 압도적인 1위인만큼 노인을 보호하는 촘촘한 사회 안전망이 필요하다. 아울러 고령화 사회에 대응한 정부의 대책이 실질적인 지표 개선으로 이어져야 한다."고 강조했다.

출처: 김신영(2019. 10. 1).

사례 10

노인학대 신고·판정 해마다 늘고 있다

충남 도내 노인학대 신고와 실제 학대로 판정된 사례가 매년 증가세를 보이고 있다.

과거 '참고 살자'는 풍토에서 '당연히 신고해야 할 일'로 사회 인식이 변화한데다가 도민의 신고의식까지 높아지면서 나타난 현상으로 관계기관에서는 오히려 긍정적인 시각이 지배적이다.

1일 통계청과 중앙노인전문보호기관 보고서에 따르면 지난해 접수된 도내 노인학대 신고는 877건으로 이 가운데 282건이 학대 사례로 분류됐다.

앞서 도내 사례는 2007년 127건에서 꾸준히 증가해 2015년 203건, 2016년 218건, 2017년 235건으로 집계됐다.

접수된 신고도 2009년 201건에서 점차 증가해 2012년부터는 꾸준히 600건 이상을 기록했으며 신고 대비 노인학대 판정은 최근 3년간 30% 내외로 확인됐다. 이는 전국적으로도 비슷하게 나타나고 있는 현상이다. 이에 대해 관계기관에서는 홍보·교육 등이 일정 효과를 거둔 것으로 판단했으며 신고 경로 확대와 지역사회 네트워크 활용, 긴급신고(110, 112, 129) 통합 등도 주효했던 것으로 분석했다.

지난해 3월에는 관련 법 개정에 따라 신고의무자가 기존 11개 직업군에서 17개로 대폭 늘었으며 노인돌봄서비스 생활관리사와 노인일자리사업 등과의 교류도 활발히 이뤄지고 있다.

실제 신고자 유형을 살펴보면 비신고의무자인 경찰관·지킴이단 등 관련 기관과 친족, 피해노인, 타인(일반인) 등의 증가세도 뚜렷하다.

전국적으로 10년 전 1,960건에 불과했던 비신고의무자 신고는 지난해 4,421건을 기록했으며 같은 기간 관련 교육도 2,121회에서 3,897회로 늘었다. 이러한 동반 상승세는 교육과 홍보의 필요성을 부각하고 있으며 '신고해야 할 대상'에 대한 범주도 확대되고 있는 것으로 풀이된다.

하지만 여전히 풀어야 할 숙제도 산적하다.

도내 노인 재학대 사례는 2014년(재신고)부터 매년 10건 이상을 기록하다가 지난해 35건으로 전체 학대 사례의 12.4%를 차지했으며 노인주거복지·의료복지시설의 학대 역시 매년 10건 이상을 기록하고 있다.

전국적으로는 치매가 의심되거나 진단받은 노인을 학대하는 경우도 2014년 949건에서 지난해 1,207건으로 꾸준히 증가하고 있는 추세다.

이와 별개로 신고는 증가하고 있는 반면 담당기관이 확대되지 않으면서 업무 부담을 우려하는 시선도 있다.

도내 담당기관은 충남노인전문보호전문기관과 남부노인보호전문기관 2곳으로, 두 기관에서 지난해 진행한 상담은 일반상담 1,184건을 포함해 총 7,892건에 달한다.

앞서 지난해 5월 충남연구원은 연구 자료를 통해 "서남부지역 전문기관의 추가 설치를 위한 국비 확보 노력이 필요하다. 지역마다 학대 유형도 차이를 보이기 때문에 지역별로 차별화된 예방 전략을 개발할 필요가 크다."고 밝힌 바 있다.

출처: 조선교(2019. 10. 1).

사례 11 2017~2019년 6월까지 연간 1,333건, 일 평균 3.6명 검거

소병훈 의원(더불어민주당)이 경찰청으로부터 제출받은 노인학대 사건 송치 현황 자료에 따르면 2017년부터 2019년 6월까지 노인학대로 검거된 건수가 총 3,332건으로 연평균 1,333건, 전국에서 매일 3명 이상이 어르신을 학대하여 검거된 것으로 분석되었다.

지역별로 보면, 지난 2017년 이후 2019년 6월까지 경기가 1,052건으로 전체 검거 건 3,332건의 31.6%를 차지했으며, 이어 서울 600건(18%), 부산 213건((6.4%), 인천 199건(6%), 대구 183건(5.5%) 순이었다.

이 중 경기와 서울에서의 노인학대 검거 비중이 전체의 절반에 달해 해당 지방청 및 지자체의 특별한 대책 마련이 필요한 것으로 나타났다.

연도별 증가율은 광주가 2017년 대비 2019년 기준 161.5%(2019년 검거 건 연간 수치로 환산 시) 증가하여 가장 높은 증가율을 보였고, 이어 제주 80%, 세종·충남 76.9%, 전남 73%, 경북 70.25 순이었다.

한편 노인학대 가해자별로는 전체 3,446명 중 93.5%인 3,223명이 가족으로 대부분을 차지했다. 2017년 90.8%, 2018년 94.9%, 2019년 6월 94.9% 등 가정 내 폭력으로 인한 노인학대가 계속 증가하고 있으며, 친인척에 의한 노인학대도 2018년 0.9%에서 2019년 6월 1.6%로 증가하고 있어 그 심각성이 더해지고 있다.

소병훈 의원은 "가정 내에서 벌어지는 아동학대와 노인학대는 외부로 드러나는 경우가 많지 않아 학대가 장기간 반복되는 경향이 있다. 피해자 보호 및 학대 예방을 위해 이웃에 대한 국민의 관심 제고 및 신고 활성화뿐만 아니라 경찰청과 보호전문기관들의 적극적인 연계 및 협업 강화가 필요하다."고 주문했다.

한편 보건복지부 노인학대 현황보고서(2019.5)에 따르면 지난해 학대 피해노인의 73.9%가 여성노인이었으며 남성노인은 26.1%로 나타났다.

출처: 전건주(2019. 9. 30).

사례 12

최근 들어 노인학대가 심각한 사회문제가 되고 있다

누구나 언젠가는 노인이 되지만 우리 사회는 노인이 학대를 당하거나 무관심 속에 방치되는 사례가 많다. 우리 사회의 노인들이 각종 질병과 빈곤 속에 고독한 노년을 보내야 하는 처지인데 학대까지 심화되면서 이중고를 겪고 있는 것이다.

경찰청이 국정감사에 제출한 노인학대 사건 송치 현황 자료를 보면 2017년~2019년 6월까지 노인학대로 검거된 건수가 총 3,332건으로 연평균 1,333건, 전국에서 매일 3명 이상이 어르신을 학대해 검거된 것으로 분석됐다.

노인학대는 특성상 아들, 배우자, 딸 등 직계 가족이 관여돼 있다. 실제 노인학대 가해사는 전체 3,446명 중 93.5%인 3,223명이 가속으로 거의 대부분을 차지했다. 게다가 2017년 90.8%, 2018년 94.9%, 2019년 6월 94.9% 등 가정 내 폭력으로 인한 노인학대가 계속 증가하는 현상이며 친인척에 의한 노인학대도 2018년 0.9%에서 2019년 6월 1.6%로 증가하고 있어 그 심각성이 더하다.

가정 내에서 벌어지는 아동학대와 노인학대는 외부로 드러나는 경우가 많지 않아 학대가 장기간 반복되는 경향이 있다. 피해자 보호 및 학대 예방을 위해 이웃에 대한 관심 제고 및 신고 활성화뿐만 아니라 경찰청과 보호전문기관들의 적극적인 연계 및 협업 강화가 절실하다. 노인학대에 대한 사회적 대책으로는 가장 먼저 사회 저변의 인식 전환이 필요하다. 노인학대를 사회문제로 인식하고 가족 폭력의 한 형태로 받아들이는 사회적인 태도 변화가 중요하다.

Blumer에 따르면 한 사회현상이 사회문제로 정착되기 위해서는 발생, 정당화, 행동동원, 정책 수립과 수행의 4단계를 거친다고 한다. 즉, 특정 사회현상에 대해 많은 사람이 바람직하지 않다는 데 동의하고 사회정책 입안자들이 문제해결을 위한 자원을 동원할 때 비로소 사회문제화되는 것이다.

서구의 경우 아동학대 또는 아내학대에 비해 노인학대는 비교적 늦게 사회문제로 정립되었다. 아동학대가 1960년대, 아내학대는 1970년대에 사회문제화되었던 것에 비해 노인문제는 1980년대 들어와서 사회문제화되었고 본격적인 연구가 이루어졌다. 이는 일정한 수준의 사회경제적 발전을 전제로 어느 정도의 부양수준을 획득했을 때만 성립될 수 있다.

특히 노인학대 가해자 대부분이 가족이라는 점에서 피해노인이 신고하지 않은 경우가 많아 실제 노인학대 건수는 이보다 훨씬 많을 것으로 보여 사회적 관심과 대책이 요구된다.

사람은 누구나 언젠가는 노인이 된다. 우리나라는 향후 10년 안에 노인인구가 전체 인구의 20% 이상을 차지하는 '초고령화사회'로의 진입을 앞두고 있다. 노인 빈곤·고독사·학대·치매 등 관련 문제 또한 더욱 심각해질 수 있다.

각종 질병과 빈곤 속에 고독한 노년을 보내야 하는 노인에 대한 보호대책 등 사회적 관심이 절실하다. 더불어 노인에 대한 안전망 구축을 위해 노인보호 전문인력도 더욱 확충돼야 한다.

출처: 경상투데이(2019. 10. 16).

사례 13

노인학대행위자 79%는 친족…재발 비율 높아

중앙노인보호전문기관의 '2018 노인학대 현황보고서'에 따르면 지난해 노인학대 가해자 5,665명 중 친족이 4,469명(78.9%)을 차지했다. 가해자 중에선 아들이 2,106명(37.2%)으로 가장 많았고, 배우자 1,557명(27.5%), 딸 436명(7.7%) 순으로 나타났다.

가족에 의한 노인학대는 재발 비율이 높다. 노인보호전문기관에 신고접수됐다가 다시 학대가 발생한 건수는 지난해 488건이었는데, 이 중 절반 가까이는 자녀와 동거하는 가구(228건, 46.7%)에서 벌어졌다.

첫 학대 가해자 중 아들의 비율이 36.1%인데, 재학대 사건에서 가해자가 아들인 비율은 48.8%로 더 높았다. 반면 요양병원 등 기관의 가해 비율은 15.1%(첫 학대)에서 1.2%(재학대)로 낮아졌다. 보고서는 "기관은 학대 사건 발생 뒤 행정처분 등의 처벌을 받게 돼 한 사람에 대한 재학대가 사실상 불가능하다."고 분석했다.

이와 달리 자녀가 폭행 가해자인 사건에서는 신고와 처벌로 이어지는 일이 드물다는 게 전문가들의 지적이다. 서울북부노인보호전문기관 관계자는 "피해노인 상담을 통해 자녀와 떨어져 살기를 원치 않는다는 뜻이 확고하면, 기관 관계자가 매일 피해 어르신 댁에 찾아가 상태를 확인하는 방법을 사용하고 있다."고 설명했다.

출처: 이가영(2019. 10. 28).

사례 14

술만 먹으면 때리는 아들…어머니는 끝까지 용서했다

7월 5일 오전 4시 30분쯤 서울 성동구에 사는 A(32) 씨는 잠을 자고 있던 어머니(65)에게 소리를 지르며 폭력을 가했다. 자신의 벌금을 대신 내주지 않는다는 것이 이유였다.

어머니는 머리에서 피를 흘렸다. 다음 날 새벽에도 아들의 폭행은 이어졌다. 결국 A 씨의 행동(존속상해, 존속상습폭행)은 수사기관에 적발돼 재판에 넘겨졌다. 검찰은 A 씨가 어머니를 상습 폭행했다고 지적했지만, A 씨는 재판에서 폭행의 상습성은 인정할 수 없다고 반박했다.

법원이 채택한 증거에 따르면 A 씨의 폭행은 10년 전부터 시작됐다. A 씨의 가족이 경찰에 "언젠가부터 술만 마시면 폭력적으로 변하더니 2009년부터 욕과 폭행을 시작했다."고 진술한 것이다.

다수의 신고 기록도 있었다. 2016년 3월 이후 A 씨가 어머니와 가족을 폭행한 혐의로 조사받은 횟수는 6건이었다. 올해 3월에는 어머니가 경찰에 "아들이 취해서 때렸다. 오늘은 더 위협적이어서 칼이고 뭐고 다 숨겼다."고 신고하기도 했다.

하지만 A 씨는 그동안 한 번도 처벌받지 않았다. 폭행죄는 피해자가 용서하면 국가기관이 처벌할 수 없는 반의사불벌죄여서다.

그동안 어머니는 번번이 A 씨의 처벌을 원하지 않았고, 수사기관은 사건을 그대로 종결시킬 수밖에 없었다. 이번에는 폭행죄가 아닌 상해죄로 기소돼 A 씨는 재판을 받게 됐다.

서울동부지법 형사3단독 조현락 판사는 16일 "이 사건은 어머니를 상습적으로 폭행한 반인륜적인 범행"이라며 "그동안 선처가 있었음에도 거듭해 범행을 저지른 점에서 비난 가능성이 크다."고 판단했다. 다만 어머니가 처벌을 원하지 않는 점을 참작해 A 씨에게 징역 1년을 선고했다. 어머니는 끝까지 아들을 용서한 것이다.

출처: 이가영(2019. 10. 28).

부록: 노인학대 상담 관련 양식

〈양식 1〉 노인학대 접수 상담기록

신고접수번호	센터-연도-신고접수번호-상담횟수
접 수 일	20 년 월 일

<table>
<tr><td colspan="2">접수자</td><td></td><td>접수일</td><td>20 년 월 일 오전 :
오후 :</td></tr>
<tr><td rowspan="4">신고자</td><td>성 명</td><td>□남 □여</td><td>연락처</td><td></td></tr>
<tr><td>신고유형</td><td colspan="3">□전화 □내방 □방문(이동상담, 가정방문) □온라인 □서신 □기타</td></tr>
<tr><td>신고자 구분</td><td colspan="3">□본인 : □피해자 / □학대행위자
□친족 : □배우자 / □아들 / □며느리 / □딸 / □사위 / □손자녀 / □친척
□타인 : □동거인 / □이웃 / □친구 / □익명 / □기타
□기관 : □경찰 / □119/ □SOS / □의료인 / □관공서 / □사회복지기관 /
□사회복지시설 / □관련 단체 / □기타</td></tr>
<tr><td>인지 경로</td><td colspan="3">□대중매체 □홍보물 □기관안내 □인터넷 □행사 □114 □이웃 □기타</td></tr>
<tr><td rowspan="3">피해자</td><td>성 명</td><td>□남 □여</td><td>연락처</td><td></td></tr>
<tr><td>나 이</td><td colspan="3">□59세 이하 □60~64세 이하 □65~69세 이하 □70~74세 이하
□75~79세 이하 □80~84세 이하 □85세~89세 이하 □90~94세 이하
□95~99세 이하 □100세 이상 □파악 안 됨</td></tr>
<tr><td>주 소</td><td colspan="3"></td></tr>
<tr><td rowspan="4">학대 행위자</td><td>성 명</td><td>□남 □여</td><td>연락처</td><td></td></tr>
<tr><td>나 이</td><td colspan="3">□10세 미만 □10~19세 이하 □20~29세 이하 □30~39세 이하
□40~49세 이하 □50세~59세 이하 □60~69세 이하 □70세 이상
□파악 안 됨</td></tr>
<tr><td>주 소</td><td colspan="3"></td></tr>
<tr><td>구 분 (해당자 모두)</td><td colspan="3">□본인 : □본인
□친족 : □배우자/ □아들 / □며느리 / □딸/ □사위 / □손자녀 / □친척
□타인 : □동거인 / □이웃 / □친구 / □낯선 사람
□기관 : □고용주 / □시설 종사자 / □기관 직원(병원, 경찰 포함) / □기타</td></tr>
<tr><td>학대 관련 신고 내용</td><td colspan="4"></td></tr>
<tr><td>접수 결과</td><td colspan="4">□학대의심사례(□응급 / □비응급 / □잠재적) □일반사례</td></tr>
<tr><td>조치 사항</td><td colspan="4">□현장조사
□2차 상담 연결(□전화 / □내방 / □온라인 / □기타)
□타 기관 협조요청/의뢰 ____________________
□긴급조치(□학대행위자고소고발, □응급병원이송, □입원치료)
□보호조치(□가정보호, □친인척보호, □일시보호, □지킴이연결)
□종결(□정보제공 후 종결, □현장조사거부, □피해자사망)
□보류(□전화 끊어짐, □신고자가 연락주기로 함)
□기타 ____________________</td></tr>
</table>

〈양식 2〉 노인학대 상담일지 (회)

분류번호	신고접수번호 - 상담횟수

<table>
<tr><td>신고
접수번호</td><td colspan="2"></td><td>피해노인명</td><td colspan="2"></td></tr>
<tr><td>상담자명</td><td colspan="2"></td><td>상담일시</td><td colspan="2">20 년 월 일 (요일)
□오전 ~ □오후 ~</td></tr>
<tr><td>피상담자명</td><td colspan="2">□피해자 □학대행위자 □기 타</td><td>연락처</td><td colspan="2"></td></tr>
<tr><td>피상담자
구분</td><td colspan="5">□노인본인
□친족 : □배우자/ □아들/ □며느리 / □딸/ □사위/ □손자녀/ □친척
□타인 : □동거인/ □이웃/ □친구/ □기타
□기관 : □사회복지기관 직원/ □사회복지전담요원/ □시설종사자/ □의료인 / □법률관계자
□경찰/ □119/ □고용주/ □ 관공서직원/ □기타 관련 기관</td></tr>
<tr><td>상담종류</td><td colspan="5">□전화 □내방 □방문(이동상담, 가정방문) □온라인 □서신 □기타</td></tr>
<tr><td rowspan="6">서비스
내용</td><td>□피해자 개별상담</td><td>□학대행위자 개별상담</td><td>□가족상담 및 치료</td><td colspan="2">□기타 관련자 상담</td></tr>
<tr><td>□학대행위자집단상담
○센터 ○ 타기관</td><td>□피해자집단상담
○센터 ○ 타기관</td><td>□가족지원 서비스</td><td colspan="2">□관련 정보제공</td></tr>
<tr><td>□국민기초수급권연결</td><td>□재가서비스 연결</td><td>□사회복지 서비스연결</td><td colspan="2">□방문간호연결</td></tr>
<tr><td>□재학대예방교육</td><td>□지킴이 연결</td><td>□법률상담 연결</td><td colspan="2">□기타자원 연결</td></tr>
<tr><td>□법적조치 지원</td><td>□응급치료 및 의료
(입원, 통원)처치</td><td>□법률소송 지원</td><td colspan="2">□일시쉼터 입소</td></tr>
<tr><td>□시설 입소</td><td>□심리 및 기타검사</td><td>□종결상담</td><td colspan="2">□기타</td></tr>
<tr><td>상담 내용</td><td colspan="5"></td></tr>
<tr><td>추가된
학대 관련
정보</td><td colspan="5"></td></tr>
<tr><td>추후계획</td><td colspan="5"></td></tr>
</table>

〈양식 3〉 노인학대 현장조사서

분류번호	신고접수번호

1차 현장조사	조사일시		조사자명	
	조사기관명		연락처	
	동행자명		연락처	
	동행자 구분	□상담원 □경찰 □119구조원 □자원봉사자 □의료인 □기관관계자 □기타		
2차 현장조사	조사일시		조사자명	
	조사기관명		연락처	
	동행자명		연락처	
	동행자 구분	□상담원 □경찰 □119구조원 □자원봉사자 □의료인 □기관관계자 □기타		
3차 현장조사	조사일시		조사자명	
	조사기관명		연락처	
	동행자명		연락처	
	동행자 구분	□상담원 □경찰 □119구조원 □자원봉사자 □의료인 □기관관계자 □기타		

■ 피해자사항

성명	□남 □여	주민번호	
주소		연락처	
현거주지		연락처	
나이	□59세 이하 □60~64세 이하 □65~69세 이하 □70~74세 이하 □75~79세 이하 □80~84세 이하 □85~89세 이하 □90~94세 이하 □95~99세 이하 □100세 이상 □파악 안 됨		
피해자/학대자 동거 여부	□동거 □비동거	배우자	□유 (□초혼, □재혼, □사실혼) □무 (□사별, □이혼, □별거, □가출, □기타)
동거인 (해당사항 모두 체크)	□혼자 □배우자 □아들 □며느리 □딸 □사위 □손자녀 □타인 □시설 □기타		
교육수준	□무학 □초졸 □중졸 □고졸 □대졸 이상 □기타		
생활상태	□수급자 □저소득 □일반 □고소득		
건강상태 (해당사항 모두 체크)	□주관적 건강상태(□매우 건강, □건강, □보통, □건강치 못 함, □매우 건강치 못함) □치매(□중증, □경증) □신체장애 - □지체장애 □뇌병변장애 □시각장애 □청각장애 □언어장애 □안면장애 □신장장애 □심장장애 □간장애 □호흡기장애 □장루·요류장애 □간질장애 □정신장애 - □정신지체 □정신장애(□정신분열 □정동장애 □우울장애) □질환 □성신생물(암) □중풍(뇌혈관 장애) □관절염 □요통 □좌골통(신경통) □디스크 □소화성궤양(위궤양) □간염(간 경변) □당뇨병 □고혈압 □협심증 □결핵 □만성기관지염 □천식 □백내장 □만성중이염 □만성신장질환 □골절후유증 □기타 ______________ □알코올중독 □약물의존 □도박 ______________		

일상생활 활동 수행 정도	1. 세수, 양치질 (□가능, □약간 힘듦, □매우 힘듦 □전혀 못 함) 2. 목욕, 샤워 (□가능, □약간 힘듦, □매우 힘듦 □전혀 못 함) 3. 옷 갈아입기 (□가능, □약간 힘듦, □매우 힘듦 □전혀 못 함) 4. 화장실 이용 (□가능, □약간 힘듦, □매우 힘듦 □전혀 못 함) 5. 식사하기 (□가능, □약간 힘듦, □매우 힘듦 □전혀 못 함) 6. 일어나 앉기 (□가능, □약간 힘듦, □매우 힘듦 □전혀 못 함) 7. 방 밖으로 나오기(□가능, □약간 힘듦, □매우 힘듦 □전혀 못 함) 8. 집안일 하기 (□가능, □약간 힘듦, □매우 힘듦 □전혀 못 함) 9. 식사 준비하기 (□가능, □약간 힘듦, □매우 힘듦 □전혀 못 함) 10. 집 밖으로 외출 (□가능, □약간 힘듦, □매우 힘듦 □전혀 못 함) 11. 약 챙겨 먹기 (□가능, □약간 힘듦, □매우 힘듦 □전혀 못 함) 12. 쇼핑, 장보기 (□가능, □약간 힘듦, □매우 힘듦 □전혀 못 함)
직업상태	□무직 □일반관리, 공무원직 □전문직 □준전문직 □사무직 □서비스, 판매직 □농어축산업 □기능직 □단순노무직 □자영업 □기타
기타 사항	

■ 학대행위자 사항

성명	□남 □여	주민번호	
주소		연락처	
연령	□10세 미만 □10~19세 이하 □20~29세 이하 □30~39세 이하 □40~49세 이하 □50~59세 이하 □60~69세 이하 □70세 이상 □파악 안 됨		
피해자와의 관계	□본인 : □본인 □친족 : □배우자/ □아들 / □며느리 / □딸/ □사위/ □손자녀/ □친척 □타인 : □동거인 / □이웃/ □친구/ □낯선 사람 □기관 : □고용주 / □시설종사자 / □기관 직원(병원, 경찰포함) / □기타		
교육수준	□무학 □초졸 □중졸 □고졸 □대학 이상		
결혼상태	□유 (□초혼, □재혼, □사실혼) □무 (□미혼, □이혼, □별거, □사별, □가출, □기타)		
생활상태	□수급자 □저소득 □일반 □고소득		
월평균 수입	□50만 원 미만 □50~99만 원 이하 □100~199만 원 이하 □200~299만 원 이하 □300만 원 이상		
건강상태 (해당사항 모두 체크)	□주관적 건강상태(□매우 건강, □건강, □보통, □건강치 못함, □매우 건강치 못함) □신체장애 - □지체장애, □뇌병변장애, □시각장애, □청각장애, □언어장애, □안면장애, □신장장애, □심장장애, □간장애, □호흡기장애, □장루 · 요류장애 □간질장애 □정신장애 - □정신지체 □정신장애(□정신분열, □정동장애 □우울장애) □발달장애(자폐증) □질환 □성신생물(암) □중풍(뇌혈관 장애) □관절염 □요통 □좌골 통(신경통) □디스크, □소화성궤양(위궤양) □간염(간 경변) □당뇨병 □고혈압 □협심증 □결핵 □만성기관지염 □천식 □백내장 □만성중이염 □만성신장질환 □골절후유증 □기타 □알코올중독 □약물의존 □도박_______________		
특이사항	□어린 시절 학대경험 (유, 무), □전과__________, □기타___________		
직업상태	□일반공무원 · 관리직 □전문직 □준전문직 □사무직 □서비스 · 판매직 □농 · 어 · 축산업 □기능직 □단순노무직 □자영업 □주부 □학생 □무직 □기타 □파악 안 됨		
기타 사항			

■ 학대유형 및 피해상황

학대 유형 및 정도 (해당사항 모두 체크)	□ 신체적 학대	□외상 없음 □부종 □멍듦 □할퀸 □꼬집힘 □물어 뜯김 □찢김 □경미한 출혈 □머리카락 뽑힘 □목 졸린 흔적 □묶은 흔적 □유해한 약물투여 흔적 □감금 □삠(접질림) □골절 □탈골 □인대손상 □고막파열 □화상 □복부출혈 □호흡곤란 □두개골 골절 □경뇌막 혈종 □신체 떨림(수전증) □뇌손상 □의식장해 □뇌사 □사망 □기타
	□ 언어·정서적 학대	□무관심 □소리 지름 □비하된 언어 □이유 없는 짜증과 화 □대꾸 안함 □무시 □모멸감 □고의적 따돌림 □언어적 협박 및 위협 □흉기로 위협 □과대한 요구 □생활기구 제한 □기물파손 □물건 던짐 □사회적 활동 제한 □사용공간 제한 □생활기구 사용 제한 □쫓아냄 □집 못 들어오게 함 □나가지 못하게 함 □기타
	□ 성적학대	□성적수치심 유발 행위 □성적 수치심 유발 환경 □성희롱 □성추행 □성폭행 □강제적 성행위 및 강간 □기타
	□ 재정적 학대	□인감도용 □연금 및 생계급여 등 수입에 대한 착취 □강제적인 명의변경 □부양전제 증여 후 부양 의무 불이행 □현금갈취 □동산갈취 □부동산갈취 □재산권사용제한 □유언장 허위 작성 □의사표현 능력이 없는 노인의 재산 갈취 □불완전한 의사표시상태에서 노인의 재산 갈취 □신용카드 명의도용 및 도용 □노인임금 채무 불이행 □기타
	□ 방임	□의료적 방임 (치료받아야 하는 상황) □보장기구(보청기, 당뇨체크기구 등) 제공거부 □필수생활비, 생계비 지원. 단절 □비위생 거주 환경 □개인위생 방치(와상, 치매 등 거동 불가능 노인) □난방 단절 □주거환경 안전사고 위험 □거동 불가능 노인에게 충분치 못한 식사 제공 □영양실조 □탈수상태 □연락두절 □왕래두절(1년 이상) □노인의 배회 □신변 위험 상태 방치 □죽게 내버려 둠 □가출 후 찾지 않음 □기타
	□ 자기방임	□의도적으로 신변청결 및 기본생활 회피 □의도적으로 식사 거부 □의도적으로 기본적인 care 거부로 건강문제 발생 □의료적 행위 거부로 생명에 위험 초래 □자해 □자살기도 □사망 □기타
	□ 유기	□노인 길, 시설, 낯선 장소에 버려짐 □반강금 형태의 시설에 입소됨 □사망 □기타
발생빈도	□거의 매일 □2-3일에 한 번 □일주일에 한 번 □2주일에 한 번 □1개월에 한 번 □6개월에 한 번 □1년에 한 번 □일회성 □기타	
학대기간	□10년 이상 □5년 이상 □2년 이상 □1년 이상 □6개월 이상 □1개월 이상 □1주 이상 □1주 미만 □일회성	
발생장소	□가정 내 □생활시설 □병원 □사회복지기관 □공공장소 □기타	
발생장소 주소	(도, 시) (시, 군, 구) (동, 읍, 면)	
학대 발생요인 (해당사항 모두 체크)	피해자 요인	□인성문제 □정신질환 □실직 □알코올 문제 □약물 문제 □경제적 의존성 □스트레스 □신체질환 및 장애 □사회적 고립 □부부갈등
	학대 행위자 요인	□신체적 의존성 □정신적 의존성 □인성문제 □정신질환 □알코올 중독 □약물 중독 □과거 행위에 대한 가족들의 분노 □경제적기여 상실 □스트레스 □폭력행위 □사회적 고립
	가족-환경 요인	□학대행위자-피해자 갈등 □가족 갈등 □자녀 간 갈등 □형제·친족 간 갈등 □재산관련 갈등 □원치 않는 피해자 부양 □부담과 스트레스 많은 피해자 부양 □학대행위자 및 가족의 경제적 어려움
	기타	□특성 없음 □파악 안 됨 □기타

■ 조치결과

<table>
<tr><td>학대판정</td><td colspan="2">□응급사례 □비응급사례 □잠재적 사례 □일반사례</td><td>판정일</td><td>년 월 일</td></tr>
<tr><td rowspan="5">피해자
조치결과
(해당사항
모두 체크)</td><td>초기조치</td><td colspan="3">□긴급조치(□응급병원이송, □입원치료, □통원치료)
□보호조치(□가정보호, □자녀/친인척보호, □일시보호, □장기보호)
□중재/관리조치(□피해자상담/학대예방교육, □가족상담/중재, □지킴이연결)
□타기관의뢰 ____________________
□만나지 못함 □피해자사망
□기타 ____________________</td></tr>
<tr><td rowspan="2">1차변동</td><td colspan="3">□보호조치(□가정보호, □자녀/친인척보호, □일시보호, □장기보호)
□중재/관리조치(□피해자상담/학대예방교육, □가족상담/중재, □지킴이연결)
□타기관의뢰 ____________________
□피해자사망
□기타 ____________________</td></tr>
<tr><td colspan="3">변동일 : 년 월 일</td></tr>
<tr><td rowspan="2">2차변동</td><td colspan="3">□보호조치(□가정보호, □자녀/친인척보호, □일시보호, □장기보호)
□중재/관리조치(□피해자상담/학대예방교육, □가족상담/중재, □지킴이연결)
□타기관의뢰 ____________________
□피해자사망
□기타____________________</td></tr>
<tr><td colspan="3">변동일 : 년 월 일</td></tr>
<tr><td rowspan="5">학대
행위자
조치결과
(해당사항
모두 체크)</td><td>초기조치</td><td colspan="3">□상담 □고소, 고발 □타기관의뢰 □입원치료 □통원치료 □만나지 못함
□기타____________________</td></tr>
<tr><td rowspan="2">1차변동</td><td colspan="3">□상담 □고소, 고발 □구속 □불구속 □타기관의뢰 □입원치료 □통원치료
□기타____________________</td></tr>
<tr><td colspan="3">변동일 : 년 월 일</td></tr>
<tr><td rowspan="2">2차변동</td><td colspan="3">□상담 □고소, 고발 □구속 □불구속 □타기관의뢰 □입원치료 □통원치료
□기타____________________</td></tr>
<tr><td colspan="3">변동일 : 년 월 일</td></tr>
</table>

■ 문제 관련 정보 및 자원

<table>
<tr><td>거주 환경</td><td colspan="4">□거주상태 (자택, 전세, 월세, 영구임대아파트, 무상, 시설, 파악 안 됨, 기타)
□집 규모 (큼, 적당함 적음, 비좁음)
□주택 환경 (매우 좋음, 좋음, 보통, 불량함, 매우 불량함)
□주변 환경 (매우 좋음, 좋음, 보통, 불량함, 매우 불량함)
□이웃과의 관계 (매우 좋음, 좋음, 보통, 갈등, 왕래 없음)</td></tr>
<tr><td>증거 자료</td><td>- 증 인
(이름/연락처)</td><td>□
□
□</td><td>- 증거물
(자료 첨부 요망)</td><td>□사진:
□서류:
□기타:</td></tr>
<tr><td>Life History</td><td colspan="4"></td></tr>
<tr><td>Genogram 및
Eco-Map</td><td colspan="4"></td></tr>
<tr><td>개인 자원(강점)</td><td colspan="4"></td></tr>
<tr><td>가족 자원(강점)</td><td colspan="4"></td></tr>
<tr><td>사회적 자원
□친지/친구/이웃
□교회/ 단체
□공적서비스
(복지관, 관공서)
□기타</td><td colspan="4"></td></tr>
</table>

■ 서비스 계획

<table>
<tr><td rowspan="2">Client Need
(구체적으로)</td><td>피해노인</td><td>학대행위자</td><td>기타 주변인</td></tr>
<tr><td></td><td></td><td></td></tr>
</table>

<table>
<tr><td rowspan="6">필요 서비스
내용
(해당사항
모두 체크)</td><td>□피해자 상담</td><td>□학대행위자 상담</td><td>□가족상담 및 치료</td><td>□기타 관련자 상담</td></tr>
<tr><td>□학대행위자집단상담
○센터 ○ 타기관</td><td>□피해자집단상담
○센터 ○ 타기관</td><td>□가족지원 서비스</td><td>□관련 정보제공</td></tr>
<tr><td>□국민기초수급권연결</td><td>□재가서비스 연결</td><td>□사회복지 서비스연결</td><td>□방문간호연결</td></tr>
<tr><td>□재학대예방교육</td><td>□지킴이 연결</td><td>□법률상담 연결</td><td>□기타자원 연결</td></tr>
<tr><td>□법적조치 지원</td><td>□응급치료 및 의료
(입원, 통원) 처치</td><td>□일시쉼터 입소</td><td>□시설 입소</td></tr>
<tr><td>□심리 및 기타검사</td><td>□종결상담</td><td>□사후관리</td><td>□기타</td></tr>
<tr><td>조사자 소견</td><td colspan="4"></td></tr>
</table>

〈양식 4〉 노인학대 위험 체크표

접수번호		피해자명	
피해자 성별	□남 □여	피해자 나이	□69세 이하 □79세 이하 □80세 이상
조사자명		기관명	
조 사 일	년 월 일 시		

요인	지표	심각 (2)	보통 (1)	없음 (0)	파악 불가
노인 관련	1. 신체적 학대 및 손상의 흔적				
	2. 의료보호 조치 필요				
	3. 노인 스스로 의식주 해결 불능				
	4. 학대자와 함께 있는 것에 불안정, 공포감 등으로 신변보호 요청)				
	5. 비위생적 환경에서 오랫동안 방치된 흔적				
	6. 소방서, 경찰서에서 보호 요청				
	7. 집이 아닌 곳으로 피신한 상태				
학대 행위자 관련	8. 정신건강 (정신질환, 알코올, 약물)문제				
	9. 조사에 대한 거부, 협박 및 위협				
	10. 가족폭력, 아동학대 경험				
	11. 실업, 이혼, 자녀양육 등 급격한 스트레스				
	12. 경제적 불안정 또는 열악한 상태				
	13. 학대행위자와 피해자간의 상반된 의견				
가족 관련	14. 학대행위자 외 부양자 전혀 없음				
	15. 다른 자녀의 부양 이행 거부, 회피				
	16. 가족원간의 갈등 및 폭력				
	17. 가족의 사회적 고립				
생활 환경	18. 경제적 자원 동원 불가능				
	19. 사회적, 정서적 자원 동원 불가능				
	20. 노인학대 지킴 역할 어려움				
총 점		점			
사정 결과	□일반사례 □학대사례 (가정보호, 격리보호)				
상담원 의견					

〈양식 5〉 사례 종결평가서

사례번호		피해자명	
피해자 성별	□남 □여	피해자 나이	□69세 이하 □79세 이하 □80세 이상
주 소		연락처	
상담기간	년 월 일 ~ 년 월 일		

종결사유	
상담자 의견	

위 사례를 종결합니다.

년 월 일

함께 생각해 봅시다

01 학대 피해노인의 일정 기간 보호와 심신 치유, 학대행위자와 그 가족에 대한 전문 상담 서비스 방안에 대해 생각해 봅시다.

02 긴급 격리 보호가 필요한 노인이 증가하지만, 학대 피해노인 일시 보호를 위해 운영 중인 기존 양로, 요양 시설은 학대 피해노인의 보호나 전문적인 상담, 심리 치료 등에 한계가 있다. 그 이유는 무엇인지 함께 생각해 봅시다.

03 노인학대의 문제점과 해결방안에 대하여 생각해 봅시다.

06
CHAPTER

여성학대와 폭력

1 여성학대와 폭력의 개요

여성에게 가해지는 학대는 가정폭력(family violence), 부부폭력(conjugal violence), 신체적 학대(physical abuse), 성학대(sexual abuse), 강간(rape), 치료자로부터의 성적 침해(therapist sexual exploitation of client), 성희롱(sexual harassment) 등이 있다. 이러한 학대로 인해 여러 가지 신체적 질환이나 증상뿐만 아니라 강렬한 공포, 고립감, 말이 없음, 무력감, 절망감, 환각, 건망증, 정체성 장애와 같은 심각한 증상이 나타나기도 한다.

학대를 당한 여성은 가해남성과의 관계를 스스로 단절하는 데 큰 어려움을 겪는다. 그 이유는 가해남성과의 관계가 긴장 형성, 심각한 폭력 행사, 애정 섞인 뉘우침의 3단계를 거쳐 형성되고, 이 과정에서 여성은 우울증, 자존감 결여, 학습된 무기력 등의 심리적 변화를 겪게 되어 피해자와 가해자의 관계를 스스로 벗어나려는 것에 대한 무력감을 느끼기 때문이다(김춘경 외, 2016).

1) 학대

(1) 배우자 학대의 개념

우리가 알고 있는 학대라는 개념은 일반적으로 폭력과 구타를 포함하는 포괄적인 개념으로, 다른 사람에게 상해를 입힐 수 있는 신체를 공격하는 행동부터 언어를 통한 학대행동에 이르기까지 광범위하게 사용되며, 특히 배우자 학대는 배우자에 의해 행해진 학대를 뜻한다.

배우자 학대는 현재 배우자 또는 동거 상태인 배우자, 전 배우자에 의해 이루어지는 신체학대, 언어학대, 정서학대 및 성학대이다. 그 가운데 신체학대는 오래전부터 상대를 쉽게 통제하는 방법으로 가장 많이 행동하는 학대방법이다.

심리적 학대는 행위의 범위가 비교적 넓고 좀 더 미묘한 형태로 일어나기 때문에 때로는 심리적 학대를 받으면서도 그것이 학대라는 것을 인식하지 못하는 경우도 있다. 심리적 학대의 목적은 협박을 하거나 상대방을 비하·비난하고 경멸하며 경제력을 가지고 생활비를 주지 않거나 가장 최소의 생활비를 건네는 행동 등으로 상대방을 학대하는 것이다.

이처럼 신체적 학대와 심리적 학대가 서로 다른 형태의 학대처럼 보일 수 있지만 상대방의 생각과 행동에 영향을 미치고 강자가 약자에게 권력을 휘두른다는 측면에서 같은 동기를 가지고 있다고 볼 수 있다(Johnson, 1995).

남성의 입장에서 최근 들어 아내에게 신체 폭력이나 언어 폭력을 당하는 남편의 사례가 종종 보고되는데, 아내뿐만 아니라 남편 또한 피해자가 될 수 있음을 시사한다. 부부관계를 비롯한 대인관계는 대부분 상호적이라는 점에서 남편에 의한 아내 학대뿐만 아니라 아내에 의한 남편 학대에도 관심을 기울일 필요가 있다.

(2) 아내학대의 개념

남편에 의한 아내학대는 가정폭력의 한 유형으로 가정에서 가족원이 보는 앞에서 의도적이고 반복적으로 물리적인 힘으로 아내에게 폭력을 사용하거나 정신적으로 고통을 주는 행위이다.

즉, 아내학대는 폭력을 통해 신체뿐 아니라 언어적, 정신적, 성적인 폭력 등이 포함되며 남편에 의한 의도적이고 반복적인 신체 및 비신체 손상행위로 정의한다. 이와 관련하여 우리나라의 「가정폭력특례법」에는 가정폭력을 가족 구성원 사이의 신체적 및 정신적 또는 재산상의 피해를 수반하는 행위로 규정하고 있다.

2) 여성폭력

(1) 여성폭력의 개념

1985년 나이로비 세계여성회의에서 채택된 '2000년을 향한 여성발전 전략'이 여성폭력 문제를 젊은 여성과 학대받는 여성의 특별한 문제로 취급한 이래 1993년 6월 빈 세계인권대회에서 채택된 선언 및 행동계획은 여성에 대한 폭력이 여성인권의 중대한 침해이며 여성차별의 원인이자 결과라는 문제인식을 본격적으로 쟁점화하였다(김엘림 외, 1999).

1993년 12월 12일 UN총회에서 채택된 여성폭력철폐선언(Declaration on Violence against Women)에 따르면, 여성폭력이란 "공적 혹은 사적 생활에서 발생하는 여성에게 신체적, 성적 혹은 심리적 해악이나 고통을 주거나 줄 수 있는 성별에 기초한(gender-based) 폭력행위 그리고 그러한 행위를 하겠다는 협박, 강압 또는 자유의 박탈"을 가리킨다.

여성폭력에 관한 국제 기준은 가정폭력, 성폭력, 성매매에 한정되지 않고 훨씬 더 넓고 다양한 폭력을 예정하고 있으나 우리나라의 법은 여성폭력의 예방과 피해자 보호를 위해 가정폭력, 성폭력, 성매매에 한정하여 여성폭력 방지법을 마련하고 있는 상황이다.

최근에는 매 맞는 여성의 입장을 존중하며, 아내학대를 근절하기 위한 피해자들의 실천 활동과 개입을 강조하고 있다. 그 이유는 과거 학대받은 경험을 통해 여성이 누구보다도 학대 현상과 그 피해에 대해 잘 알고 있으며, 다른 피해여성을 도울 수 있는 전문가라고 인식되었기 때문이다.

특히 아내학대 예방을 위한 실천 현장에서는 피해여성의 재폭력에 대한 두려움이나 폭력의 피해나 후유증으로 인한 고통, 이혼을 통한 자립 방안 등 현실적으로 여성이 직면하는 이슈와 피해여성을 둘러싼 사회복지서비스 체계와 사법체계가 복잡하게 상호 연결되어 있다(김주현, 2008; 강희숙, 2009).

가정폭력 분야의 종사자들은 피해여성이 처한 상황에 대한 이해뿐 아니라 안전과 자기결정권과 같은 윤리적 이슈에 대해 관심을 가지고(정혜숙, 2007), 아내학대 피해의 전체적인 맥락을 이해하고 그에 적합한 원조를 제공해 줄 수 있는 복합적인 능력(김은영 · 윤민우 · 박선영, 2013)과 여성을 둘러싼 복합적인 이슈에 대한 성찰 및 통합적인 위기 관리 능력이 요구된다(강호선, 2014).

(2) 부부폭력의 개념

「가정폭력범죄의 처벌 등에 관한 특례법」에 따르면 "가정폭력은 가정 구성원 사이의 신체, 정신 또는 재산상 피해를 수반하는 행위"를 말한다. 한국 사회에서 가정폭력이란 넓은 의미로는 '가족 간 폭력'으로, 다른 한편으로는 '부부 간 폭력' 혹은 '남편에 의한 아내폭력'의 의미로 통용되었다(김은영 외, 2013). 특히 학계에서도 논의되는 바와 같이 부부간 폭력에 대한 용어는 아내학대(wife abuse), 아내구타(wife batering), 배우자 학대(spouse abuse) 등으로 상당히 다양하게 존재하며, 개념 정의 역시 불일치한다는 문제를 가지고 있다.

부부폭력은 그 반복성과 심각성으로 인하여 다양한 영역에서 전문적인 개입이 요구되며 특히 폭력근절을 위해 초기단계의 대응이 중요하다. 그러나 다수의 폭력 피해여성은 공식적 기관에 도움을 요청하기까지 상당히 오랜 기간 폭력을 감내하는 것으로 알려져 있다. 그 바탕에는 남편에 대한 두려움, 경찰이나 상담기관에 대한 과거의 경험이나 불신, 도움 요청에 대한 정보 부족 등 다양한 이유가 존재할 수 있다. 그러한 선입견 때문에 전문가들은 이제 부부폭력 피해자들이 적극적으로 부부폭력에 대응할 수 있도록 대응태도에 영향을 미치는 요인이 무엇인지를 분석함으로써 궁극적으로는 피해자를 돕는 효율적인 지원대책을 마련할 필요가 있다.

지원 대책 마련이 시급한 이유는 다음과 같다.

첫째, 부부폭력은 당사자의 개인적 특성뿐만 아니라 부부간 상호작용의 결과이며 나아가 가정을 둘러싼 사회문화적 환경과도 밀접하게 연결되기 때문이다.

둘째, 우리 사회에서 가정폭력에 대해서 너무 관용적인 태도와 미흡한 법적 구속력도 피해자의 적극적 대응 가능성을 강하게 방해하는 요인이 되었기 때문이다. 피해자는 물리적·신체적 폭력이 발생하더라도 뚜렷한 혹은 심각한 외상이 발생하지 않는다면 적극적으로 대응할 가능성이 작고 이로 인해 폭력을 가하는 남편은 반복적으로 폭력을 행사하고 여성은 계속된 폭행 위험에 노출될 가능성이 크다. 결국 피해자는 오랜 기간 폭력을 감내하다 심각한 피해를 경험하고 나서야 보다 적극적인 대응에 나서게 되는 것이다.

셋째, 학대가해자는 특권의식이 높고 성역할 정체성에 대하여 유연성이 낮아 부부학대와 자녀학대의 가해자로 행동한다. 그러므로 가정폭력 현상을 금지하고 단절시킬 수 있는 가족 외부의 통제와 지원이 절대적으로 필요하다.

넷째, 폭력이 발생할 때, 외부 도움을 받아 개인의 독립성과 자유권을 증가시킬 수 있는 지원과 통제(양성평등 이데올로기, 가해자 처벌 등)를 제공하지 못한다면 폭력을 행사하는 남성의 부정적 행동은 더욱 유지·강화되어 여성은 개인의 존엄과 자율성을 보장받지 못하게 되는 경험을 하게 될 것이다. 이에 대한 결과로 피해여성에게는 심리사회적 욕구의 좌절을 가져와 심각한 우울, 무기력, 자포자기 등의 정서적 반응을 일으킬 수도 있다.

(3) 한국의 여성폭력법

우리나라 여성폭력 관련 법 제정은 국제기준에 영향을 받기도 했지만, 1차적으로는 1990년대 시민사회의 반성폭력운동에 근거를 두고 있다.

1987년 이후 여성운동의 결과로 도입된 성폭력이라는 개념에 대해 여성에 대한 폭력 또는 성적인 폭력으로 해석해야 한다는 논의가 대두되었으나, 성폭력이 1994년 「성폭력범죄의 처벌 및 피해자 보호 등에 관한 법률(성폭력특별법)」에 공식 법률 용어로 채택됨으로써 협의의 성폭력이 입법화되었다.

이후 가정폭력의 근절과 예방을 위해 국가가 본격적으로 개입한 시기는 1997년 「가정폭력범죄의 처벌 등에 관한 특례법(가정폭력처벌법)」과 「가정폭력 방지 및 피해자 보호 등에 관한 법률(가정폭력방지법)」을 제정하면서부터이다. 폭력 피해여성들을 위한 상담소나 피해자 보호시설의 설치와 지원이 확대된 것은 바로 이 법률에 근거해서이고 이때부터 피해여성에 대한 보호가 현실화되었다.

1997년 「가정폭력처벌법」과 「가정폭력방지법」, 2004년 「성매매알선 등 행위의 처벌에 관한 법률(성매매처벌법)」과 「성매매방지 및 피해자보호 등에 관한 법률(성매매방지법)」이 제정되어 성폭력, 가정폭력, 성매매라는 행위 중심으로 입법화되었다.

이렇게 된 배경은 여성폭력 반대운동이 태동하던 시기의 사회적 맥락과 관련이 있다. 여성운동의 뿌리가 깊지 않은 상황에서 아내구타 및 성폭력 문제가 이슈화되었는데 당시 활동가들은 가정폭력이나 성폭력이 성별 불평등에서 기인하는 여성에 대한 폭력이라는 점을 이해하고 있었으나 법률명에 이것을 포함하기에는 사회적 권한이나 지지가 부족했다. 당시 여성운동계에서는 '여성폭력'이라는 용어 대신에 '가정폭력'이나 '성폭력'과 같은 성 중립적인 용어를 사용할 수밖에 없었다(윤덕경, 2015).

여성폭력이라는 통합적 법제를 수립하지 못한 채 가정폭력, 성폭력, 성매매에 대한 개별적인 법이 제정된 것은 여성폭력의 개별화된 주제에 대한 대중의 인식 및 지지에 영향을 받은 결과이다. 1994년 「성폭력특별법」 제정 당시 성폭력 문제와 아내 구타로 대표되는 가정폭력 문제가 함께 존재하였으나, 성폭력 문제는 주요 이슈로 대두된 반면에 가정폭력 문제는 다소 감내할 수 있다는 사회적 분위기가 작용하여 성폭력에 관한 입법이 먼저 이루어지는 계기가 되었다(윤덕경, 2015).

2 여성폭력의 실태

가족의 구성원에 의해 다른 가족 구성원이 피해를 입는 가정폭력은 인간에 대한 기본적인 신뢰와 인간성을 파괴하고 피해자에게 신체적, 정신적 고통을 안겨 주는 심각한 폭력행위이다. 특히, 오랜 기간 남편으로부터의 학대를 받아 왔던 여성은 심각한 신체적, 심리적 상해로 인해 다양한 정신건강 문제를 경험한다.

서구의 경우 가정폭력이 하나의 사회문제로서 인식되기 시작한 것은 1960년대 들어서면서부터이다. 미국의 경우에는 1960년대와 70년대에 여성단체를 중심으로 매 맞는 여성을 위한 핫라인과 쉼터 등이 생겨났으며 피해여성을 지원하면서 가정폭력이 일부 소수 가정만의 문제가 아님을 확인하기 시작하였다.

우리나라의 경우 1980년대에 가정법원이나 가정법률상담소, 여성의 전화 등에 구타당하는 아내의 실상이 드러나면서부터 가정폭력 문제가 사회적으로 가시화되기 시작하였다(홍창희, 1997).

1) 가정 내 여성폭력

김은경(2001)은 쉼터여성 사례 조사에서 중복발생률을 50~60%로 추정하고 있고, 한국여성의 전화(1995)의 상담사례 분석에서는 중복 현상을 65.9%로 집계하였다. 또한, 신혜섭(2000)의 전국 쉼터거주여성의 자녀 58명에 대한 조사 결과 약 90%에 이르는 아동이 학대 경험이 있다고 응답하였다.

우리나라에서 1990년대 이후 실시된 가정폭력 실태조사 결과를 살펴보면 폭력발생률은 28~36%이었으며(박영란, 2006), 여성긴급전화 1366의 2005년 가정폭력 상담은 47,021건에 달한다. 여성가족부(2005) 조사에 따르면, 전국 기혼가구 6가구

중 1가구에서 가정폭력이 발생하고 있으며 경찰청의 2003년부터 2007년 6월까지의 가정폭력신고 현황을 보면, 가정폭력 신고건수는 총 59,000여 건이며, 피해자는 65,059명에 달하는 것으로 분석된다. 신고된 가정폭력 사건 중 아내학대는 48,984건으로 전체의 83%를 차지하는 것으로 나타났다(법무부, 2007).

그러나 여성가족부(2007)에서 실시한 전국가정폭력 실태조사보고서에 따르면 부부폭력과 아동학대 발생률(1년 내)을 각각 40.3%와 66.9%로 보고하고 있지만, 중복 발생률에 대한 조사는 별도로 수행하지 않았기 때문에 정확한 수치를 알 수 없다.

표면적으로 본다면 부부폭력 피해자는 경찰에 신고함으로써 가해자를 법적으로 처벌하거나 가해자로부터 자신을 보호하기 위해 여러 가지 보호장치를 활용할 수 있게 되어 있지만 부부폭력 피해자의 신고율은 여전히 미미한 수준이다.

이후 가정폭력을 방치했을 때 예상되는 가족 구성원의 사망 등 그로 인한 심각한 위험을 고려하여 최근에는 가정폭력을 살인 예방의 차원에서 더욱 적극적으로 조치하기 위한 다양한 입법조치와 정책을 강구하고 있다(김은경, 2006).

그러나 2010년과 2013년 여성가족부 조사 결과에 따르면, 부부폭력의 신고율은 각각 8.3%와 1.8%에 그쳐 10년 전과 별다른 차이가 없었다. 특히, 2013년 조사에서 주위에 도움을 요청하였다는 1.8%의 응답자도 경찰(1.3%)이나 상담소(0.5%)보다 가족이나 친척 및 친구(6.5%)와 같은 비공식적 대상을 선호하였다. 즉, 부부폭력 피해자들은 도움 요청의 대상으로 공식 기관보다 비공식적 대상에 의지하고 있었다.

2013년 여성가족부의 전국가정폭력 실태조사에 따르면, 65세 미만 부부의 1년간 폭력발생률은 45.5%로 나타났다. 이는 기혼부부 두 쌍 중 적어도 한 쌍은 신체적, 정서적, 경제적, 성적 학대나 방임 중 어느 하나를 경험하였다는 의미로 한국 사회 내 부부폭력의 만연함을 보여 준다. 더욱이 부부폭력의 평균 지속기간은 1년 2개월이며 피해자의 절반(48.2%)은 10년 이상 부부폭력을 경험한 것으로 조사되었다(김은진, 2012).

2) 아내학대

배우자에 의해 행해지는 학대는 반복적이고 지속적일 뿐 아니라 배우자 학대를 목격한 자녀의 부적응 행동을 유발할 수 있다는 점에서 심각성이 크다.

배우자에 의한 학대는 국가와 인종을 넘어서는 중요한 사회적 문제이다. 미국에서 평생 배우자에 의한 학대를 경험하는 유병률은 20%에서 50%(Kamimura, Nancy, & Jenifer, 2014)로 보고되었으며, 국내에서 배우자에 의한 폭력의 발생률은 45.5%로 보고되었다(여성가족부, 2014). 특히 국제 비교를 통해서 한국의 폭력 현황을 살펴보면, 우리나라 폭력허용도는 35개 국가 중에서 23위(평균1.19/한국 1.69)를 차지하여 다른 국가들에 비교적 폭력허용도가 높아 우리 사회의 배우자 학대 위험성에 대한 인식이 부족함을 알 수 있다.

미국의 배우자 및 성폭력 조사(NISV: National Intimate Partner and Sexual Violence Survey)에 따르면, 일생 동안 여성이 배우자에게 강간, 신체적 폭력 등을 경험하는 비율은 35.6%였으며, 남성이 배우자에게 학대를 당하는 비율은 28.5%에 이르는 것으로 나타났다(Sug, 2015).

우리나라의 경우 지난 2013년을 기준으로 여성이 배우자에게 경하거나 중한 신체적 폭력을 당한 경우는 4.9%, 정서적 폭력은 28.6%, 방임은 17.8%, 통제는 36.5%였고, 남성이 배우자에게 경하거나 중한 신체적 폭력을 당한 경우는 2.8%, 정서적 폭력은 26.7%, 방임은 18.0%, 통제는 37.6%에 이르는 것으로 나타났다(여성가족부, 2014).

3) 아내학대와 우울

남편으로 하여금 학대를 받은 여성 피해자들은 자존감 저하, 대인관계로부터 고립, 전반적인 삶의 질과 주관적 만족도 저하, 인생에 대한 실패감 등을 경험하고, 때로는 심리적 학대가 신체적 학대로 이어지기도 해서 남편과 아내는 심리적 공격과 신체적 폭력을 주고받는 경우도 있다(이종선 · 권정혜, 202).

또한, 학대로 인해 생기는 우울은 일반적으로 슬픔과 낙심, 실망 및 기분 저하 등 일상생활에서 겪게 되는 정상적인 기분의 저하 상태에서부터 식욕 감퇴, 성욕 감퇴, 체중 저하, 불면증과 같은 신체 증상과 더불어 무력감에 빠져 허무망상과 자살 의도를 보이는 정신 변화의 부정적인 면까지 포괄하여 광범위하게 경험된다(박해웅, 2007).

남편에 의한 아내학대의 경우 피해자에게서 흔히 보이는 정신적 반응이 우울이며, 우울 외에도 불안, 자살 사고, 무기력, 외상 후 스트레스 장애, 음주문제 등의 정신적 피해가 나타나고 있다(김재엽, 2007).

3 아내학대 피해자를 위한 정책 방향

아내학대는 가족 구성원에게 미치는 부정적 영향이 매우 크다. 더불어 부부간 폭력을 목격하는 아동의 스트레스 경험이 아동의 심리사회적 발달상의 큰 장애를 초래한다는 연구는 학계를 통해 꾸준히 발표되고 있다. 서구 사회는 이미 부부폭력의 목격 역시 아동학대의 범주에 포함시키는 법안을 만드는 추세이다.

한국은 아내학대 피해여성이 가해자와의 관계를 정리할 때 자녀 양육과 돌봄을 지켜내야 하는 어머니로서의 모성적 위기를 경험하면서 피해자 자신의 절대적인 보호나 지원보다는 자식을 보호해야 하는 '어머니 역할'에 발목을 잡히곤 하는 부정적인 좌절감을 경험한다.

따라서 우리 사회도 폭력을 경험한 피해여성을 위한 장기적인 정책 과제를 마련할 필요가 있다.

첫째, 여성폭력 피해의 중복 발생을 예방하는 정책적·실천적 모델 개발이 필요하다. 가정폭력에 대한 형사 정책과 개입 프로그램을 강화하고, 모든 공적·전문적 체계를 통해 가정폭력 예방을 지원하는 전담구조 설치를 모색해야 한다. 또한, 전문 인력의 충원과 교육 프로그램 이수(가정폭력 대응의 민감성 훈련과 관련 전문지식의 재교육)의 의무화에 대한 정책적 지원을 제공해야 한다.

둘째, 지역사회의 유관 전문기관들과 협력하여 공조 네트워크를 개발하고, 가해자 개입을 위한 체계적 개입모델을 공동으로 개발하는 것이 필요하다. 특히 우리나라는 아내학대와 아동학대의 중복적 위기 상황에 직면하는 여성을 이해하고 그 여성의 문제를 둘러싼 사회·문화적 환경과 사회적 대응을 여성 옹호적 관점으로 검토하여야 한다. 이는 아동의 안전을 위한 최선책으로 여성의 안전을 지켜내는 것이며, 여성의 안전과 역량 강화는 아동의 안전을 지키기 위해 꼭 필요한 것이기 때문이다.

함께 생각해 봅시다

01 여성노인이 경험한 폭력은 한 사회 및 가정 내에 위치한 구조적 존재로서 주변 환경과 상호작용하며 경험되었다는 점에서는 많은 정보를 제공하고 있다. 하지만 학대의 경험을 어떻게 수용하고, 대처 전략을 발전시켜 가는지 당사자의 주관적 인식에 초점을 두지 못하고 있다.

노인 자신이 처한 상황에서 최선을 능동적으로 선택하여 실천하며 자신의 삶을 스스로 돌보고 지켜 가도록 돕는 방안을 생각해 봅시다.

02 아내학대로 인한 이혼율, 아동방임 및 학대로 인한 가족 붕괴, 유기되고 위탁보호되는 아동의 수가 절대적으로 증가하고 있다. 이에 아동 돌봄에 절대적 기여를 담당하고 우리 여성의 역량 강화에 대한 실제적 동의와 아울러 아동과 여성 두 현장 간의 구체적 연계체계 구축 방안을 논의해 봅시다.

03 아내들이 남편으로부터 경험하는 학대문제에 어떻게 개입할 수 있는지에 대해 현실적인 방안과 개입 방안을 논의해 봅시다.

07
CHAPTER

장애인학대

1 장애인학대의 개요

1) 장애인학대의 개요

2017년 「장애인복지법」을 개정하면서 장애인학대에 대응할 수 있는 법적 기관인 장애인권익옹호기관이 전국 17개 시·도에 설치되었다. 보건복지부는 「장애인복지법」 개정을 통해 장애인학대를 법안에 일부 넣으면서 장애인권익옹호기관이라는 권리옹호를 위한 기관을 설치하였고, 아직은 미비한 법체계 속에서 설치·운영되고 있다.

현재는 영역별 장애인 권리옹호체계는 많은 각 장애 유형별 상담센터가 장애인의 권리옹호를 위해 활동해 오고 있다. 그럼에도 아직도 많은 장애인 당사자가 어려움을 만났을 때 어디로 가야 할지 모르고, 실제로 제대로 지원을 받을 수 없었다고 이야기한다.

장애인 인권에 대한 많은 고민 중 특히 학대를 당한 피해장애인을 위해 우리는 무엇을 하고 어떠한 점을 바꾸어야 할까?

우선, 장애인학대 사건에 대해 파악하고 접하는 과정이 상당히 어렵다. 그러면 이렇게 숨겨진 상황을 어떻게 확인할 것인가? 지역의 가장 작은 단위의 행정자치분과와 경찰서가 그 역할을 해야만 한다.

그리고 작은 단위의 행정기관과 경찰관서에서 장애인학대 사건을 파악하면, 이후의 지역사회 안에서 이와 관련한 필요한 지원을 확인하고 각 기관의 역할이 유기적으로 진행되도록 해야 할 것이다.

둘째, 작은 단위의 행정기관과 경찰관서에서 사건이 파악되면 이후의 지역사회 안에서 장애인의 학대 사건과 관련한 필요한 지원을 확인하고 각각의 기관이 유기적으로 진행될 수 있도록 해야 할 것이다.

특히 우리 사회에서 신체적·정신적 장애 등으로 인해 자유롭게 행동하지 못하거나 본인의 의사를 제대로 표현하지 못하는 장애인을 대상으로 한 학대가 끊임없이 발생하고 있다.

장애인학대는 다양한 장소에서 발생하고 피해자 다수가 직접 신고하기 어려운 상황으로 장기간의 학대 노출에도 발견이 어렵다. 이에 우리 사회에서 장애인의 인권과 학대피해 장애인을 보호하기 위해 마련된 장애인권익옹호기관을 지역별로 확대해야 한다는 주장이 제기되고 있다.

장애인의 피해조사와 예방을 위해서는 지속적인 예방교육과 현장조사가 필요하고 학대 신고접수 시 업무 매뉴얼에 따라 72시간 이내(2인 1조) 현장조사 및 응급조치가 이뤄져야 하지만, 17개 시·도별 상담원 평균 배치인원은 단 2~3명이다. 이 인원으로는 접수되는 모든 신고에 적극적인 대처가 불가능하다. 사회적 약자에 대한 학대, 노동 착취 등 인권침해는 사회적 관심과 정책적 배려가 가장 중요하다. 그러므로 장애인학대 예방과 장애인 권익옹호를 위해 힘을 모아야 한다.

2) 장애인학대의 개념

(1) 장애인학대의 개념

「장애인복지법」 제2조 제3항은 "장애인학대란 장애인에 대하여 신체적·정서적·언어적·성적 폭력이나 가혹행위, 경제적 착취, 유기 또는 방임을 하는 것을 말한다."라고 규정하고 있다. 이 밖에 「노인복지법」 제1조의2 제4호, 「아동복지법」 제3조 제7호에서도 유사하게 행태적 분류를 개념으로 사용한다(이동석 외, 2014).

학자마다 다양한 방식으로 학대의 개념 및 유형을 정의하나, 대부분의 법령과 문헌에서는 행태를 기준으로 하고 있다.

(2) 형사법규와 복지법규상의 학대 개념

학대의 사전적 의미는 '몹시 괴롭히거나 가혹하게 대우함 또는 그런 대우'이며, 또 다른 정의(생명과학대사전)에서는 '강자의 약자에 대한 가혹한 대우, 지배, 힘의 행사, 의도적·비의도적과는 관계없이 대상과 특별한 관계에 있는 자 등이 대상에 불필요한 고통을 주는 것'으로 정의하고 있다(장애우권익문제연구소, 2016).

국내법에서 '학대'는 형법 등 각종 형사법규와 각종 복지법규에서 등장하나, 두 법규에서 사용되는 의미와 범위가 동일하지 않다. 그 이유는 두 법규가 '학대'의 개념을 서로 다른 목적으로 사용하기 때문이다. 형사법규에 사용되는 '학대'란 용어는 주로 학대를 한 자를 형사처벌하기 위함에 비해, 각종 복지법규에 사용되는 '학대'란 용어는 주로 학대를 한 자로부터 학대를 당한 자를 분리시키고, 응급조치 내지 보호조치 등 각종 필요한 조치들을 취하고자 할 때 등장하고 있다.

2 학대피해 장애인 현황

1) 주요 특징

2018년 장애인학대 현황 보고 결과의 주요 특징은 다음과 같다.

첫째, 장애인학대 신고건수는 3,658건이며, 이 중 학대 의심사례는 1,835건(50.2%)으로 나타났다. 장애인학대 의심사례 사례판정 결과 장애인학대 사례는 89건(48.4%), 비학대 사례는 796건(43.4%), 잠재위험 사례는 150건(8.2%)이었다.[1)]

1) • 장애인학대 사례 : 학대조사 결과 장애인에 대한 학대가 있었음이 인정된 사례
• 비학대 사례 : 학대조사 결과 장애인학대가 있었음을 인정할 수 없는 사례
• 잠재위험사례 : 학대가 의심되나 피해가 불분명하거나 증거 부족으로 학대 판정할 수 없는 사례, 향후 학대 발생 가능성이 있어 예방을 위해 사후 모니터링 실시 사례

둘째, 학대피해 장애인 중 지적장애인 비율이 6%로 전체 장애 유형 중 가장 높은 비율로 나타났다. 아울러 정서적 학대의 비중이 높은 노인·아동 학대에 비해 신체적 학대와 경제적 착취의 비중이 높은 것으로 나타났다.

〈표 7-1〉 학대피해장애인 장애 유형별 비중

(단위: %)

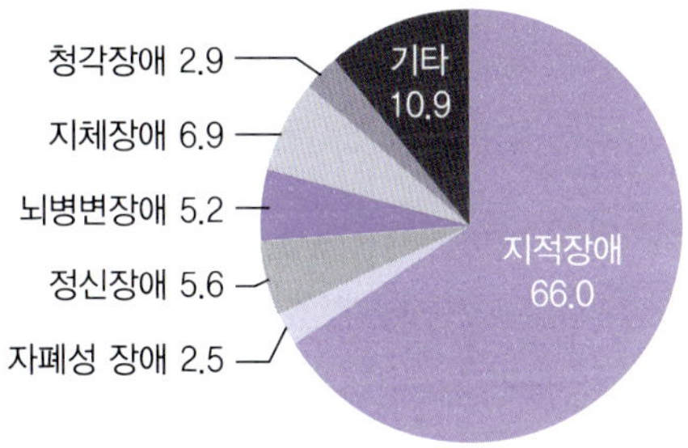

〈표 7-2〉 장애인학대 유형별 비중

(단위: %)

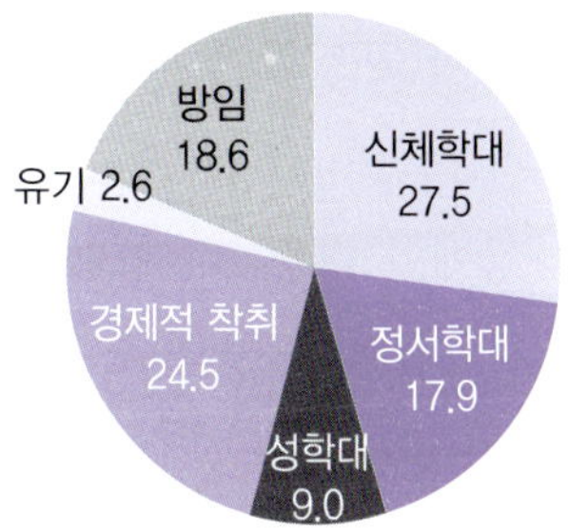

출처: 보건복지부(2019). 2018 전국장애인학대 현황보고서 결과 발표, p. 2.

셋째, 장애인학대 의심사례 1,835건 중 신고의무자가 신고한 경우는 802건(43.7%)이며, 비신고의무자에 의한 신고는 1,03건(56.3%)으로 나타났다.[2)]

〈표 7-3〉 장애인학대 신고자 유형

(단위: 건, %)

신고의무자		비신고의무자		합계	
802	43.7	1,03	56.3	1,835	100

출처: 2018 전국장애인학대 현황보고서 결과 발표, 보건복지부(2019), 3p

2) • 신고의무자: 사회복지 전담공무원, 사회복지시설 종사자 등 직무상 장애인학대를 인지할 가능성이 큰 직군으로 「장애인복지법」 제59조의4 제2항에 따라 직무상 장애인학대 및 장애인 대상 성범죄를 알게 된 경우 지체 없이 장애인권익옹호기관 또는 수사기관에 신고하여야 함
• 비신고의무자: 신고의무자를 제외한 모든 사람

신고의무자인 사회복지 전담공무원에 의한 신고는 421건(2.9%)로 가장 많았으며, 다음으로 신고의무가 없는 기관의 종사자가 408건(2.2%)이었으며, 피해장애인 스스로 피해 사실을 신고한 경우는 194건(10.6%)에 불과했다.

장애인학대 사건이 지속 발생하여 장애인학대를 예방하고 피해장애인을 사후 지원할 전담기관의 필요성 대두되었다. 따라서 「장애인복지법」 제59조의9를 신설(2015. 6. 개정)하여 '장애인 권익옹호기관' 설치 · 운영 근거 마련하고 2017년도부터 설치 · 운영하였다.

주요 기능으로 중앙기관은 지역기관 운영 지원, 장애인학대 관련 연구 · 실태조사, 피해장애인 대상 프로그램 개발, 홍보, 전문인력 양성 등이며, 지역기관은 장애인학대 신고접수, 현장조사 및 응급보호, 피해장애인 사후관리, 학대사례판정위원회 설치 · 운영이다.

〈표 7-4〉 학대전담 기관 비교표

(2019. 4. 기준)

구분	장애인권익옹호기관	노인보호전문기관	아동보호전문기관
설치근거	「장애인복지법」 제59조의1	「노인복지법」 제39조의5	「아동복지법」 제45조
수탁가능 기관	공공기관 또는 장애인학대의 예방 및 방지를 목적으로 하는 비영리법인	노인학대예방사업을 목적으로 하는 비영리법인	아동학대 예방사업을 목적으로 하는 비영리법인
법적 성격	장애인복지시설 아님	노인복지시설 (별도 유형으로 규정)	아동복지시설 (별도 유형으로 규정)
최초 설립년도	2017년(중앙, 지역)	2004년(지역) 2006년(중앙)	2000년(지역) 2001년(중앙)
기관 수	19개(중앙 1, 지역 18)	34개(중앙 1, 지역 3)	65개(중앙 1, 지역 64)
종사자 수	중앙 5인, 지역 4인	중앙 12인, 지역 9인 (중앙 비상근 변호사 제외)	중앙 25인, 지역 17인

출처: 보건복지부(2019). 2018 전국장애인학대 현황보고서 결과 발표, p. 7.

이번 장애인학대 분석 결과에 따르면 2018년 장애인학대 신고는 총 3,658건으로, 이 중 장애인학대 의심사례는 1,835건(50.2%)으로 나타났다.

지역별 신고접수 현황을 보면 서울이 901건(24.6%)으로 가장 많은 신고가 접수되었고, 경기 395건(10.8%), 부산 304건(8.3%) 순이었다.

장애인학대 의심사례는 경기 293건(16.0%)으로 가장 많았고, 경북 171건(9.3%), 충남 157건(8.6%) 순이었다.

〈표 7-5〉 지역별 장애인학대 신고접수

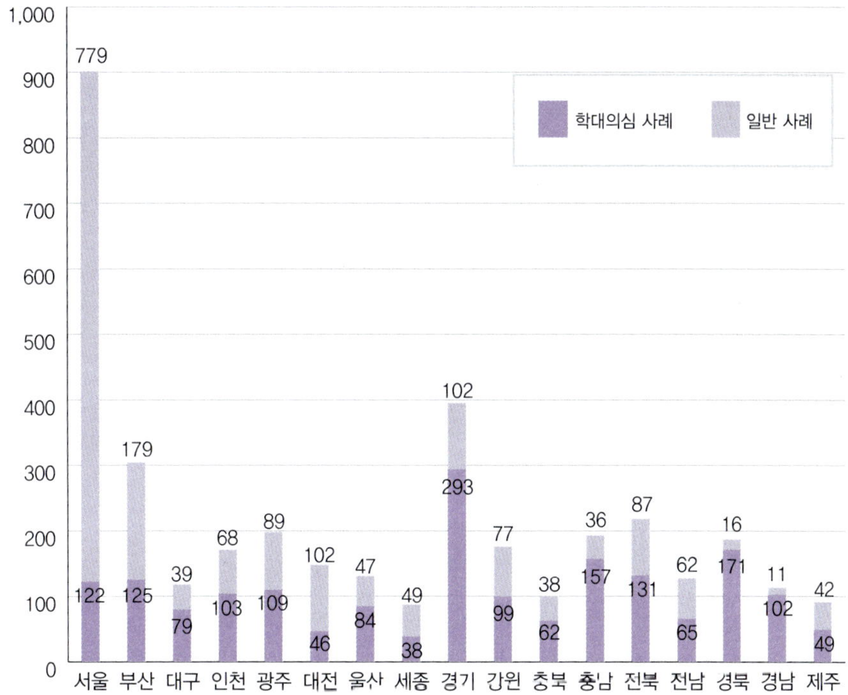

출처: 보건복지부(2019). 2018 전국장애인학대 현황보고서 결과 발표, p. 8.

〈표 7-6〉 장애인학대 판정 결과

(단위: 건, %)

학대 사례		비학대 사례		잠재위험 사례		계	
889	48.4	796	43.4	150	8.2	1,835	100.0

출처: 보건복지부(2019). 2018 전국장애인학대 현황보고서 결과 발표, p. 9.

장애인학대의 발생장소를 보면 35.0%(31건)가 피해장애인의 거주지에서 발생하였으며, 장애인복지시설이 27.6%(245건), 직장 및 일터가 12.3%(109건), 학대행위자의 거주지가 7.9%(70건) 순으로 나타났다〈표 7-7〉.

〈표 7-7〉 장애인학대 발생장소

(단위: 건, %)

발생장소		건수	비율
피해장애인 거주지		311	35.0
학대행위자 거주지		70	7.9
직장 및 일터		109	12.3
교육기관		38	4.3
의료기관		21	2.4
장애인복지시설	장애인거주시설	195	21.9
	장애인이용시설	50	5.6
그 외 사회복지 관련 시설		30	3.4
종교시설		7	0.8
기타		53	6.0
파악 안 됨		5	0.6
계		889	100.0

출처: 보건복지부(2019). 2018 전국장애인학대 현황보고서 결과 발표, p. 9.

학대피해장애인은 남성이 48건(54.9%)으로 여성 401건(45.1%)보다 9.8%p 높았으며, 등록장애인이 93.1%(828건), 미등록장애인이 6.9%(61건)로 나타났다. 피해장애인은 전체 장애 유형 중 지적장애가 6.0%(587건)로 많았으며, 지체장애 6.9%(61건), 정신장애 5.6%(50건), 뇌병변장애 5.2%(46건) 순으로 나타났다〈표 7-8〉.

〈표 7-8〉 학대피해자의 장애 유형 (단위: 건, %)

장애 유형	건수	비율	장애 유형	건수	비율
지체장애	61	6.9	신장장애	3	0.3
뇌병변장애	46	5.2	심장장애	–	–
시각장애	15	1.7	호흡기장애	–	–
청각장애	26	2.9	간장장애	–	
언어장애	13	1.5	안면장애	2	0.2
지적장애	587	66.0	장루 · 요루장애	–	–
자폐성 장애	22	2.5	뇌전증장애	3	0.3
정신장애	50	5.6	미등록	61	6.9
계				889	100.0

출처: 보건복지부(2019). 2018 전국장애인학대 현황보고서 결과 발표, p. 11.

특히 지적장애, 자폐성 장애, 정신장애와 같은 '정신적 장애'가 있는 피해자는 전체 학대피해자의 74.1%(659건)로 향후 정신적 장애가 있는 피해자의 특성에 맞는 학대예방과 피해자 지원을 위한 연구 및 제도 정비 등이 필요한 것으로 나타났다.

장애인학대의 주된 행위자는 장애인복지시설 종사자가 31.4%(279건)로 가장 많았으며, 다음으로 부모 12.9%(15건), 지인 10.5%(93건) 순으로 나타났고, 남성이 64.5%(573건), 여성이 34.9%(310건)이다.

〈표 7-9〉 장애인학대행위자 유형 (단위: 건, %)

관계		건수	비율
가족 및 친인척	배우자	52	5.8
	부모	15	12.9
	조부모	7	0.8
	자녀	13	1.5
	형제자매 및 그의 배우자	53	6.0
	그 외 친척	31	3.5
	소계	271	30.5

관계			건수	비율
타인	동거인		26	2.9
	이웃		45	5.1
	지인		93	10.5
	고용주		58	6.5
	모르는 사람		42	4.7
	소계		264	29.7
기관 종사자	교육기관 종사자		31	3.5
	의료기관 종사자		5	0.6
	장애인복지시설 종사자	장애인 거주시설 종사자	205	23.1
		장애인 이용시설 종사자	74	8.3
	그 외 사회복지 관련 종사자		34	3.8
	소계		349	39.3
파악 안 됨			5	0.6
계			889	100.0

출처: 보건복지부(2019). 2018 전국장애인학대 현황보고서 결과 발표, p. 12.

장애 유형별로는 지적장애인과 정신장애인은 경제적 착취가, 지체장애인은 신체적 학대가, 뇌병변장애인은 신체적 학대가 가장 많이 나타났다.

장애인학대 유형별 행위자는 신체학대와 유기의 경우 부모, 정서학대의 경우 장애인이용시설 종사자, 성학대의 경우 지인, 경제적 착취는 고용주, 방임은 장애인거주시설 종사자에 의한 경우가 가장 많은 것으로 나타났다.

〈표 7-10〉 장애인학대 유형별 분류

(단위: %)

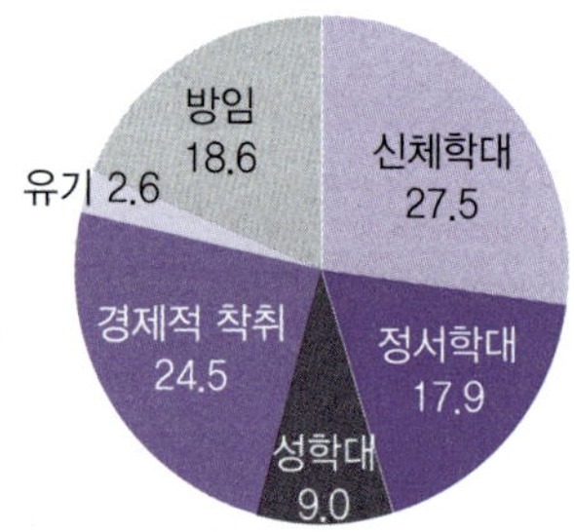

출처: 보건복지부(2019). 2018 전국장애인학대 현황보고서 결과 발표, p. 12.

2) 학대피해 장애인

(1) 성별

2018년 전국장애인 권익옹호기관에 접수된 학대의심사례 1,835건 중 학대로 판정된 889건의 피해장애인 성별을 보면 남성이 488건(54.9%)으로 여성 401건(45.1%)보다 9.8%p 높게 나타났다.

〈표 7-11〉 피해장애인 성별

(단위: 건, %)

남성		여성		계	
488	54.9	401	45.1	889	100.0

출처: 보건복지부(2019). 2018 전국장애인학대 현황보고서, p. 85.

(2) 피해장애인 연령

피해장애인 연령을 보면 사회 활동을 시작하는 20대가 211건(23.7%)으로 가장 많았고, 다음으로 30대가 165건(18.6%), 40대가 151건(17.0%), 50대가 142건(16.0%) 순으로 나타났다.

〈표 7-12〉 피해장애인 연령

(단위: %)

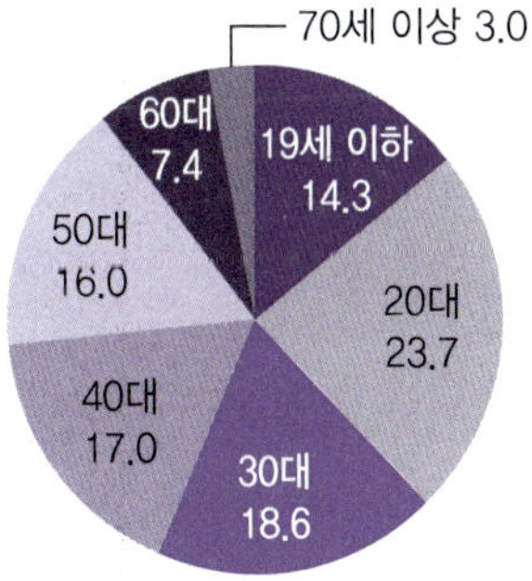

출처: 보건복지부(2019). 2018 전국장애인학대 현황보고서, p. 86.

(3) 피해장애인 장애 유형 및 장애 정도

장애인학대로 판정된 889건 중 「장애인복지법」상의 장애인으로 등록된 경우는 828건(93.1%)이며 장애인 등록이 되어 있지 않은 경우는 61건(6.9%)이다〈표 7-13〉.

〈표 7-13〉 장애인 등록 여부

(단위: %)

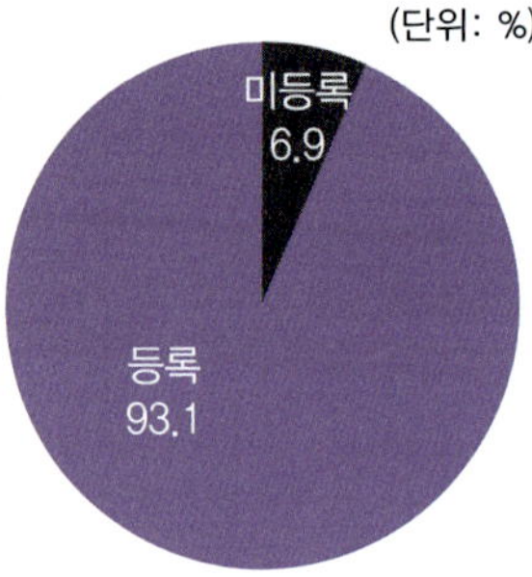

출처: 보건복지부(2019). 2018 전국장애인학대 현황보고서, p. 87.

「장애인복지법」의 개정으로 장애등급이 2019년 7월 개편되었다. 기존의 1~3급의 장애를 '장애의 정도가 심한 장애인'으로, 4~6급의 장애를 '장애의 정도가 심하

〈표 7-14〉 피해장애인 장애 정도

(단위: %)

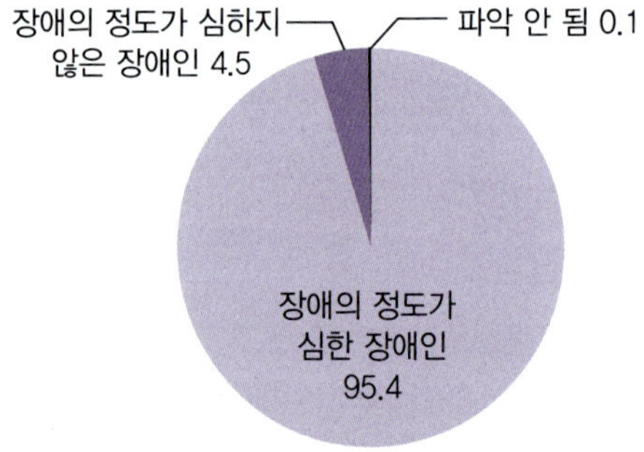

출처: 보건복지부(2019). 2018 전국장애인학대 현황보고서, p. 90.

지 않은 장애인'으로 변경하여 표현하였다. 장애인으로 등록된 학대사례 828건 중 장애의 정도가 심한 장애를 가진 사람은 790건으로 전체의 95.4%를 차지했다. 장애의 정도가 심하지 않은 장애를 가진 사람은 4.5%(37건), 장애의 정도를 파악할 수 없는 경우는 0.1%(1건)이다〈표 7-14〉.

(4) 피해장애인 국민기초생활보장수급자 여부

피해장애인의 국민기초생활보장수급자 여부를 살펴보면 피해장애인이 기초생활수급자에 해당하는 사례가 460건(51.7%), 기초생활수급자가 아닌 사례가 404건(45.4%), 차상위에 해당하는 사례가 25건(2.8%)으로 나타났다〈표 7-15〉.

2017년 국민기초생활보장수급자 현황에서 장애인 세대의 국민기초생활수급자 비율이 전체의 19.1%라는 점과 비교했을 때 장애인학대 피해자의 경우 국민기초생활보장수급자 비율이 매우 높다는 것을 알 수 있다.

〈표 7-15〉 피해장애인 국민기초생활보장수급자 여부

(단위: %)

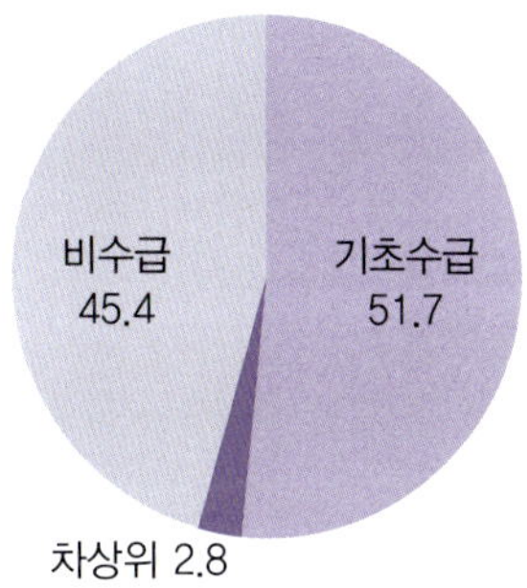

출처: 보건복지부(2019). 2018 전국장애인학대 현황보고서, p. 91.

3) 학대행위자

(1) 성별 및 연령

연령 구간별 지적장애인의 신체적·정신적 학대피해 실태를 분석한 결과, 학대피해 경험이 가장 많은 연령대는 10~19세로 나타났으며, 학대피해 경험이 가장 적은 연령대는 60대 이후인 것으로 나타났다.

10대를 다시 초등학교 시기인 8~13세, 중·고등학교 시기인 14~19세로 나누어 분석한 결과, 초등학생의 30.5%, 중·고등학생의 35.3%가 신체적·정서적 학대를 경험한 것으로 나타나 중·고등학생의 학대피해가 더 크게 나타났다.

〈표 7-16〉 학대행위자 성별 및 연령

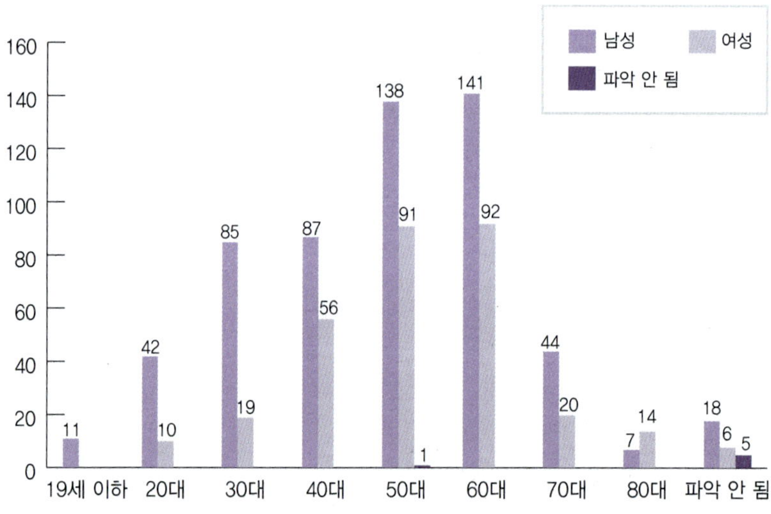

출처: 보건복지부(2019). 2018 전국장애인학대 현황보고서, p. 93.

(2) 학대행위자와 피해장애인과의 관계

학대행위자와 피해장애인의 관계는 가족 및 친인척, 타인, 기관 종사자, 파악 안 됨으로 분류한다. 가족 및 친인척에는 배우자, 부모, 조부모, 자녀, 손자녀, 형제자매 및 그의 배우자, 그 외 친척이 포함되며, 법률적 관계를 기준으로 한 분류이다. 타인에는 동거인, 이웃, 지인, 고용주, 모르는 사람이 포함된다. 지인에는 직장 동료, 선후배, 친구 등이, 고용주에는 근로계약의 체결 여부와 관계없이 사실상의 고용주가 포함된다. 기관 종사자는 피해장애인과 관련된 기관에 종사하는 사람을 말한다.

〈표 7-17〉 학대행위자와 피해장애인의 관계(대분류)

(단위: %)

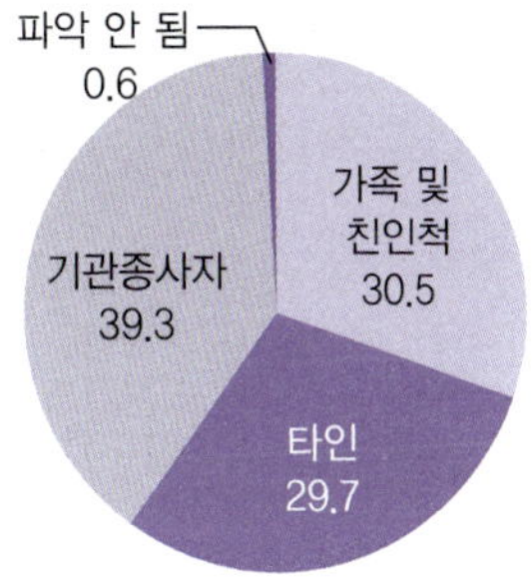

출처: 보건복지부(2019). 2018 전국장애인학대 현황보고서, p. 94.

학대판정 사례 889건 중 기관 종사자에 의한 학대가 39.3%(349건)로 가장 많았으며 가족 및 친인척 30.5%(271건), 타인 29.7%(264건), 파악 안 됨 0.6%(5건)였다. 기관 종사자 중에는 행위자가 장애인거주시설 종사자인 경우가 23.1%(205건)로 가장 많았다〈표 7-17〉.

(3) 학대행위자와 피해장애인과의 동거 여부

학대행위자와 피해장애인의 동거 여부를 보면 학대판정 사례 889건 중 학대행위자와 피해장애인이 동거하지 않는 경우가 647건(72.8%)이었으며, 동거하는 경우가 237건(26.7%), 파악되지 않은 경우가 5건(0.6%)이었다.

〈표 7-18〉 학대행위자와 피해장애인과의 동거 여부 (단위: 건, %)

동거		비동거		파악 안 됨		계	
237	26.7	647	72.8	5	0.6	889	100.0

출처: 보건복지부(2019). 2018 전국장애인학대 현황보고서, p. 95.

4) 장애인학대 발생장소

장애인학대는 어디서든 발생할 수 있다. 장애인권익옹호기관에서는 학대 유형 및 행위자와의 관계 등을 고려하여 피해장애인의 거주지, 학대행위자의 거주지, 직장 및 일터, 교육기관, 의료기관, 장애인거주시설, 장애인이용시설, 그 외 사회복지 관련 시설, 종교시설을 주요 학대 발생장소로 보고 있다.

피해장애인의 거주지는 피해장애인의 주거 공간에서 학대피해가 발생하는 경우를 말하며, 학대행위자의 거주지는 행위자가 소유하거나 지배하고 있는 공간을 말한다. 행위자와 피해장애인이 함께 살더라도 행위자의 지배하에 있는 공간이라면 이는 학대행위자의 거주지로 본다. 직장 및 일터는 고용계약과 무관하게 피해장애인이 일을 하는 장소를 말한다.

〈표 7-19〉 장애인학대 발생장소

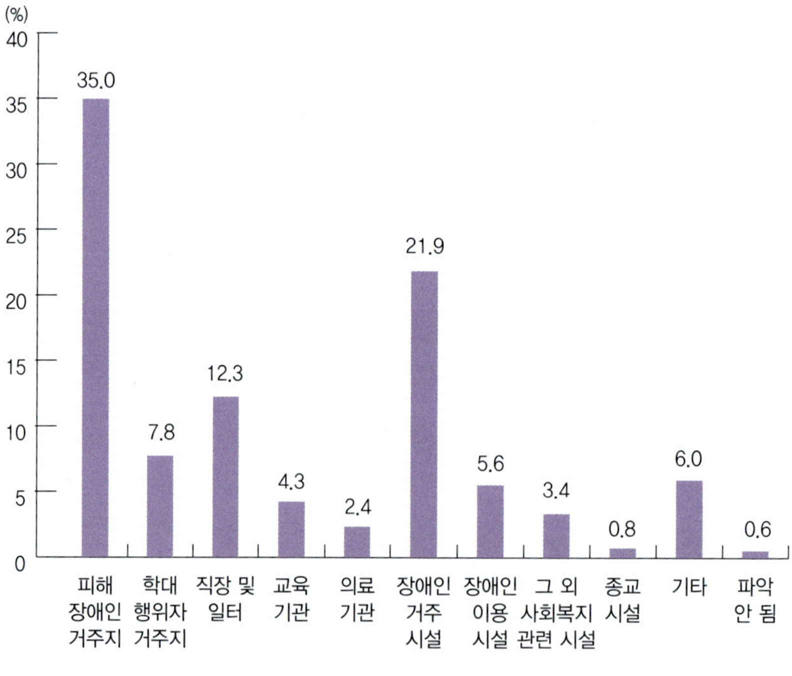

출처: 보건복지부(2019). 2018 전국장애인학대 현황보고서, p. 97.

학대피해가 주로 발생하는 장소는 피해장애인의 거주지가 35.0%(311건)로 가장 많았고, 장애인거주시설이 21.9%(195건), 직장 및 일터가 12.3%(109건), 학대행위자의 거주지가 7.9%(70건) 순으로 나타났다〈표 7-19〉.

5) 장애인학대 유형

중복학대를 하나의 유형으로 분류하여 장애인학대 유형을 분석한 결과 학대판정 사례 889건 중 중복학대는 29.6%(263건)로 가장 높은 비율을 차지하였다. 그다음으로 경제적 착취 20.9%(186건), 신체학대 18.7%(166건), 방임 14.6%(130건), 정서학대 7.9%(70건), 성학대 7.8%(69건), 유기 0.6%(5건)였다.

〈표 7-20〉 장애인학대 유형

(단위: %)

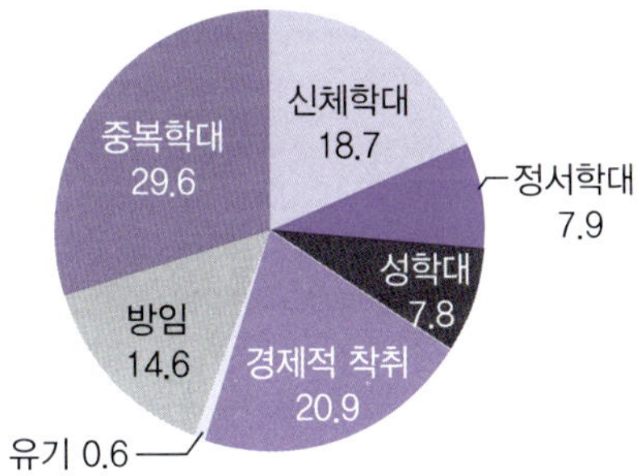

* 중복학대 별도 분류

출처: 보건복지부(2019). 2018 전국장애인학대 현황보고서, p. 99.

6) 장애인학대 유형과 인구사회학적 요인 교차분석

(1) 장애인학대 유형별 피해장애인 성별

장애인학대 유형별 피해장애인의 성별을 보면 남성이 여성보다 1.2배 많은 것으로 나타났으며 특히 경제적 착취와 방임에서는 각각 30.4%p, 27.6%p로 남성의 비율이 높았다. 정서학대와 성학대에서는 여성이 남성보다 많았으며, 특히 성학대의 경우 여성이 64.0%p로 높은 차이를 보였다.

〈표 7-21〉 장애인학대 유형별 피해장애인 성별

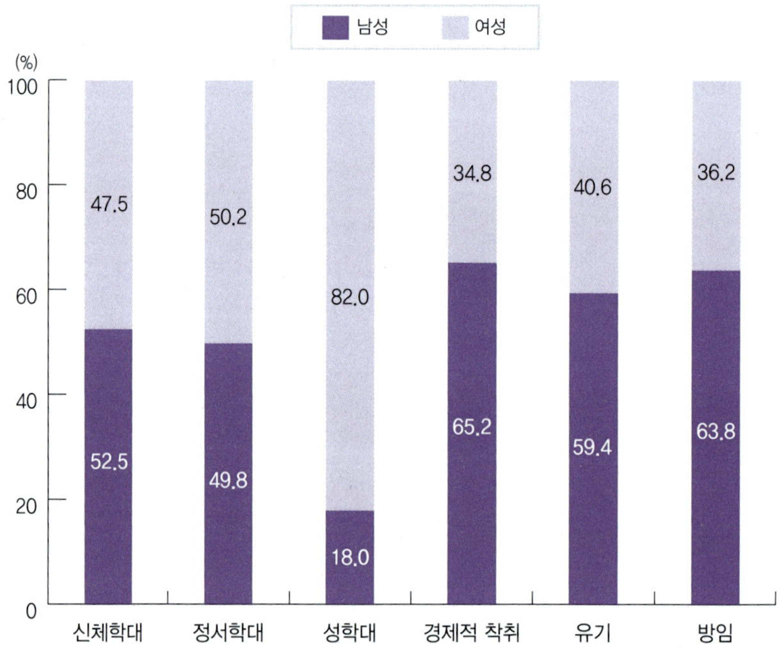

출처: 보건복지부(2019). 2018 전국장애인학대 현황보고서, p. 101.

(2) 장애인학대 유형별 피해장애인 연령

장애인학대 유형별 피해장애인의 연령을 보면 20대부터 50대까지 넓은 분포로 퍼져 있음을 확인할 수 있다. 세부 학대 유형별로 살펴보면 신체학대는 20대 다음으로 1~19세 이하, 30대 순으로 많았고 정서학대 역시 비슷한 경향을 보였다. 성학대는 20대 다음으로 30대, 1~19세 이하 순으로 높게 나타났다. 경제적 착취는 다른 유형과 다르게 50대가 가장 높게 나타났으며, 다음으로 40대, 20대 순이었다. 유기는 40대에서, 방임은 20대에서 40대까지 비슷하게 나타났다.

〈표 7-22〉 장애인학대 유형별 피해장애인 연령

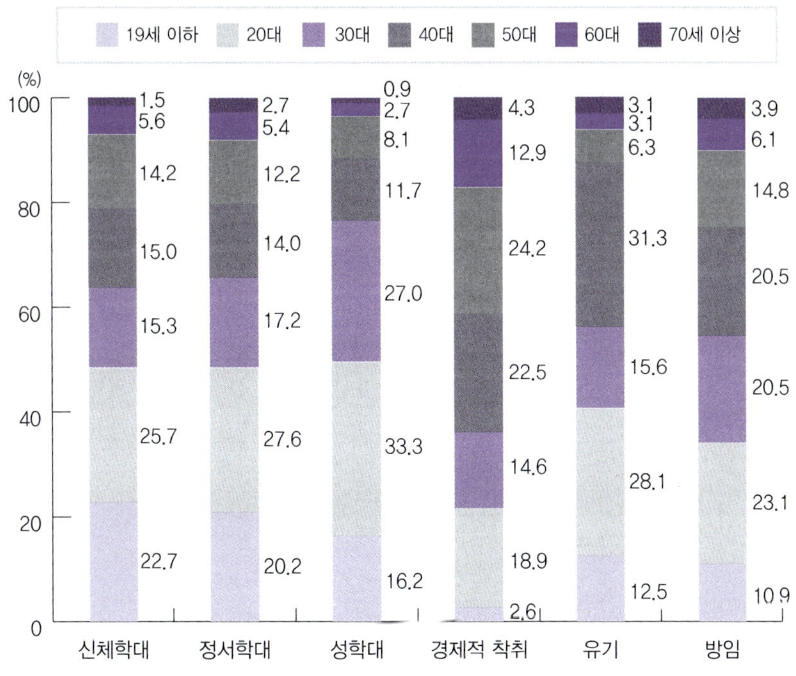

출처: 보건복지부(2019). 2018 전국장애인학대 현황보고서, p. 102.

(3) 장애 유형별 장애인학대 유형

장애인학대 유형 1,234건 중 피해자의 장애 유형을 확인할 수 없는 사례를 제외한 1,135건의 장애 유형을 살펴보면 지체장애인은 신체학대가 37.6%(32건)로 가장 많이 발생했으며 그다음으로 정서학대가 27.1%(23건)로 나타났다. 뇌병변장애인은 신체학대가 31.7%(19건), 그다음은 방임 사례가 23.3%(14건)로 높게 나타났으며 청각장애인은 경제적 착취 사례가 41.7%(15건)로 가장 많았다. 지적장애인은 경제적 착취가 25.5%(205건)로 가장 많이 발생했으며, 다음으로 신체학대가 24.5%(197건)였다. 자폐성 장애인은 신체학대가 67.9%(19건)로 많았고, 정신장애인은 경제적 착취 비율이 30.7%(23건)로 다른 학대 유형에 비해 높게 나타났다.

〈표 7-23〉 장애 유형별 장애인학대 유형

(단위: 건, %)

구분	신체학대		정서학대		성학대		경제적 착취		유기		방임		계	
지체	32	37.6	23	27.1	4	4.7	14	16.5	1	1.2	11	12.9	85	100.0
뇌병변	19	31.7	12	20.0	7	11.7	8	13.3	–	–	14	23.3	60	100.0
시각	6	28.6	9	42.9	–	–	4	19.0	1	4.8	1	4.8	21	100.0
청각	10	27.8	7	19.4	2	5.6	15	41.7	–	–	2	5.6	36	100.0
언어	7	41.2	5	29.4	1	5.9	3	17.6	–	–	1	5.9	17	100.0
지적	197	24.5	127	15.8	87	10.8	205	25.5	17	2.1	170	21.2	803	100.0
자폐성	19	67.9	7	25.0	1	3.6	–	–	–	–	1	3.6	28	100.0
정신	18	24.0	13	17.3	1	1.3	23	30.7	8	10.7	12	16.0	75	100.0
신장	1	25.0	–	–	–	–	3	75.0	–	–	–	–	4	100.0
안면	–	–	–	–	2	100.0	–	–	–	–	–	–	2	100.0
뇌전증	–	–	–	–	–	–	2	50.0	1	25.0	1	25.0	4	100.0
계	309	27.2	203	17.9	105	9.3	277	24.4	28	2.5	213	18.8	1,135	100.0

출처: 보건복지부(2019). 2018 전국장애인학대 현황보고서, p. 103.

7) 발생장소별 장애인학대 유형

발생장소에 따른 장애인학대 유형을 보면 피해장애인의 거주지에서는 신체학대(33.3%)와 경제적 착취(24.8%)가 주로 발생했고, 학대행위자의 거주지에서는 경제적 착취(32.7%)와 신체학대(28.6%)가 높았다. 직장 및 일터에서는 경제적 착취(44.5%)와 정서학대(27.7%)가 많았고, 교육기관에서는 신체학대(54.5%), 정서학대(36.4%)가 높게 나타났다. 장애인거주시설에서는 방임(46.5%)과 신체학대(21.5%)가 높았고, 장애인이용시설에서는 방임(34.7%)과 정서학대(28.0%)가, 그 외 사회복지 관련 시설에서는 경제적 착취(33.9%)와 정서학대(22.6%)가 주로 발생하는 것으로 나타났다.

〈표 7-24〉 발생장소별 장애인학대 유형

(단위: 건, %)

구분	신체학대		정서학대		성학대		경제적 착취		유기		방임		계	
피해장애인의 거주지	149	33.3	79	17.6	47	10.5	111	24.8	15	3.3	47	10.5	448	100.0
학대행위자의 거주지	28	28.6	12	12.2	12	12.2	32	32.7	2	2.0	12	12.2	98	100.0
직장 및 일터	22	16.1	38	27.7	13	9.5	61	44.5	-	-	3	2.2	137	100.0
교육기관	30	54.5	20	36.4	2	3.6	-	-	1	1.8	2	3.6	55	100.0
의료기관	10	38.5	2	7.7	-	-	3	11.5	3	11.5	8	30.8	26	100.0
장애인 거주시설	55	21.5	26	10.2	19	7.4	37	14.5	-	-	119	46.5	256	100.0
장애인 이용시설	19	25.3	21	28.0	6	8.0	3	4.0	-	-	26	34.7	75	100.0
그 외 사회복지 관련 시설	11	17.7	14	22.6	1	1.6	21	33.9	7	11.3	8	12.9	62	100.0
종교시설	2	25.0	1	12.5	1	12.5	4	50.0	-	-	-	-	8	100.0
기타	10	16.4	8	13.1	9	14.8	29	47.5	3	4.9	2	3.3	61	100.0
파악 안 됨	3	37.5	-	-	1	12.5	1	12.5	1	12.5	2	25.0	8	100.0
계	339	27.5	221	17.9	111	9.0	302	24.5	32	2.6	229	18.6	1,234	100.0

출처: 보건복지부(2019). 2018 전국장애인학대 현황보고서, p. 106.

8) 장애인학대 사례 지원

장애인권익옹호기관으로 장애인학대가 의심되는 신고가 접수되면 학대조사를 통해 사실관계 여부를 확인하고, 학대 여부를 판정한 뒤 피해장애인에 대한 지원을 실시한다. 이 과정에서 피해장애인을 학대행위자로부터 분리할 필요가 있다고 판단되면 응급조치를 실시하여 안전한 곳에서 일시적으로 보호하거나 의료적 치료를 진행한다. 이후 피해장애인이 학대의 후유증으로부터 벗어날 수 있도록 그에 맞는 지원을 실시하고 학대가 재발되지 않도록 모니터링을 실시한 뒤 사례를 종결한다.

(1) 응급조치

「장애인복지법」 제59조의7에서는 장애인권익옹호기관의 직원이나 사법경찰관리가 장애인학대 현장에 출동하여 학대받은 장애인을 학대행위자로부터 분리하거나 치료가 필요하다고 판단될 때 장애인권익옹호기관 또는 의료기관에 인도할 것을 규정하고 있다. 장애인권익옹호기관에서는 응급조치 시 피해장애인을 의료기관에 인도하거나 피해장애인 쉼터 등에 연계하여 보호한다.

〈표 7-25〉 응급조치

(단위: %)

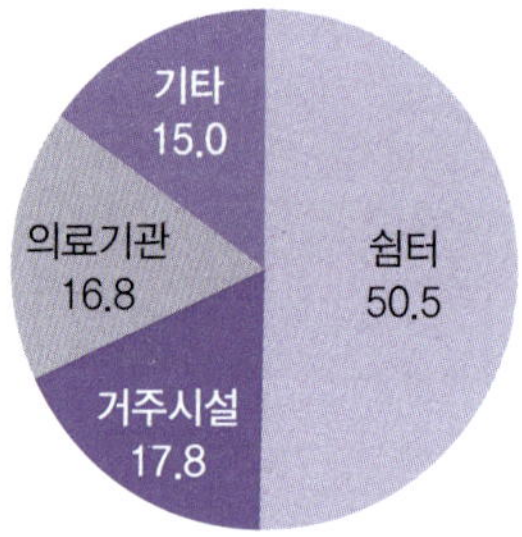

출처: 보건복지부(2019). 2018 전국장애인 학대 현황보고서, p. 107.

(2) 피해장애인 지원

장애인권익옹호기관에서는 피해장애인의 피해 회복을 위하여 의료, 심리, 거주, 사법, 복지, 기타 6개 영역에서 다양한 자원을 활용하여 지원을 하고 있으며 피해장애인의 상황에 따라 한 가지 영역 또는 다양한 영역의 지원을 실시한다.

장애인권익옹호기관에서 실시하는 의료지원은 학대로 인한 질환 등에 대하여 의료적 지원을 실시하여 피해 회복을 돕는 것을 말하며 통원 치료나 검진 등이 이에 해당한다. 심리지원은 피해장애인의 심리·정서적 회복을 위하여 자격을 가진 전문가에게 심리진단, 심리상담, 심리치료를 받도록 하는 것을 말한다.

〈표 7-26〉 피해장애인 지원 유형

(단위: 건, %)

의료	심리	거주	사법	복지	기타	계
58	108	120	282	122	511	1,201
4.8	9.0	10.0	23.5	10.2	42.5	100.0

출처: 보건복지부(2019). 2018 전국장애인학대 현황보고서, p. 109.

사법지원은 고발 및 수사의뢰, 후견인 선임, 법률상담 및 절차 지원, 소송구조, 기타로 나뉘며 사례에 따라 중복으로 지원하고 있다. 고발 및 수사의뢰는 장애인권익옹호기관 명의로 행위자를 고발하거나 경찰에 수사의뢰를 하는 것을 의미하고, 후견인 선임은 피해장애인을 위해 후견인을 직접 선임하거나 선임 절차를 연계하는 것을 말한다.

〈표 7-27〉 피해장애인 사법지원 유형 건수

(단위: 건, %)

고발 및 수사의뢰	후견인 선임	법률상담 및 절차 지원	소송 구조	기타	계
168	23	178	31	20	420
40.0	5.5	42.4	7.4	4.8	100.0

* 중복지원 포함

출처: 보건복지부(2019). 2018 전국장애인학대 현황보고서, p. 109.

(3) 사례 종결

2018년 장애인학대로 판정된 889건 중 2018년 12월 31일까지 종결한 사례는 546건으로 당해연도 사례 종결률은 61.4%로 나타났다. 2018년에 접수된 사례 10건 중 약 4건은 2019년에도 피해자 지원 등 계속적인 개입이 필요하다. 접수된 사례가 종결되지 않고 장기적인 개입이 이루어지는 이유는 정신적 장애를 가진 피해자가 많아 피해자 지원 시 당사자의 욕구 파악을 위한 관계 형성 및 의사소통 등에 많은 시간과 노력이 필요하다는 점과 형사절차 지원, 지역사회 자립생활을 위한 다양한 자원 연계 및 지지체계 마련을 위해 지속적인 개입이 필요하기 때문이다.

〈표 7-28〉 사례 종결

(단위: 건, %)

학대 사례	종결 사례	당해연도 사례 종결률
889	546	61.4

출처: 보건복지부(2019). 2018 전국장애인학대 현황보고서, p. 111.

9) 발달장애인 학대사례

발달장애인 학대사례는 2018년 전체 학대사례의 70.4%(626건)를 차지하였으며 이는 발달장애인이 전체 장애 유형 중 특히 학대 고위험군이라는 점을 보여 준다. 2014년 5월 제정된 「발달장애인 권리보장 및 지원에 관한 법률」에 따르면 발달장애인은 지적장애인과 자폐성 장애인, 그 밖에 통상적인 발달이 나타나지 않거나 크게 지연되어 일상이나 사회생활에 상당한 제약을 받는 사람으로 정의하고 있다.

2018년 말 기준 우리나라의 등록장애인은 258만 5,876명이며, 그중 발달장애인은 23만 3,620명으로 전체 장애인의 9.0%를 차지하며 매년 증가하는 추세(연 3.6%)이다.

주장애 유형별로는 지적장애 587건(66.0%), 지체장애 61건(6.9%), 정신장애 50건(5.6%), 뇌병변장애 46건(5.2%) 등의 순이며, 자폐성 장애는 22건(2.5%)으로 나타났다. 부장애 유형별로는 지적장애 17건, 뇌병장애 14건, 지체장애 13건, 언어장애 12건 등의 순이었다.

(1) 지역별 학대피해 발달장애인

학대피해 발달장애인의 지역별 현황을 보면 경북이 121건(19.3%)으로 가장 많았으며, 그다음은 전북 66건(10.5%), 경기 56건(8.9%), 경남 47건(7.5%), 부산 42건(6.7%) 순으로 높게 나타났다. 장애 유형별로는 지적장애인이 96.5%로 대부분을 차지하고 있다.

〈표 7-29〉 지역별 학대피해 발달장애인

(단위: 건, %)

구분	지적장애인		자폐성 장애인		계	
	인원	비율	인원	비율	인원	비율
서울	34	5.6	3	13.6	37	5.9
부산	37	6.1	5	22.7	42	6.7
대구	8	1.3	1	4.5	9	1.4
인천	20	3.3	2	9.1	22	3.5
광주	37	6.1	–	–	37	5.9
대전	20	3.3	2	9.1	22	3.5
울산	14	2.3	–	–	14	2.2
세종	8	1.3	1	4.5	9	1.4
경기	51	10.0	5	22.7	56	8.9
강원	37	6.1	–	–	37	5.9
충북	34	5.6	–	–	34	5.4
충남	31	5.1	–	–	31	5.0
전북	65	10.8	1	4.5	66	10.5
전남	25	4.1	–	–	25	4.0
경북	119	19.7	2	9.1	121	19.3
경남	47	7.8	–	–	47	7.5
제주	16	2.6	–	–	16	2.6
계	604	100.0	22	100.0	626	100.0

출처: 보건복지부(2019). 2018 전국장애인학대 현황보고서, p. 116.

(2) 발달장애인 학대 신고자 유형

발달장애인 학대의 신고자 유형을 보면 신고의무자에 의한 신고는 44.9%(281건)였다. 장애인학대 신고의무자 유형을 세부적으로 보면 사회복지 전담공무원이 19.8%(124건)로 가장 높았고, 그다음이 사회복지시설 종사자로 17.9%(112건)이다.

비신고의무자에 의한 신고는 55.1%(345건)이며, 세부적으로는 기관 종사자에 의한 신고가 35.3%(221건)로 가장 높았다. 그다음으로 가족 및 친인척 9.9%(62건), 타인 7.0%(44건) 순으로 나타났다. 반면 학대피해자인 발달장애인이 학대를 인지하여 스스로 신고한 경우는 2.9%(18건)로 매우 낮았다. 이는 전체 학대 의심사례의 피해장애인 본인에 의한 신고율 10.6%와 비교하여 3.7배 낮은 수치로, 발달장애인이 상대적으로 학대를 인지하고 신고하는 것이 쉽지 않다는 것을 보여 준다. 따라서 발달장애인의 특성에 맞는 학대 예방과 신고를 위한 각종 프로그램 및 홍보 자료의 개발이 필요하다.

〈표 7-30〉 발달장애인 학대 신고자 유형

(단위: 건, %)

구분		건수	비율
신고 의무자	사회복지 전담공무원	124	19.8
	사회복지시설 종사자	112	17.9
	활동지원인력 및 활동지원기관 종사자	16	2.6
	의료인 및 의료기관의 장	1	0.2
	정신건강복지센터 종사자	1	0.2
	초·중·고교 교직원	12	1.9
	성폭력피해상담소 및 보호시설 종사자	8	1.3
	가정폭력상담소 및 보호시설 종사자	4	0.6
	건강가정지원센터 종사자	1	0.2
	장기요양요원	2	0.3
	소계	281	44.9
비신고 의무자	피해 당사자	18	2.9
	가족 및 친인척	62	9.9
	기관 종사자	221	35.3
	타인	44	7.0
	소계	345	55.1
계		626	100.0

출처: 보건복지부(2019). 2018 전국장애인학대 현황보고서, p. 117.

(3) 학대피해 발달장애인

학대피해 발달장애인의 성별을 보면 남성이 341건(54.5%), 여성이 285건(45.5%)으로 남성이 여성보다 9.0%p 많았다. 연령별로 보면 20대가 186건(29.7%)으로 가장 많았고, 다음으로 30대 121건(19.3%), 40대 109건(17.4%) 순으로 높게 나타났다. 이는 전체 학대피해 장애인의 성별 및 연령 분포와 비교해 큰 차이는 없다.

〈표 7-31〉 학대피해 발달장애인 성별 및 연령

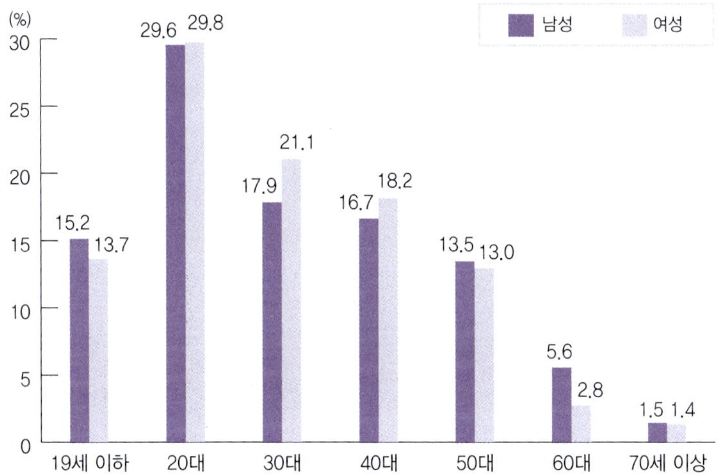

출처: 보건복지부(2019). 2018 전국장애인학대 현황보고서, p. 118.

(4) 학대피해 발달장애인 거주 유형

학대피해 발달장애인의 거주 유형은 재가가 434건(69.3%)이며, 사회복지시설, 정신병원, 요양원 등 다수가 집단으로 거주하면서 관리자가 있는 시설에서 생활하는 경우는 192건(30.7%)으로 나타났다.

〈표 7-32〉 학대피해 발달장애인 거주 유형 (단위: 건, %)

재가		시설		계	
434	69.3	192	30.7	626	100.0

출처: 보건복지부(2019). 2018 전국장애인학대 현황보고서, p. 119.

(5) 발달장애인 학대행위자 성별

발달장애인 학대행위자 성별은 남성이 414건(67.5%), 여성은 209건(32.5%)으로 남성인 학대행위자가 여성에 비해 약 2배 높게 나타났다.

〈표 7-33〉 발달장애인 학대행위자 성별

(단위: %)

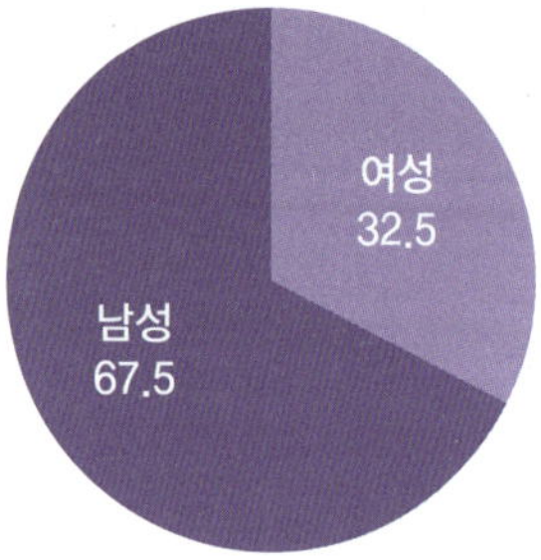

출처: 보건복지부(2019). 2018 전국장애인학대 현황보고서, p. 120.

학대행위자와 피해 발달장애인과의 관계를 보면 장애인거주시설 종사자에 의한 학대 발생이 28.1%(176건)로 가장 높았으며, 부모 13.6%(85건), 장애인이용시설 종사자 10.2%(64건), 지인 8.8%(55건), 고용주 6.1%(38건) 순으로 나타났다.

학대행위자와 피해장애인과의 관계를 크게 보면 학대가 기관 종사자에 의해 발생한 경우가 44.4%(278건)로 가장 높게 나타났다. 이는 발달장애인 학대 10건 중 4건 이상은 발달장애인이 주로 이용하는 복지기관 및 교육기관의 종사자에 의해 발생하다는 점을 보여 준다. 특히 장애인거주시설 종사자에 의해 발생하는 사례(28.1%)가 가족 및 친인척 전체에서 발생하는 사례(27.3%)보다 높게 나타나고 있다. 장애인거주시설 종사자에 의한 장애인학대를 줄이기 위해서는 장애인권 교육이나 인식 개선 교육뿐만 아니라 시설 거주인의 자립 지원과 거주시설의 소규모화 등을 통한 거주 여건 개선, 종사자의 스트레스를 유발하는 근무환경 및 처우 개선 등도 함께 이루어질 필요가 있다. 가족 및 친인척에 의한 학대의 행위자는 부모(13.6%), 형제자매 및 그 배우자(4.5%), 그 외 친척(4.2%) 순으로 나타났다.

〈표 7-34〉 학대행위자와 피해 발달장애인과의 관계(대분류)

(단위: %)

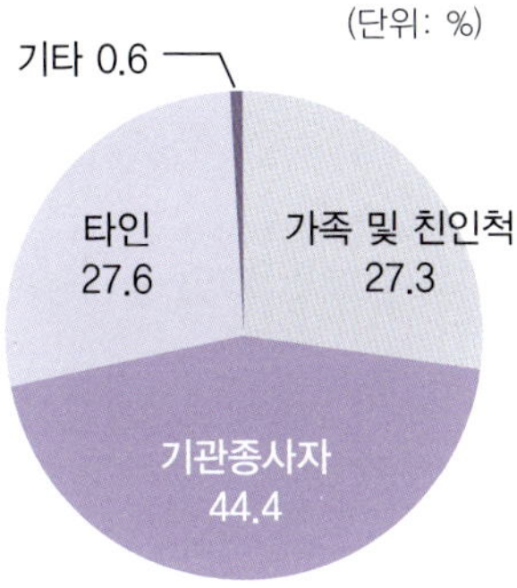

출처: 보건복지부(2019). 2018 전국장애인학대 현황보고서, p. 122.

(6) 발달장애인 학대 유형

발달장애인의 학대 유형을 보면 중복학대가 27.3%(171건)로 가장 많았고, 다음으로 경제적 착취 20.9%(131건), 신체학대 17.6%(110건), 방임 17.6%(110건), 성학대 9.3%(58건), 정서학대 6.9%(43건), 유기 0.5%(3건) 순으로 나타났다. 전체 장애인학대 유형과 비교하면 발달장애인 학대 유형도 동일하게 중복학대가 가장 높았고, 다음으로 경제적 착취, 신체학대, 방임 순이었다.

〈표 7-35〉 발달장애인 학대 유형

(단위: %)

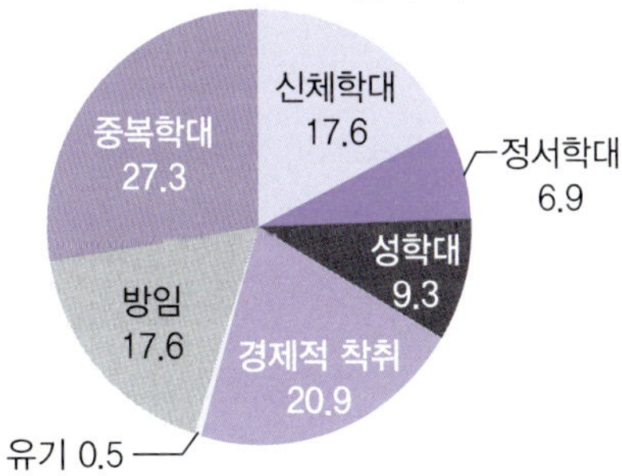

* 중복학대 별도 분류

출처: 보건복지부(2019). 2018 전국장애인학대 현황보고서, p. 123.

3 장애인학대 사례

사례 1

지난해 학대피해 장애인 10명 중 7명은 지적장애인

지난해 학대를 당한 장애인 10명 중 7명은 지적장애인인 것으로 나타났다. 가해자들은 때리거나 돈도 주지 않고 일을 부려 먹는 경우가 많았다.

23일 보건복지부가 공개한 '2018년 전국장애인학대 현황보고서'에 따르면 지난해 3658건의 장애인학대 신고건수가 접수됐다. 이 중 889건(24.3%)이 학대로 판정됐다. 150건은 학대가 의심되지만 피해가 불분명하거나 증거가 부족해 학대로 판정할 수는 없으나 잠재적인 위험이 있는 경우였다.

피해자는 남성이 488건(54.9%)으로, 여성 401건(45.1%)보다 많았다. 연령별로는 사회활동을 시작하는 20대가 211건(23.7%)으로 가장 많았고, 30대 165건, 20대 151건 순으로 집계됐다. 중증 장애인(790건)이 학대에 더 많이 노출돼 있었다.

학대피해 장애인 유형을 보면 지적장애인 비율이 66%로 가장 높았다. 이어 지체장애가 6.9%, 정신장애 5.6%, 뇌병변장애 5.2% 순이었다. 지적 · 자폐성 · 정신 등 정신적 장애가 있는 피해자가 전체의 74.1%에 달하는 셈이다. 장애인에 대한 학대는 신체적 학대(27.5%)와 경제적 착취(24.5%)가 절반 이상을 차지했다. 정서적 학대 비중이 큰 노인학대나 아동학대와는 다른 양상이다.

경제적 착취와 방임은 남성 피해자가, 정서적 학대와 성적 학대는 여성 피해자가 많았다. 또한, 신체적 학대피해자 연령은 20대, 20세 미만, 30대 순이었고, 성적 학대는 20대, 30대, 20세 미만이 많았다. 경제적 착취 피해자는 다른 유형과 다르게 50대가 가장 많았다. 장애 유형별로는 지적장애인과 정신장애인은 경제적 착취가, 지체장애인과 뇌병변장애인은 신체적 학대가 많았다.

학대는 장애피해자의 거주지(35%)와 장애인복지시설(27.6%)에서 주로 발생했다. 직장 및 일터(12.3%)에서도 종종 발생하는 것으로 조사됐다.

학대 가해자는 장애인거주시설 종사자가 23.1%로 가장 많았고, 부모가 12.9%로 뒤를 이었다. 가해자 연령은 60대(26.2%), 50대(25.9%), 40대(16.1%) 순으로 나타났다.

장애인학대는 장애인 스스로 피해 사실을 신고한 경우가 10.6%로 매우 낮았고, 발달 장애인은 스스로 신고한 비율이 2.9%로 평균보다 낮았다. 사회복지 전담공무원이나 이웃의 신고로 드러나는 경우가 대부분이었다.

출처: 이진경(2019. 9. 23).

사례 2

학대받는 장애인 어디로…'탈시설' vs 자립 아닌 방치

경기도 오산시의 장애인 거주시설 성심동원에서 재활교사들이 수년간 장애인을 학대한 사실이 지난 2월 KBS 보도로 드러났다. 경찰은 8개월간 수사를 벌여 재활교사 1명을 구속하고, 9명을 불구속 기소 의견으로 지난 14일 검찰에 송치했다.

구속된 재활교사 30살 김 모 씨는 2016년부터 올해 2월까지 시설에 거주하는 지적장애인을 학대하고 폭행한 혐의를 받는다. KBS와 경찰이 확보한 영상 속에는 구속된 김 씨가 "못생긴 애 때려라. 어제 오줌 쌌다." 등 장애인 간 폭행을 강요한 대목도 있다. 김 씨는 학대 영상을 동료 재활교사들과 돌려보기까지 했다.

위 사례를 포함해 경찰이 파악한 성심동원 학대피해 장애인은 30여 명이다. 이 가운데 5명이 지난 4월 임시 장애인 보호시설로 거처를 옮겼다. 임시 보호시설 계약기간은 이달 말까지다. 관계 당국의 추가 조치가 없다면 장애인들은 성심동원에 복귀할 수밖에 없다. 성심동원에는 피의자 3명이 여전히 근무 중이다.

'장애우 권익문제 연구소' 등 지역 시민사회단체는 "폭력 사태가 반복되는 성심동원에 장애인을 되돌려 보내서는 안 된다."며 장애인 '탈시설화'를 요구한다. 탈시설은 장애인을 대형 시설에 격리 수용해 관리하지 말자는 주의다. 지역사회에 장애인 거처를 마련해 이웃과 함께 살며 자립을 돕자는 게 이 정책의 취지다.

집단 거주시설에서 학대가 잦은 만큼 당장 탈시설을 추진할 필요가 있다는 것이다. 실제로 장애인학대는 집단 거주 시설에서 가장 많이 일어난다. 최근 보건복지부 조사를 봐도 2018년 기준 전체 장애인학대 가해자 가운데 장애인 복지시설 종사자가 31.4%로 가장 많았다.

'탈시설 등 지역사회 정착 환경조성'은 문재인 정부의 국정과제다. 지난달 23일 국가인권위원회까지 나서 '장애인 탈시설 로드맵 마련을 위한 정책권고' 결정문을 내 조속한 탈시설화를 정부에 촉구했다. 하지만 현재 「장애인복지법」에는 '탈시설'이라는 단어조차 없다. 서울, 경기 등 자치단체마다 사업명과 정책 방향, 예산 규모가 천차만별이다.

탈시설이 가능하려면 크게 세 가지 과제를 해결해야 한다. ① 시설거주 장애인에게 교육, 훈련을 시켜 퇴소 뒤 자립이 가능하도록 준비시킨다. ② 탈시설과 동시에 살 집을 마련해 준다. ③ 독립해 살더라도 필요한 경우 활동보조인 조력을 충분히 받도록 정책을 정비한다. 여기에는 예산 문제가 따른다.

당장 성심동원으로 돌아가야 하는 학대 장애인들의 문제부터 봤을 때, 경기도가 현재 추진 중인 정책과 예산은 자립을 희망하는 장애인들을 탈시설시키기에 충분한 것일까?

출처: KBS NEWS(2019. 10. 30).

사례 3 '서로 뺨 때리게 하고 촬영'…장애인학대 판정 지난해만 900건

국회 보건복지위원회 바른미래당 최도자 의원이 보건복지부로부터 제출받은 '장애인 인권옹호기관 조사 사건'에 나온 사례들이다. 자료에 따르면 장애인에 대한 학대가 빈번하게 일어나고 있고 경제적 착취도 끊이질 않는다.

자료에 따르면 지난해 장애인권익옹호기관에 접수된 학대의심사례 수는 1,835건이다. 장애인권익옹호기관의 사례판정 결과, 학대 사례로 판정된 경우는 889건으로 전체 사례의 48.4%에 달했다. 증거가 부족하나 지속적인 관찰이 필요한 잠재위험사례는 150건 (8.2%)이었다.

연령별로 보면, 20~30대 장애인학대 사례가 전체 899건 가운데 42.3%를 차지했다. 20대가 211건(23.7%), 30대 165건(18.6%), 40대 151건(17.0%) 순으로 나타나 상대적으로 나이가 어릴수록 학대피해 사례가 많은 경향을 보였다.

한편, 장애인들에 대한 착취 사례도 빈번하게 일어나는 것으로 나타났다. 지난해 학대사례 판정 1,234건(중복학대 포함) 중 '경제적 착취' 사례는 302건에 달했다.

최도자 의원은 "사건접수 후 장애인권익옹호기관의 조사비율이 전국적으로 80%에 달하지만, 경기 · 인천 등 학대의심사례 신고가 많은 일부 지역은 조사비율이 50%대 수준에 그치고 있다."면서 "장애인학대 사례 발굴과 개입이 적극적으로 이루어질 수 있도록 권익옹호기관의 활동을 강화해야 한다."고 강조했다.

출처: 박병국(2019. 9. 21).

사례 4

전북지역 장애인학대 심각, 학대판정 사례 전국 상위권

전북지역 장애인학대가 심각한 수준인 것으로 드러났다.

지난해 장애인학대 의심사례에 대한 사실 조사 결과 실제 학대로 판정된 비율이 70%에 달해 전국 17개 시 · 도 중 상위권에 속해 있는 것으로 나타났기 때문이다.

22일 국회 보건복지위원회 소속 바른미래당 최도자 의원이 보건복지부로부터 제출받은 '장애인권익옹호기관 조사 사건' 자료에 따르면 지난해 전북지역 장애인학대 의심사례는 131건으로 집계됐다.

이 가운데 실제 조사 결과 학대로 판정된 경우는 91건에 달해 학대 판정률이 70%로 매우 높았다. 잠재위험사례로 판정된 10건까지 고려하면 전북지역 장애인학대 판정률은 더 높아진다.

이처럼 전북 지역 장애인학대 판정률은 경북(84%)과 충북(79%), 대전(71%)에 이어 전국 17개 시 · 도 가운데 네 번째로 높은 것이다.

충남(23%), 경기(28%), 대구(30%), 울산(36%) 등의 지역과 비교해 보면 전북의 장애인학대 판정률은 무려 두 배 이상 높은 실정이다.

이와 함께 전북의 장애인학대 사례 중에는 장애인들에게 일을 시키고 임금을 주지 않는 경제적 착취도 10건이나 되는 것으로 조사됐다.

바른미래당 최도자 의원은 "장애인학대 사례 발굴과 개입이 적극적으로 이루어질 수 있도록 권익옹호기관의 활동을 강화해야 한다."고 강조했다.

전라북도 장애인권익옹호기관 박민수 관장은 "사회적 취약계층인 장애인들의 보호·지원 체계가 부족한 상황인 만큼 행정기관의 적극적인 지원이 필요하다. 의사소통이 어려운 장애인들을 위해 이들을 도와줄 수 있는 전문적인 상담원들을 늘려서 장애인들의 권익 보호를 강화해야 한다."고 말했다.

출처: 김선찬(2019. 9. 22).

사례 5

'장애인학대' 정확한 규정 없어, 정부 수수방관하는 사이 반복되는 시설 문제

'2018년 장애인학대 현황보고서' 중심으로 학대피해자 지원 대책 논의
장애인권익옹호기관 종사자 처우개선과 장애인학대피해 지원 예산 필요

김용득 성공회대학교 교수는 "장애인·노인·아동 옹호기관의 특수성이 있지만 학대에 관해서는 이 세 분야를 아우를 수 있는 법률이 마련되어야 학대 문제에 대한 전문성과 지원 체계가 제대로 마련될 수 있을 것으로 보인다."며 개별법 제정의 중요성을 강조했다.

장애인권익옹호기관 종사자 처우개선과 장애인학대 예산 책정 이뤄져야

조현식 강원장애인권익옹호기관 팀장은 학대피해자 지원에 대한 지자체의 인프라 구축과 지원도 중요하다고 강조했다. 서울은 600여 개의 장애인복지시설이 운영되고, 서울시가 지정한 11개의 공공병원이 운영되고 있어 긴급 상황에 학대피해자의 의료지원이 가능하다. 그러나 강원도는 장애인종합복지관 7곳, 도장애인복지관 3곳, 장애인자립지원센터 5곳으로 연계할 수 있는 복지자원이 상대적으로 적고, 이를 메울 수 있는 지자체 지원도 부족한 상황이다.

조 팀장은 "강원도는 지원체계가 매우 열악해 피해자가 학대피해를 받고 있어도 학대 현장을 떠나지 못한 채 가해자에게 협조를 구하는 상황도 발생하고 있다. 지금 당장 학대피해 장애인의 피해회복을 위한 직접 사업비 책정과 쉼터 확장부터 이뤄져야 한다."고 강조했다.

현실적으로 장애인권익옹호기관에서 일하는 종사자들의 처우와 예산 부족부터 해결되어야 한다는 목소리가 컸다. 장애인권익옹호기관은 중앙 1곳, 지역 18곳으로 총 19개가 운영되고 있는데 중앙은 5인, 지역은 4인으로 운영이 된다. 이들은 상담과 사례관리, 사후 모니터링까지 맡고 있어 업무가 과중하다. 업무 과중으로 퇴사율도 높다. 상담사가 계속 신입사원으로 채워져 업무 효율도 담보할 수 없는 상황이다.

김강원 장애우권익문제연구소 인권정책국장은 "상담원 1명이 150건에 달하는 사례를 담당하는 비정상적인 상황에서 피해자 지원이 제대로 이뤄질 것을 기대하기는 어렵다. 옹호기관에 접수되지 않는 수많은 피해장애인에 대한 사례 발굴은 꿈도 못 꾼다."고 진단했다.

출처: 허현덕(2019. 10. 01).

사례 6

지난해 장애인학대 의심사례 1,835건에 달해

국회 보건복지위원회 최도자 의원이 보건복지부로부터 제출받은 자료에 따르면, 지난해 장애인권익옹호기관에 접수된 학대의심사례 수는 1835건으로 나타났다.

장애인권익옹호기관의 사례판정 결과, 학대 사례로 판정된 경우는 889건으로 전체 사례의 48.4%에 달했다. 증거가 부족하나 지속적인 관찰이 필요한 잠재위험사례는 150건(8.2%)이었다.

연령별로 보면, 20~30대 장애인학대 사례가 전체 899건 가운데 42.3%를 차지했다. 20대가 211명(23.7%), 30대 165건(18.6%), 40대 151건(17.0%) 순으로 나타나 상대적으로 나이가 어릴수록 학대피해 사례가 많은 경향을 보였다.

한편, 장애인들에 대한 착취 사례도 빈번하게 일어나는 것으로 나타났다. 지난해 학대사례 판정 1,234건(중복학대 포함) 중 '경제적 착취' 사례는 302건에 달했다.

최 의원이 보건복지부로부터 제출받은 '장애인권익옹호기관 조사 사건'을 보면, 장애인에 대한 학대 수위가 심각한 것으로 나타났다.

◇ [사례 1] 신체적 학대 사례

올해 2월, 경기도 A 장애인시설 종사자가 지적장애인들에게 서로 뺨을 때릴 것을 지시하는 등 신체적 학대를 가하고, 해당 장면을 영상으로 촬영하기도 했다. 현재, 해당 종사자는 「장애인복지법」 위반혐의로 경찰 조사 중이며, 피해자들은 권익옹호기관에서 심리치료 등 지원을 받고 있는 것으로 확인됐다.

◇ [사례 2] 경제적 착취 사례

대전지역 식당 운영자가 지적장애 여성에게 2010년부터 약 7년간 일을 시키면서 임금과 퇴직금을 지급하지 않았다. 지적장애 여성이 식당에서 일하는 동안에는 지속적인 폭언과 함께 폭행도 자행된 것으로 나타났다.

최도자 의원은 "사건접수 후 장애인권익옹호기관의 조사비율이 전국적으로 80%에 달하지만, 경기, 인천 등 학대의심사례 신고가 많은 일부 지역은 조사비율이 50%대 수준에 그치고 있다."면서 "장애인학대 사례 발굴과 개입이 적극적으로 이루어질 수 있도록 권익옹호기관의 활동을 강화해야 한다."고 강조했다.

출처: 임중선(2019. 9. 20).

사례 7

20대 국회 장애인권리보장법 제정 '비관적'

현재 3개 관련 법안 계류 중…공청회서 '이구동성'

복지부, "2021년까지 법안 마련, 2022년 국회 제출"

조현수 전국장애인차별철폐연대 정책실장은 "정부는 2022년까지로 로드맵을 제시했다. 아마 (제20대 국회 내에 제정이) 안 되지 않을까 생각한다. (21대) 총선 때 강하게 문제제기를 하고, 21대 국회 초기에 잘 이야기해야 하지 않겠나"라는 생각을 밝혔다.

조태흥 한국장애인연맹 기획실장은 "100% 불가능하다고 본다."고 말한 뒤 "오히려 장애인권리보장법안이 제정되고 안 되고의 문제가 아니라, 장애인당사자들이 법적인 부분을 어떻게 잡아나갈 것인지 스스로 논의했다는 것에 의의를 둬야 한다고 생각한다. 장애인권리보장법에 내용적으로 미흡한 부분이 있다면 근본적으로 논의를 다시 하는 게 더 현명하다고 본다."고 덧붙였다.

한편 권병기 보건복지부 장애인정책과장은 장애인권리보장법에 대한 복지부의 입장을 설명했다.

권 과장은 "복지부는 현재 2021년까지 법안을 마련하고 2022년에 국회로 제출하는 것을 목표로 하고 있다. 거기에 맞춰 계속해서 검토하고 있다. 이런 자리와 같은 공론화가 가장 중요하다."고 말했다.

이어 "현재 장애인권리기본법과 장애인권리보장법의 두 가지 법안이 나왔다. 어느 쪽인지를 (장애인계에서) 확실하게 정리할 필요가 있다."면서 "장애인권리보장법안에 규정된 보편적 소득보장, 개인예산제 등의 사안은 그 하나하나가 별도의 법으로 만들어져도 시원찮을 만큼의 파급력을 지니고 있다. 그런 것들이 쉽게 조항으로 들어갔는데도 장애 개념은 더 추상적인 개념으로 바뀌었다. 재정이 들어가는 부분은 어마어마해졌는데, 개념은 더욱 확장되고 불분명해졌다."는 입장을 밝혔다.

공청회를 마치며 이상호 한국장총 정책위원장은 "장애계 50년 투쟁의 역사에서 장애계가 하나 되어 패배한 적은 없다. 장애계가 하나의 목소리를 내고, 복지부가 힘을 보태준다면 장애인권리보장법을 실효성 있게 추진할 수 있을 것"이라고 전했다.

출처: 정지원(2019. 10. 30).

사례 8

장애인학대 신고 들어와도 빠른 대처 '끙끙'

국회 보건복지위 윤일규 의원(더불어민주당)이 2일 국회에서 열린 보건복지부 국정감사에서 장애인들의 인권과 학대피해 장애인들을 보호하기 위해 마련된 장애인권익옹호기관을 지역별로 확대해야 한다고 주장했다.

장애인학대는 다양한 장소에서 발생하고 피해자 다수가 직접 신고가 어려워 장기간의 학대 노출에도 발견이 어렵다.

이에 정부는 장애인의 인권을 보호하고자 2015년 「장애인복지법」을 개정해 장애인학대 예방과 학대피해 장애인을 위한 신고접수 및 조사, 응급조치, 피해 회복지원 등을 종합적으로 지원하기 위한 장애인권익옹호기관을 개설했다.

윤 의원이 복지부와 중앙장애인권익옹호기관으로 제공받은 자료에 따르면 지난해 학대의심신고는 3,658건이며, 이 중 학대의심사례 1,835건(50.2%)이다. 학대피해 장애인 중 발달장애인 비율이 70.4%이나 당사자 신고율은 단 2.9%에 불과했다.

장애인의 피해조사와 예방을 위해서는 지속적인 예방교육과 현장조사가 필요하고 학대신고 접수 시 업무 매뉴얼에 따라 72시간 이내(2인1조) 현장조사 및 응급조치가 이루어져야 하지만 17개 시·도별 상담원 평균 배치인원이 단 2~3명으로 접수되는 모든 신고에 적극적인 대처가 불가능하다는 것이다.

더불어 도 소재기관의 경우 행정구역이 넓어 물리적 접근성에 대한 어려움이 발생한다. 특히, 전라남도의 경우 섬이 많아 업무수행 시 많은 시간이 소요됐다.

또한, 피해조사와 지원이 지연될 경우 학대행위자로부터 2차 폭행 및 협박, 피해자 은닉, 회유 등의 또 다른 피해를 겪게 되어 그 문제가 더욱 심각하다고 지적했다.

윤 의원은 "지역별로 인력 부족으로 상담원 1인당 매년 약 91건의 학대신고를 접수, 46건의 학대의심사례를 조사하고 있다. 추가 신고가 들어와도 조기 조치가 어렵다."고 언급하며 "부족한 인력을 보충하고 지역별 기관을 확충하는 등 추가적인 대안을 마련해야 한다."고 주장했다.

출처: 이술기(2019. 10. 2).

함께 생각해 봅시다

01 장애인학대를 근절하기 위한 ① 예방 및 조기발견, ② 피해자 지원, ③ 재발 방지의 세 가지 측면을 고려한 종합적 접근에 대해 생각해 봅시다.

02 장애인학대 예방과 조기발견을 위해서는 인식 개선과 홍보 강화, 신고 활성화가 이루어지기 위한 정책방안에 대해 생각해 봅시다.

03 장애인학대의 재발을 방지하기 위해서는 행위자에 대한 처벌 강화뿐 아니라 재발 방지 프로그램에 대해 생각해 봅시다.

08

CHAPTER

방 임

1 방임의 개요

1) 방임의 개요

방임(放任)은 사람이 상대방에게 기본으로 제공되어야 하는 숙식, 의료(어린이의 경우에는 교육까지 포함됨)를 제공하지 않고 방치하는 학대의 유형이다. 신체적 학대, 심리적 학대, 성적 학대가 능동적인 유형의 학대인 것과는 달리, 방임은 수동적인 유형의 학대이다. 실질적인 학대 유형에는 잘 언급되지 않지만, 방임의 파생 학대 유형으로 유기가 있는데, 유기는 사람이 상대방을 아예 버리는 것이다(위키백과).

이러한 방임은 어쩌면 학대만큼 아동에게 심각한 부정적인 영향을 줄 수 있다. 처음에는 방임이 문제가 없는 것처럼 보이지만, 아동에게는 정서적 · 신체적으로 영향을 준다. 아동에게 물질적 · 교육적 · 신체적으로만 지원하고 지지한다고 해서 필요한 것을 모두 채워 주는 것이 다가 아니다.

아동에게는 스킨십, 정서적 지지, 정서적 유대관계도 중요하지만 오늘날에는 아동에게 정서적인 부분을 채워 주는 것이 부족하며, 부모와의 정서적 유대 및 건강한 애착관계를 형성하는 것이 어렵다.

아동은 부모의 긍정적인 면과 부정적인 면을 모두 답습하기 때문에 방임아동도 이와 마찬가지로 부모의 모습을 보고 답습한다. 그리고 성인이 되어서도 자신의 자녀에게 똑같이 할 가능성이 크다.

방임아동은 부모에게서 기본적인 애정과 관심을 받지 못하고 자랐기 때문에, 부모를 차갑고 안정감을 얻을 수 없는 존재로 여길 수 있다. 그러나 그러한 부모임에도 방임아동은 끊임없이 부모를 통해 관심과 사랑을 받기를 원하고 노력한다.

방임아동의 경우 부모에게 받아들여지는 경험이 많지 않기 때문에, 다른 사람을 받아들이는 것에 어려움이 있으며, 더 큰 문제는 다른 사람뿐만 아니라 이후 자신의 자녀를 받아 주지 못할 수 있다는 것이다. 부모와 맺었던 애착관계를 그대로 자신의 자녀와 맺게 될 가능성이 크다. 그렇게 되면 자신의 어렸을 때와 똑같이 자녀도 방임해서 키우게 된다.

2) 학대방임과 정서조절

학대아동이 보이는 우울과 불안 문제에 대해서는 이들의 지닌 정서조절의 어려움에 주목할 필요가 있다. 실제로 많은 연구에서 피학대집단 아동이 정상집단 아동에 비해 정서조절 능력이 떨어진다는 사실이 밝혀졌다.

부정적 정서를 경험했을 때 적절히 조절할 수 있는 기술을 가지 못한 것으로 나타났다(Shipman et al., 2005). 또한, 이들에게서 보이는 정서이해 부족은 타인의 감정 상태를 이해하는 데 어려움과(Pears & Fisher, 2005) 타인에 대한 공감능력의 저하와도 연관되어 있었다(김환 · 한수미, 2015). 학대아동은 자기 정서에 대한 이해가 부족할 뿐만 아니라 정서를 적절하게 표현하지도 못하는데, 그 결과 자해행동과 같이 극단으로 표출되거나(Thomasin, Shafer, Maden, & Londino, 2016), 감정표현불능증(alexithymia)으로 나타난다(권지은 · 황순택 · 이승복, 2012; Paivo & McCuloch, 2004).

이러한 아동학대는 그 빈도가 더 잦고 심각도가 클수록 학대아동의 전반적인 정서조절 곤란 수준이 더 심한 것으로 나타났다(최지영 · 오경자, 2015). 나아가 아동기 학대는 성인기 정서조절의 어려움과도 연관이 있었는데, 이는 현재 정서 수준을 통제하고도 유의하게 나타나 부성적 정서 자체가 아니라 정서의 조절이 문제인 것으로 나타났다(Bradley et al., 2001).

3) 방임의 개념

「아동복지법」 제3조 제7호에 따르면, 방임은 보호자가 위험한 환경에 노출시키거나 아동에게 필요한 의식주, 의무교육 및 의료 조치 등을 제공하지 않는 행위를 의미하며, 유기는 보호하지 않고 버리는 행위를 말한다.

우리나라에서는 방임에 대한 인식이 날로 증가하고 있지만 심각성에 대해서는 깊게 생각하지 않는다. 하지만 미국은 우리나라와 다르게 방임을 학대와 동일한 선상에서 심각하게 보기에, 방임에 대한 신고체제가 잘 되어 있고 추후 복지까지 잘 되어 있는 편이다(경인일보, 2014. 4. 24).

방임에 대해서 우리나라는 「아동복지법」을 기본적으로 따르지만, 학자에 따라 방임에 대한 정의와 종류가 조금씩 다른 것을 볼 수 있다.

「아동복지법」에서의 방임이란 보호자가 아동을 위험한 환경에 처하게 하거나 아동에게 필요한 의식주, 의무교육, 의료적 조치 등을 제공하지 않는 행위를 말한다(박미경, 2005).

아동학대 및 방임을 이해하기 위해 문화적 차이에 대한 필요성을 오랜 시간을 거쳐 연구하였다. 아동방임은 지속적으로 늘어나고 있는 반면, 대부분의 사람은 아동방임에 대해서 심각하게 생각하지 않고 있다. 아동방임의 심각성에 대한 인식이 점점 높아지고 있지만 아직은 부족한 실정이다.

「아동복지법」에서는 방임을 물리적, 교육적, 의료적 방임으로 나눈다.

중앙아동보호전문기관(2017)에서는 방임의 유형을 물리적인 방임, 교육적인 방임, 의료적인 방임, 유기 등의 네 종류로 나누고 있다.

첫째, 물리적 방임이란 기본적인 의식주를 제공하지 않거나 지저분하고 불결한 환경, 위험한 상황의 노출을 의미한다. 또한, 보호자의 외출 또는 가출 등으로 영유아가 태어났음에도 출생신고가 되어 있지 않는 경우, 보호자가 영유아·아동·청소년을 시설 근처에 버리는 경우, 아무런 연락 없이 친척집 근처에 무작정 놓고 사라지는 방치행위를 의미한다(중앙아동보호전문기관, 2017).

둘째, 교육적 방임이란 보호자가 아무런 사유 없이 영유아, 아동, 청소년을 학교에 보내지 않거나 무단으로 결석을 시키는 경우를 의미한다. 「교육기본법」 제8조 제1항에 따라 6년의 초등학교와 3년의 중학교 교육을 의무교육으로 정하고 있어 이러한 기준에 의거하여 반드시 지켜야 하는 의무사항이다.

셋째, 의료적 방임이란 영유아, 아동, 청소년에게 필요한 의료적인 처치나 처방에 개입하지 않고 방치하는 것을 의미한다. 예를 들면 예방접종을 해야 하는 아동에게 예방접종을 하지 않는 행동 등을 의미한다. 또한, 아동의 건강이나 복지에 적절한 보호 없이 방치하여 약물이나 술을 허용하는 행위와 의료적 방치를 의료적 방임으로 설명하고 있다(송성자, 1993; 허진아, 2017).

Meier(1964)는 신체적 돌봄이나 의료적 돌봄이 부적절하거나 아동 노동력 착취와 아동의 교육기회 박탈, 아동을 비도덕적 영향력이나 범죄적인 것에 노출하는 것이며, 부적절한 보호가 부모의 과실보다는 지역사회의 책임적 역할을 강조하였다.

넷째, 유기란 영유아 · 아동 · 청소년을 버리는 행위, 아동만 보호자 없이 병원에 입원시키고 사라지는 행위, 시설 근처에 아동을 버리고 가 버리는 행위 등을 말한다. 방임 또는 유기를 경험한 영유아 · 아동 · 청소년은 잦은 결석, 계절에 맞지 않는 옷 착용, 몸에서 나는 악취, 비위생적이거나 건강하지 않은 신체 상태, 불안정한 심리 상태를 보인다고 하였다(중앙아동보호전문기관, 2017). 또한, 함선희(2015)는 청소년기 이전의 아동을 건강하게 성장시켜야 할 책임을 가진 부모나 대리 양육자가 고의적인 무관심과 반복적인 방치 및 유기로 인하여 인지와 정서, 육체적인 발달에 문제가 발생하는 상태를 유기라고 하였다.

이상과 같이 국내외 방임에 대한 경험적 연구의 개념에 대하여 정리하면 다음과 같다〈표 8-1〉.

〈표 8-1〉 국내외 방임에 대한 경험적 연구의 개념

연구자	연도	방임의 개념
Polansky와 Haly	1975	아동을 책임지고 돌보는 사람이 고의적이거나 보통이 아닌 수준의 태만으로 신체적, 지적, 정서적인 능력을 저하시키고 제공하기를 포기한 상태.
Mak	1994	신체적, 의료적으로 돌보지 않거나, 아동 노동력의 착취, 아동의 도덕성에 영향을 미치는 범죄적인 행위에 아동을 노출시키는 것.
Dodge	2008	부모의 부적절한 보호가 연속적으로 이루어지는 경우 지역사회의 책임과 역할에 중요성을 강조함.
Wilson과 Widom	2009	아동의 건강과 복지에 부정적 해를 끼치며 위협이 될 수 있는 환경 속에서 부모나 양육자가 아동에게 행하는 무 관심적 처우상태를 의미함.
송성자	1993	부모나 보호자가 직접 신체적 성학대를 하지 않았다고 하더라도 신체 보호나 가정 내 혹은 가정 외의 상황에서 감독을 제공하지 못하여 학대받는 것을 방치거나 허용한 행위임.
허남순	1993	아동의 복지에 책임을 지고 있는 자가 아동의 건강이나 복지에 해를 끼치거나 긍정적인 환경에 방치되거나 부정적 환경을 허용하는 태도
윤혜미	1997	아동의 균형적인 성장을 위해 책임지고 양육해야 할 양육자가 고의적으로 무관심하거나 문제행동을 인지하지 못하여 반복적인 방치로 정서적, 인지적, 육체적 발달에 문제를 일으키는 행위.
한인영	2000	방임이 학대에 비해 부정적 태도의 문제이며, 만성적이고 지속적인 속성을 가지고 부모나 대리보호자가 해 주어야 할 것을 해 주지 않는 것을 의미함.
김영미	2003	주 양육자가 아동의 신체, 인지, 정서적인 능력 개발을 위해 기본적으로 필요한 환경 조건을 제공해 주지 못해 양육자나 타인과의 관계로부터 건강과 안전이 위협받고 정서적 박탈감을 경험하게 되는 상황의 의미함.
류혜정	2003	주 양육자의 양육태만이나 무관심 또는 부모의 능력 부족으로 인하여 아동이 적절한 보호와 양육을 받지 못해 신체·심리·정서·사회적 안정과 성장에 손실을 가져오는 행위임.
김현옥·김경호	2001	방임은 작위적인 신체적 학대 등과는 달리 부작위적인 성향이 강하고, 양육 선상에서 발생되는 것으로 무관심 속에서 이루어지는 행위임.

출처: 박은실(2019), pp. 7-9.

4) 방임의 특성

방임은 해 주어야 할 것을 해 주지 않는 것으로(한인영, 2000), 만성적이고 지속적이다.

WHO(2002)는 '가족이나 보호자에게 적절한 자원의 유무'가 방임을 판단하는 기준으로 활용되어 방임 판단에서 보호자의 고의성을 살피도록 하며, 아동의 건강이나 신체적, 정신적, 영적, 도덕적 혹은 사회적 발달을 저해할 가능성이 큰 행위로 방임을 설명하고 있다.

인간은 태어나는 순간부터 형성되는 가장 중요한 형태가 사회적 발달이며 양육자인 부모, 그중 어머니와 더욱 친밀한 유대관계가 형성되는데, 이를 애착이라고 하며 애착은 양육자와 아동 간의 강한 정서적 유대를 맺게 된다(Bowlby, 1988). 양육자와 특정한 느낌과 생각 및 행동이 양육자인 애착대상과 긍정적인 반응을 가질 때 건강하고 성숙하게 발달할 수 있다. 그러나 부정적인 관계를 형성하게 되면 통합되지 못한 채 미성숙으로 발달하게 된다(Wallin, 2007).

이때 방임을 경험한 아동은 부모와의 안정적인 애착형성에 실패하면서 또래 관계에서도 부정적인 영향을 예상할 수 있으며 애착대상자인 부모와의 상호작용의 경험 부족으로 타인에 대한 인지적 표상이 부정적으로 형성될 수 있다. 이로 인해 타인에 대한 경계와 왜곡으로 관계에서의 피해의식, 관계 맺음의 어려움, 관계에서의 소외감을 느끼며 부주의한 방법으로 관계를 형성하는 경향이 있다고 주장한다(김광혁, 2009).

여기에 더하여 신체적 학대까지 겹쳐진다면 이를 경험한 아동은 내면의 변화를 일으키게 되고 경험한 사건을 이해하고 받아들이는 데 있어서 부정적인 영향이 크게 미치게 되며 성인기에 기분장애, 성격장애 등의 정신병리에 취약하게 만든다고 했다(임혜나, 2016).

(1) 방임아동의 특성

첫째, 방임된 아동은 부적절한 가정환경과 부모와의 긍정적인 상호작용 결핍으로 인해 안정감의 결여와 정서적 긴장감을 지속적으로 경험하며, 이로 인해서 환경에 대해 불안을 갖게 되고 정서발달의 어려움을 나타낸다(라혜민, 2016).

둘째, 부모로부터 성장기에 충분한 영양 섭취를 받지 못하는 방임의 경험이 커질수록 신체발달에 장애를 가져오는 등 치명적인 결과를 초래하게 된다(조민선, 2000).

셋째, 보호자와 적절한 상호작용의 결핍으로 보호자가 아동에게 무관심한 경우 아동은 부모와 애착형성이 잘 되지 않아 발달상의 어려움을 갖게 되며 관계 형성에 부정적이 된다(김나미, 2001).

넷째, 방임을 경험한 아동은 학교생활에서 부적응 행동을 보이며 또래와의 건전한 관계를 유지하지 못하고, 자신감이 저하되고, 적절한 언어 사용의 어려움, 인간관계에서 표현의 서투름 등으로 다양한 측면에서 부적응을 보여 준다(조옥자, 2004).

다섯째, 방임된 아동은 부모와의 적절한 상호작용의 경험을 갖지 못하며 감정표현에 소극적이며 의욕 저하를 보이고 무기력한 내적 작동 모델을 갖는 경우가 많다(이배근, 2004).

(2) 방임의 유형

미국의 아동학대 및 방임 매뉴얼은 방임의 수준을 가벼운 수준(mild), 중간 수준(moderate), 심각한 수준(severe) 세 가지로 분류하고 있으며 방임의 유형은 신체적 방임, 의료적 방임, 부적절한 보호, 환경적 방임, 정서적 방임, 교육적 방임, 신생아 약물 중독 혹은 노출 등으로 구체적으로 제시하고 있다(DePanfilis, 2006).

보건복지부는 아동의 방임을 다섯 가지로 분류하였으며 고의 또는 반복해서 아동에게 의식주를 제공하지 않거나 장시간 아동을 위험한 상태에 방치하는 물리적인 방임 및 유기, 예방접종을 제때 하지 않거나 필요한 치료를 소홀히 하는 등의 의료적 방임, 아동과의 약속에 무신경하거나 아동의 마음에 상처를 입히는 등의 정서적 방임, 아동의 무단결석을 허용하는 등의 교육적 방임 등으로 분류하였다(보건복지부, 2018).

〈표 8-2〉 방임의 유형

학자	유형	내용
황순옥 (2015)	물리적 방임	물리적 방임은 기본 의식주에 소홀히 하는 것 이외에도 불결하거나 위험한 환경에 아동을 방치하는 것과 출생신고 등을 하지 않은 행위가 포함되며, 아동에게 적절한 돌봄을 하지 않는 양육 태만을 의미하고 보호자가 아동을 가정 내에 두고 가출한 경우와 보호자가 친족에게 연락을 하지 않고 무작정 아동을 친족 집 근처에 두고 사라지는 경우를 말함.
류정희 (2016)	교육적 방임	초등학교부터 중학교까지 의무교육을 하지 않거나 무단결석을 방치하는 행위로 필요한 특수교육을 제공하지 않는 행위를 말하며, 아동이 교육활동에 필요한 정신적, 물질적 지원을 제대로 제공받지 못하는 상태를 의미함.
이혜경 (2009)	의료적 방임	아동의 건강 보호의 거부 및 지연으로 아동의 신체적, 정신적 아픔이나 증상에 대하여 필요한 의료적 처치 및 개입을 하지 않거나 필요한 예방, 장애아동에 대한 치료 거부 등이 포함됨.
중앙아동보호전문기관 (2018)	유기	아동을 보호하지 않고 버리는 행위나 병원에 입원시키고 사라지는 경우, 시설 근처에 버리고 가는 행위이며, 보호자가 아동의 보호를 사실상 포기하고 보호자의 행방을 찾거나 연락을 취할 수 없는 상태를 말함.
안동현 (2000)	정서적 방임	보호자가 아동에게 적절한 심리적 안정과 양육을 제공하지 않는 행위이며 아동에게 부정적 행위를 허용하며 비합리적 훈육과 가족 내에 학대 상황에 노출시키는 행위 등으로 아동에게 심리적 보살핌을 하지 않는 행위를 포함함.
박신혜 (2001)	정서적 방임	아동의 보편적인 성격발달을 위한 정서적 지지나 보호의 결핍을 의미하며 부모 및 주 양육자로부터 격려와 칭찬, 조언 등이 단절된 정서적으로 황폐한 상태에 놓이게 됨.

출처: 고지숙(2018), pp. 16-17.

(3) 방임(신체적, 행동적)으로 인한 징후

방임으로 인한 부정적 징후는 영양결핍 상태, 발육 부진, 심각한 위축 등으로 성장장애(FTT: Fail to Thrive)를 겪는 전형적인 결과로 볼 수 있다(이현순, 2013). 이 내용을 기반으로 방임을 신체적, 행동적 징후로 구분해 정리하면 〈표 8-3〉과 같다.

〈표 8-3〉 방임으로 인한 신체적, 행동적 징후

구분	방임
방임의 신체적 징후	• 비위생적인 신체 상태, 의료치료 불이행, 건강상태 불량함. – 성장, 발달 지연 및 지체. – 적절하지 못한 영양으로 영양실조 및 섭생장애. – 냄새 나는 의복과 계절에 관계없는 의상 착용. – 청결하지 못한 몸과 머리. – 지속적 피로 · 불안정감 호소, 수업 중 졸고 있는 태도. – 위험한 상황에서 보호받지 못하는 방치된 상태.
방임의 행동적 징후	• 도벽 등의 비행행동을 함. – 음식을 구걸하거나 훔치는 행위. – 항상 배고파하는 경우로 쓰레기를 뒤지는 행위. – 파괴적 자아 또는 극단적이고 공격적인 행위. – 위축, 거짓행동 또는 성숙한 책임감으로 과장된 거짓행동. – 나이에 맞지 않는 어린 아이와 같은 행동. – 빈번한 학교 결석과 지각 등으로 관심받고자 하는 행동. – 우울증과 조울증으로 자기 조절이 힘든 상태.

출처: 보건복지부 · 아동보호전문기관(2017), 기존 연구 내용을 기반으로 연구자 정리 · 재인용.

2 아동과 노인의 방임

1) 아동방임의 개념 및 특징

(1) 개념

아동방임이란 보호자가 위험한 환경에 처하거나 아동에게 필요한 의식주, 의무교육, 의료적 조치 등을 제공하지 않는 행위를 말하며 유기란 보호자가 아동을 보호하지 않고 버리는 행위를 말한다(「아동복지법」 제3조 제7호). 방임의 법적 정의에서 가장 중요한 용어는 '소홀'로 기본적으로 제공해야 하는 것들을 소홀히 하는 행위이다(「아동복지법」 제17조 제6항).

(2) 특징

첫째, 방임아동은 지적 및 인지 기능에 결함이 있으며, 심각하면 높은 발달지연과 중추 신경계 장애를 갖게 되고 과잉행동 및 충동적 행동이 많고 학습과 자기계발에 필요한 에너지를 고갈시킨다고 한다(박미경, 2005).

둘째, 감정조절 기능이 저하되거나 이상이 생기게 되며, 자기개념에도 손상이 생긴다.

셋째, 적응하는 데 필요한 감정조절이 부족하게 됨으로써 양육자와 상호작용에 방해 또는 부정적인 반응을 초래한다. 이런 증상이 심각해지면 무력감에 빠지거나 위험 상황에 굉장히 민감하게 반응하고, 아주 위축되거나 공격적인 양극단으로 나타날 수 있다(박미경, 2005).

넷째, 자기 자신에 대한 가치나 인식의 저하 또는 파괴를 경험하고, 이로 인한 우울, 슬픔, 불안 등 내면적 정서 문제와 적개심과 분노 등에 기초한 공격적 행동이나 비행 등 외현화된 행동 문제를 갖게 될 가능성이 크다(김광혁, 2009).

다섯째, 자기 자신에 대한 인식뿐만 아니라 타인에 대한 인식도 왜곡되어 있을 확률이 크다. 부모와의 관계가 원만하지 않고 부정적이기에 타인과 관계를 맺는 방법을 제대로 알지 못하고 타인과의 관계도 부정적이게 된다.

여섯째, 안정적인 환경과 1차적 보호자로부터 지지가 결여되어, 타인과의 관계에서 자신이 보호받을 가치가 없는 존재로 인식하게 되는 것이다(김광혁, 2009).

아동방임에 대한 특징을 다시 정리하면 〈표 8-4〉와 같다.

〈표 8-4〉 방임이 되는 아동의 특징

행동범주	특징
또래관계	• 희생양이 된다. • 이방인이 된다. • 따돌림을 받는다. • 친구를 사귈 줄 모른다.
부모와의 관계	• 부모에게 도움이나 안정을 얻으려고 하지 않는다. • 자녀에게 무관심한 것 같다. • 분명한 문제가 있는데도 아무일도 하지 않는다. • 다른 사람의 도움을 거절한다.
학교에서의 활동	• 일찍 등교하고, 방과 후에도 집에 가려 하지 않는다. • 피곤한 상태로 학교에 온다. • 수업시간에 졸음이 잦다. • 집에 가도 돌봐주는 사람이 없다고 교사에게 말한다. • 다른 아이들과 놀지 않는다. • 위축되어 있고 조용하다. • 통제되지 않는 과다행동을 보인다.

출처: 김경애(2014), p. 10.

2) 방임의 경험

한국청소년정책연구원(2019)에서 발표한 '한국아동 · 청소년 인권실태 2018총괄보고서'를 인용하면 밤늦게까지 부모님 없는 집에 있었던 방치 경험이 있는 아동 · 청소년은 전체의 60.4%였고, 일주일에 1~2회 이상 경험한 사람은 5.9%였으며 이러한 경험은 초등학생이 가장 낮았다. 가족 유형에서는 한부모 가정에서 64.9%로 가장 높게 나타났고, 경제적 수준이 낮은 청소년도 66.7%로 비교적 높게 나타났다. 이러한 결과는 상당수의 아동·청소년이 돌봄의 부재를 경험할 가능성이 크다는 것으로 돌봄 부재의 원인에 따라 부모의 노동시간을 줄이거나 방과 후에 사회적 돌봄 시스템을 마련하는 등의 대안을 마련할 필요가 있음을 보여 준다.

〈표 8-5〉 밤늦게까지 보호자 없는 집에 있었던 경험 비율

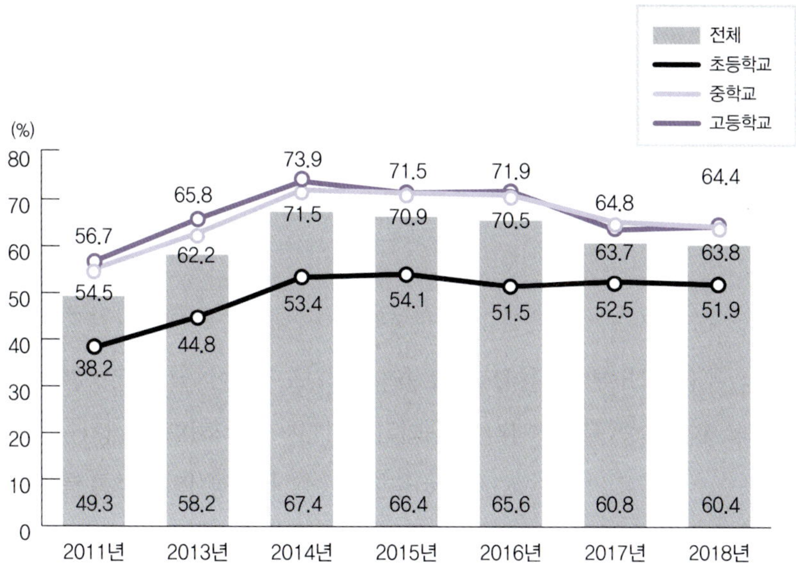

출처: 한국청소년정책연구원(2019). 한국아동·청소년 인권실태 2018 총괄보고서, p. 240.

깨끗하지 않은 옷이나 이부자리를 이용한 경험 비율을 연도별로 비교해 보면 2011년에서 2014년까지 증가하다가 이후 2018년까지 점진적으로 감소하는 것을 볼 수 있다〈표 8-6〉.

또한, 아동이나 청소년 자신이 식사를 못 해도 부모님이 신경쓰지 않았던 경험 비율의 연도별 추이를 살펴보면 2011년부터 2018년까지 점진적으로 감소된 것을 볼 수 있다. 더욱이 2011년에는 학교급별로 큰 차이를 보이던 것에 비해 2018년에

는 격차가 크게 감소하는 특징이 있다〈표 8-7〉.

〈표 8-6〉 깨끗하지 않은 옷이나 이부자리를 이용한 경험 비율

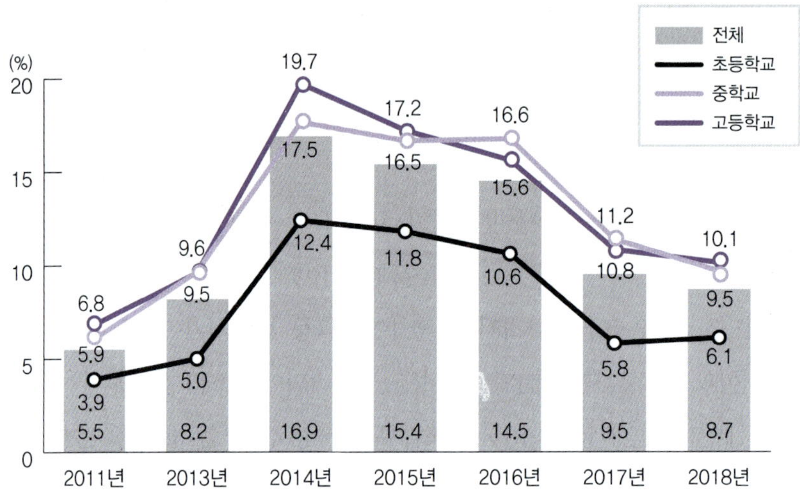

출처: 한국청소년정책연구원(2019). 한국아동 · 청소년 인권실태 2018 총괄보고서, p. 242.

〈표 8-7〉 자신이 식사를 못 해도 부모님이 신경 쓰지 않았던 경험 비율

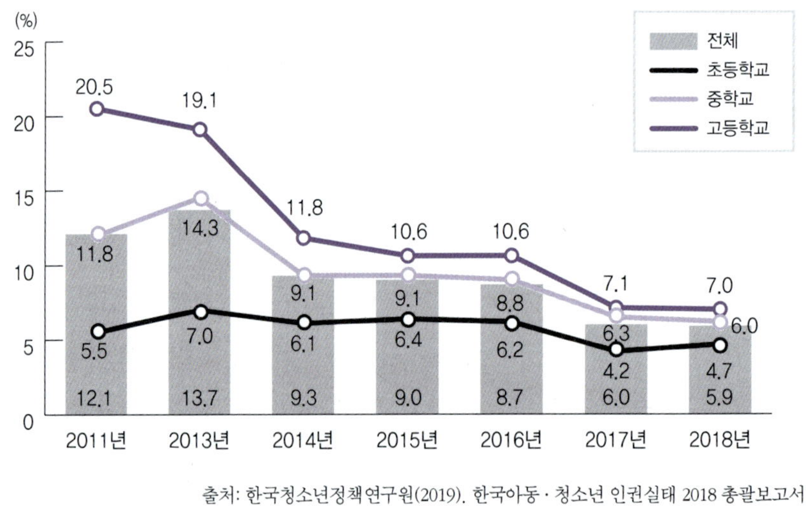

출처: 한국청소년정책연구원(2019). 한국아동 · 청소년 인권실태 2018 총괄보고서, p. 244.

자녀가 아파도 적절한 의료적인 처치를 하지 않는 것은 의료방임에 해당한다. 아동·청소년에게 의료방임과 관련 경험을 조사한 결과, 아파도 부모님이 그냥 내버려 둔 경험이 있는 아동과 청소년은 전체의 4.8%였다. 학급별로는 중·고등학생이 초등학생에 비해 비율이 높게 나타났다. 가족 유형별로는 중·고등학생이 초등학생에 비해 비율이 높게 나타났다. 가족 유형별로는 기타 집단이 가장 높게 나타났고, 경제적 수준으로는 가장 낮은 집단의 경험비율이 9.6%로 높게 나타났다.

〈표 8-8〉 의료방임 경험 비율

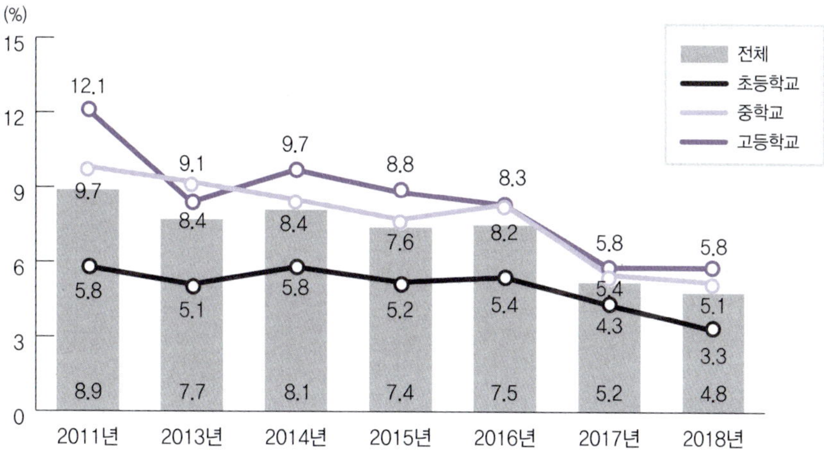

출처: 한국청소년정책연구원(2019). 한국아동·청소년 인권실태 2018 총괄보고서, p. 246.

결국, 방임을 경험한 아동과 청소년은 부정적인 정서를 갖게 되고, 가장 기본적인 부모로부터의 지지 기반이 제대로 세워지지 않았기 때문에 타인에 대한 신뢰감뿐만 아니라 자신에 대한 신뢰도 없다.

인간은 사회적 동물로서 타인과 부대끼며 살아가야 하는데, 자신과 타인에 대한 신뢰감 없이는 제대로 된 삶을 사는 데 어려움을 가질 수밖에 없다. 방임을 경험하는 그 당시뿐 아니라 성인이 된 이후에도 지속적으로 영향을 주기에 이는 가정 안에서의 문제로만 볼 것이 아닌 사회문제로 봐야 한다. 방임은 부모가 아동의 정서를 무시하고 자신의 정서에 따라 자녀를 대하는 것으로, 아동을 하나의 인격체로 보는 것이 아닌 자신의 소유물로 보기에 발생하는 것이다.

〈표 8-9〉 부모와 교사를 통한 방임 경험

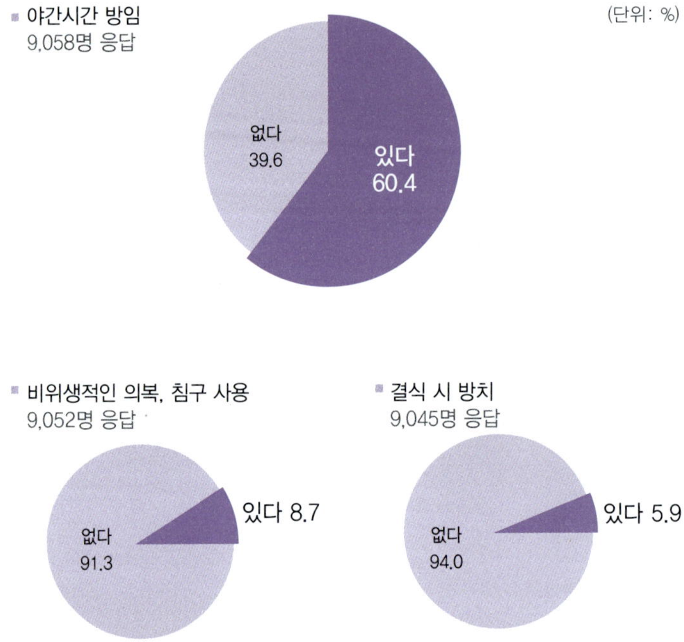

출처: 한국청소년정책연구원(2019). 한국아동·청소년 인권실태 2018 총괄보고서, p. 26.

3) 노인방임

핵가족화와 가치관의 변화로 인한 부양기능 및 부양의식의 약화는 가정에서의 노인부양 부담을 증가시키게 되어 노인학대와 같은 문제를 발생시키는 요인이 되고 있다(Seo, 2000). 또한, 노인방임은 사회규범과 사회적 가치의 변화, 세대 간의 가치 차이, 노인인구의 증가 및 경제 여건의 변화 등 복합적인 원인에 의해 발생하는 문제로서 실제로 빈번하게 발생하고 있으며 노인방임에 관한 사회적 관심도 증가하고 있다(Han, 2006).

노인방임이란 가족들의 관심 결여로 인해 노인의 행복이나 건강에 필요한 것을 주지 않는 것을 의미하며, 부양자가 노인에게 제공하는 보호 수준과 그에 관한 노인의 기대 수준에서의 차이가 방임으로 이끌 수 있다(Rosenblatt, 1997).

노인방임의 문제는 특히 가족의 부끄러움이나 갈등이 노출되는 것을 매우 꺼리는 우리의 문화적 배경에 의해서 사례가 감추어지고 외부로 드러나지 않고 있다. 전문가가 개입되지 못한 상황에 계속 방치해 두거나 환경의 변화가 없는 한 심각한 질병, 위기, 시설의 입소나 사망으로 나타날 수 있다.

방임에 자주 노출되면 정서적으로는 자아존중감이 낮아지게 되고 스트레스와 우울감은 증가하게 되어 이로 인해 자살의 주요 위험요인이 되기도 한다(Seo, 2011). 자녀가 부모에 대한 부양의식을 거부한다면 자녀들을 위하여 헌신적으로 살아온 노인들은 허탈감에 빠지게 되고 심리적인 갈등으로 인해 자살에 이르기도 한다(Lim, 1994). 따라서 우리 사회에서 노인방임에 대한 예방과 대책이 마련되도록 세심한 관심과 주의가 요망된다.

그동안 노인방임과 관련된 국내 연구는 주로 노인학대에 편중되어 왔으며, 노인방임의 원인과 실태에 관한 양적 연구가 주를 이루고 있음을 알 수 있다.

노인방임의 구조적인 문제는 방임된 노인에 초점을 두고, 이들의 경험 과정을 질적 접근방식을 통해 심층적이고 포괄적으로 파악할 필요가 있다. 즉, 노인방임이라는 사회문제는 방임된 노인의 입장에서 어떻게 이를 경험하고 수용 또는 대처해서 삶을 재편성해 가는가에 대한 이해, 즉 개인의 경험 차원에서부터 그 실마리를 풀어가야 할 것이다.

가족원으로부터의 방임 경험은 '연락 또는 왕래를 하지 않고 방치' 1.1%, '필요한 기본 생계비용을 제공하지 않거나 중단' 0.3%, '경제적 능력이 있음에도 고의로 필요한 보장구를 제공하지 않음'과 '병원에서 치료를 받아야 할 상황에도 병원을 데리고 가지 않음'이 각 0.2%였다. 방임 역시 해당 항목 모두에서 남성 노인의 경험이 여성보다 높게 나타났다.

〈표 8-10〉 방임 피해 실태

(단위: %)

구분	전체	여성	남성
길이나 낯선 장소 등에 버려 사고를 당할 수 있는 위험한 상황에 처하게 하는 행위	–	–	–
스스로 식사하기 힘든 나를 방치하는 행위	–	–	–
경제적 능력이 있음에도 불구하고 고의로 필요한 보장구를 제공하지 않는 행위	0.2	–	0.6
병원에서 치료를 받아야 할 상황인데도 나를 병원에 데리고 가지 않는 행위	0.2	–	0.6
필요한 기본생계비용을 제공하지 않거나 중단하는 행위	0.3	0.2	0.4
연락 또는 왕래를 하지 않고 방치하는 행위	1.1	0.7	1.7
동의 없이 시설에 입소시키거나, 병원에 입원시키고 연락을 끊는 행위	–	–	–

주 1) 백분율은 661명(응답자 수)을 기준으로 가중치를 부여하여 추정함
2) 분석에서 무응답은 제외함

출처: 여성가족부(2016). 2016 가정폭력 실태조사 연구, p. 136

3 방임이 미치는 영향

1) 사회성

(1) 사회성 개념

사회성은 인간의 능력과 표현의 형식이 사회화(socialization)되는 정도를 나타내는 개념이라고 생각되지만, 무엇이 사회화되고 있는가에 따라서 다음 세 가지 개념을 생각할 수 있다.

① 사고 및 판단에 있어서의 사회성

사고(思考)나 판단을 할 때 자기중심의 형식, 즉 자기만의 입장에서 사물을 사고하는 단계에서 제3자의 입장에서 사고하고 판단하게 되는 것으로, 사고와 판단의 형식이 이 단계에 이르게 되면 그 사람의 사고, 판단은 사회화하여 사회성을 가지게 되었다고 하겠다.

② 사교성으로서의 사회성

상대에 대한 행동의 한 양식이며, 이 경우 상대에 대해 개인 또는 집단을 이룬 행동은 사회적 행동이라 불리며, 이런 행동이 많아질수록 사회성이 발달했다고 말한다. 예를 들면 처음에 혼자만 놀며 곁에 타인이 있어도 의식하지 않던 아이가 곁에 있는 사람을 의식하고, 그와 접촉하면서 같이 놀고 싶어 한다. 이처럼 상대방에 대한 행동, 상대방에 대한 흥미를 갖는 행동의 발달을 사회성의 발달이라고 한다.

③ 행동에 있어서의 사회성

구체적으로는 협동 동작이라든가, 놀이의 규칙을 지킨다든가, 통솔한다든가, 짝패를 짓는다든가 하는 것으로, 자기 혼자만이 하는 것이 아니고 타인과 연결된 행동, 타인과 함께하는 행동이 사회적 행동이며, 이런 사회적 행동을 행할 수 있는 성질을 사회성이라고 할 수 있다. 행동의 사회성이란 사고를 배경으로 하지만, 사고와 행동이 반드시 일치하는 것은 아니므로 일단 구별된다.

④ 사회적 가치로서의 사회성

사회적 사상과 행동이란 바람직한 가치가 있는 것이어야 한다고 생각할 때 또 다른 면에서의 사회성을 생각할 수 있다. 예를 들어 짝패를 지어 싸움을 한다는 것은 상대방과 집단을 인식한 것이고 이에 대한 행동이므로, 이것도 역시 사회성을 가진 것이라고 할 수 있으나 이는 반사회적인 것이기도 하다(이태신, 2000).

또한, 사회성은 사회생활을 원활하게 잘 유지해 나가는 능력이며 심리적으로는 동정, 친애, 협동 등의 사회적 경향을 내포하고 있으며 대인관계를 유지·발전시키는 기능이라고 설명한다. 따라서 사회성이란 타인과의 상호작용을 통해 자신을 알아가는 과정을 학습하며, 집단 활동에 즐겁게 참여하고, 타인에게 우호적이며, 새로운 환경에 접했을 때 잘 적응할 수 있는 능력으로서 타인이나 사회적 환경 속에서 적절한 반응을 해 나가는 적응력이라 할 수 있다.

(2) 사회성 향상

인간은 불완전한 존재로 태어났지만 사회집단을 통해 여러 형태의 사회적 과정과 경험을 거쳐서 점차 사회화되고 이러한 과정에서 사회성을 형성하게 된다(이현진, 2013). 또한, 인간은 삶을 유지하면서 집단에 소속되는 것을 배우며 타인과 공동생활을 통해 원만한 인간관계를 인지하면서 구성원 간에 합의를 이룬 가치와 규범을 따르며 자신의 행동양식과 생활습관을 익힌다. 이런 의미에서 사회성이란 이와 같은 사회적 환경에 적응하며 타인과 함께 더불어 살아가고자 하는 성향을 의미한다(김정섭 2004).

하루하루를 살아가면서 본인이 속한 조직에서 사회 구성원들이 옳다고 여기는 행동을 함께 공유함으로써 그 사회집단의 일원이 되어 가는 행동을 우리는 친사회성이 높아져 간다고 표현할 수 있겠다(이원영 · 박찬욱 · 노영희, 1992).

최근 다른 연구문헌을 통해서 보면 친사회적 행동에 대한 정의는 도와주기, 나눠주기, 용서하기, 협동하기, 베풀기, 동정하기, 공감하기 등 보상을 기대하지 않고, 행동의 결과가 타인에게 긍정적인 효과를 주는 행동으로 정의하고 있다(김선미, 2017, 재인용). 이러한 행동들을 발달시키기 위해서는 부모가 일상생활에서 유아에게 보여 주는 나누기, 돕기, 협력하기, 기다려 주기, 도와주기 등의 친사회적 행동을 직접 보여 줄 때 유아의 친사회성은 매우 발달되리라 본다(김혜원, 2015).

결론적으로 사회성을 향상시키기 위해서는 본인이 속한 그 사회를 잘 인식하고 생활하는 활동이 우선되어야 하겠다. 집단생활에서 적극적으로 참여하기를 좋아하고, 사교적이고 친절하면서 협동심을 나누며, 원만한 인간관계와 대인관계의 적응성이 필요하다는 것이다.

(3) 사회성 발달

아동의 사회성 발달에 영향을 주는 요인은 다양하지만 아동의 사회성 발달에 영향을 주는 최초의 집단은 가정과 또래 집단이다.

아동기의 사회적 행동발달은 부모, 교사, 또래에 의해 많은 영향을 받으며 부모나 교사로부터 행동발달과 관계되는 지도를 받기도 한다. 한편, 또래 집단과의 생활로 대부분의 시간을 보내거나 이웃에 사는 또래 아이들과 보내게 되므로, 그들과 어울려 지내기 위해서는 서로 협력하거나 경쟁하는 법을 배워야 한다. 결국 아동은 또래에게 인정받음으로써 만족과 행복감이 충족되기 때문에 또래와 어울리려 하고 부모나 교사의 말보다는 또래 집단의 말을 더 잘 듣는다. 또래 집단으로부터 습득되는 사교성, 협동성, 준법성, 자주성 등의 행동 특성이 아동의 사회성 발달에 큰 영향을 준다는 점에서 아동기의 건전한 사회성의 개발은 매우 중요하며 초등학교 시기의, 특히 학교생활을 통해 경험하는 또래 집단과의 관계는 아동의 사회화와 사회성의 발달에도 중대한 영향을 미친다고 할 수 있다.

2) 자아존중감

(1) 자아존중감의 개념

자아개념의 평가적 측면으로 자신이 가치롭다고 평가한 부분이다. 이것은 목표를 성취하거나 과제를 성공적으로 완수함으로써 형성된다. 자아개념이 개인 자신이 누구인가에 대한 가치 신념이라면, 자아존중감은 개인 자신이 누구인가에 대한 평가를 전제한 정의적 반응이다. 그러나 일반적으로 이 두 용어는 혼용하여 사용하기도 한다. 자신의 가치와 능력을 긍정적으로 평가한다면 자아존중감이 높다고 할 수 있다(교육심리학용어사전, 2000).

이러한 자아존중감을 일반적 자아존중감, 가정적 자아존중감, 사회적 자아존중감, 학업적 자아존중감으로 구분하였다.

① 일반적 자아존중감(general self-esteem)

자신에 대하여 갖는 일반적인 자아상을 말하며 자신이 지닌 특성이나 생활에 대해 어느 정도 가치 있는지 알아볼 수 있는 능력을 말한다.

② 가정적 자아존중감(home self-esteem)

가정의 상태에 대한 자신의 느낌과 태도를 말하며 부모의 양육방법, 가정환경에 의해 많은 영향을 받는다.

③ 사회적 자아존중감(social self-esteem)

중요 타인과의 관계에서 느끼는 자신에 대한 태도를 말하며 부모, 교사, 또래와의 관계 속에서 사회적 자아존중감이 형성된다.

④ 학업적 자아존중감(academic self-esteem)

학교와 학습에 대한 자기 생각을 알아보는 것으로 학교생활에서의 성공이나 실패 경험에 따라 개인의 학업적 자아존중감은 변한다(김경애, 2013, pp. 11-12, 재구성).

(2) Felker의 자아존중감의 요소

① 소속되기를 바라는 마음(belonging)

인간의 사회성을 가지고 있어 어디엔가 소속되기를 바라는데, 이것은 모든 개인의 삶은 사회적인 관계 속에서 이루어진다고 보는 것이다.

② 유능하다고 느끼는 마음(feeling competent)

자아존중감의 또 다른 요소를 능력으로 보고, 자기가 설정한 목표를 얼마나 효율적으로 성취하는가에 따라서 평가하는 것이다.

③ 자신을 가치 있게 느끼는 마음(feeling worth)

타인에 의해 한 개인의 가치는 흔히 타인이 그 개인에게 또는 그 개인을 위해서 무엇을 하느냐, 즉 상대방이 베푼 사랑으로 알아볼 수 있다는 것이다(김경애, 2013 pp. 12-13. 재구성).

(3) Rosenberg의 자아존중감이 형성되는 네 가지 원리

① **사회적 비교(social comparison)**

자아존중감은 자신의 능력, 의견 및 사회적 지위를 타인의 것과 비교하여 자신에 대한 평가를 내림으로써 형성된다는 원리이다.

② **반영된 평가(reflected appraisals)**

한 개인의 자아 정립에 상호작용을 맺고 있는 중요한 타인의 역할을 강조하는 것으로, 자신과 상호 관계의 틀 속에 있는 사람들이 자기 자신을 존경하고 가치 있는 사람으로 평가해 준다면 스스로 가치 있는 존재로 평가하게 된다고 본다.

③ **자아귀인(self-attribution)**

자아존중감은 성공의 원인을 자신에게서 찾는 긍정적인 내적 귀인인가, 실패의 원인을 자신에게서 찾는 부정적인 내적 귀인인가에 따라 자아존중감이 다르게 나타난다고 주장한다.

④ **심리적 중요성(psychological centrality)**

개인의 인지구조 안에서 중요한 위치를 차지하고 있는 요소가 자아존중감에 크게 기여한다고 보는 원리이다. 즉, 자신이 중요하다고 여기는 것이 무엇인가에 따라 자아존중감은 달라진다(김경애, 2013, p. 13, 재구성).

(4) 학대받은 아동과 학대받지 않은 아동 비교

위에서 살펴본 바와 같이 아동의 일생에 중요한 작동요인인 자아존중감은 학대로 인해 커다란 손상을 입게 된다. 애착이론에 따르면 아동은 유아기에 초기 양육자와의 상호작용에 기초해 자기와 타인 그리고 타인과의 관계에 대한 모델을 발달시킨다.

〈표 8-11〉 학대받은 아동과 학대받지 않은 아동의 비교

학대받은 아동	학대받지 않은 아동
(Brenner) ① 자아개념의 결여로 심각한 정서장애, 사회성 장애를 일으키기가 쉽고 학교적응이 어려우며, 신뢰성이 부족하며 비정상적인 대인관계의 태도를 나타냄. ② 부정적 자아개념을 갖게 될 뿐 아니라, 학령기 아동의 경우는 자기 자신의 실패를 당연하다고 생각한다는 것. ③ 정서학대를 받은 아동은 자아존중감이 낮아서 자신을 가치가 없고, 못난 것으로 믿음.	① 자기를 유능하고 사랑스러운 존재로 인식함. ② 타인에 대해 예측이 가능하고, 믿을 만한 존재로 인식함. ③ 타인과의 관계를 가치 있고 좋은 것으로 인식하게 됨.

출처: 김경애(2013), p. 13, 재구성.

3) 사회적 지지

(1) 사회적 지지의 개념

스트레스 상황에서 받는 부정적 영향을 완화시켜 주는 행위로서 개인이 대인관계에서 얻을 수 있는 긍정적 자원이다. 사회적 지지자로 가족 구성원, 친구, 교사를 들 수 있다(교육심리학용어사전, 2000).

즉, 사회적 지지는 일반적으로 건강과 복지를 유지하고 생활 사건의 적응성을 증진시키고 적응적인 방법으로 발달을 장려하기 위해 타인에 의해 제공되는 정서적, 신체적, 정보적, 도구적, 물질적 도움을 포함한다(Lowenthal, 1999). 이처럼 사회적 지지에 대한 여러 학자의 주장이 다양한데 이를 정리하면 〈표 8-12〉와 같다.

〈표 8-12〉 사회적 지지의 개념

학자명	연도	개념
Cobb	1976	개인이 보살핌과 사랑을 받고 있다고 믿도록 하여 자기 자신이 귀하고 가치 있으며 의사전달과 상호 의무의 관계망 속에 들어 있다고 믿게 하는 정보.
Cohen과 Wills	1985	가족, 친구, 이웃, 기타 사람들에 의해 제공되는 여러 형태의 도움과 원조가 사회적 지지라 하였으며 이는 스트레스의 잠재적인 중재역할을 하면서 인간이 보호받고 사랑받고 존중받는다는 믿음을 주는 정보.
박지원	1985	실제 상황에서 제공되는 지지 정도와 사회망의 구성을 통해 제공받는 지지.
김세원	2003	개인이 대인관계에서 얻을 수 있는 긍정적인 도움이며, 객관적인 지지보다는 지각된 지지가 개인에게 중요한 영향을 미침을 알 수 있음.
이진아	2007	구조적인 측면과 기능적인 측면으로 분류하여 정의함. 첫째, 구조적인 측면은 개인이 가진 사회망의 객관적 측면을 의미하며 사회적 지지의 양적인 측면을 다룸. 둘째, 기능적 측면은 개인이 맺고 있는 대인관계의 질을 어떻게 평가하고 지각하는지를 측정하여 사회적 지수로 변환함.
최진아	2012	스스로 보호와 사랑을 받고 있으며 가치 있는 존재로 존중받고 있음을 느끼도록 해 주며, 다른 사람들과 공동의 커뮤니케이션 체계 속에 있음을 느끼도록 해 주는 정보.

출처: 최지원(2013), pp. 18-19, 재구성.

사회적 지지는 객관적인 사회적 지지와 지각된 사회적 지지로 구분할 수 있다. 객관적인 사회적 지지는 개인이 외부로부터 실제로 얻은 자원을 뜻하며, 지각된 사회적 지지는 자신에게 결핍이 생겼을 경우 주변으로부터 도움을 받을 수 있으리라는 내적 믿음을 말한다. 이를 구체적으로 사회적 지지의 내용으로 설명하면 다음과 같다.

① **정서적 지지**

신뢰, 사랑, 공감과 같은 온정적 관계이며, 도구적 지지는 돈과 시간 같은 물질적 지지자원을 말한다.

② **정보적 지지**

특정 영역에 대한 구체적인 정보와 조언을 제공하는 것이다.

③ **평가적 지지**

개인에 대한 평가적인 피드백을 의미한다.

④ **사회적 관계망을 이루는 지지**

아동이 사회적 지지를 제공하는 중요한 사람이라고 공통적으로 보고하는 의미 있는 타인은 가족, 친구(또래), 교사이다(주소영, 2007).

일반적으로 아동에게는 가족, 친구, 교사가 의미 있는 타인으로서 가장 중요한 사회적 관계망이며 사회적 지지를 제공하는 대상이다. 아동은 지지원 간의 관계 속에서 자신이 사랑을 받고 있다고 인식하며 행복을 느끼고, 인생의 변화 시기에 적응을 순조롭게 할 수 있게 된다. 그러나 사회적 지지의 경우 객관적으로 많은 양이 제공되더라도 지지를 받는 사람이 그것을 느끼지 못한다면 개인의 적응에 영향을 미치지 못하며, 사회적 지지를 적게 받고 있더라도 스스로 지지를 충분히 받고 있는 것으로 지각하는 경우에는 환경에 잘 적응하는 특성을 가지고 있다.

(2) 보호요인으로서의 사회적 지지

아동이 학대를 경험했다고 해서 모두 부적응적인 행동을 보이는 것은 아니며 다양한 환경과 경험을 통해 다양한 결과가 나타나게 되어 아동기에 학대를 경험하고도 청소년기나 성인기를 거쳐 올바르게 성장하는 경우가 있다.

가정 내의 학대나 방임, 궁핍, 폭력과 같은 극단적인 요소는 아동, 청소년에게 문제행동을 유발하는 요소로 작용할 가능성이 크다. 이러한 요소를 위험요인이라 한다. 하지만 때로는 개인의 지각 및 신념, 부모의 지원 등이 다른 형태로 문제행동에 영향을 미친다. 이때 위험요인에 대한 개인의 신념이나 주변인의 개입으로 문제행동의 발생 가능성을 감소시키거나 차단시켜 주는 요인을 보호요인이라고 한다. 이러한 보호요인을 통하여 위험요인에 노출된 아동, 청소년이 어려운 상황에 좀 더 유연하고 탄력적으로 적응해 나갈 수 있다. 이와 같은 현상을 회복력, 탄력성 또는 적응유연성(resilience)이라고 부르기도 한다(김춘경 · 이수연 · 이윤주 · 정종진 · 최웅용, 2016).

즉, 보호요인으로 인하여 학대의 부정적인 영향이 최소화되면 정상적인 아동기 및 청소년기를 보내는 경우도 존재할 수 있다(Ezzell, Swenson, & Brondio, 2000).

특히 인지 영역과 사회 · 정서발달 영역의 경우 자연스럽고 예상 가능한 환경을 통해 안정성을 제공하면 회복 가능성이 커진다. 이러한 인지, 사회 · 정서의 발달은 부모가 아닌 긍정적인 관계의 성인, 또래와 노출이 증가할수록 발달하며, 인지적 기능이 좋으면 이후 점차 다른 영역으로 확대되어 기능이 효과적으로 촉진된다(최지원, 2013).

결론적으로 사회적 지지는 타인으로부터 높이 평가되고 인정받는다는 정보가 자기 능력의 지각에 영향을 주어 자기에 대한 인식이나 적응 능력을 달라지게 할 수 있기 때문에 아동기에 사회적 지지는 가족, 학교, 또래집단과 같은 여러 상황에서 자아에 대한 인식에 영향을 주는 중요한 요인이라 언급한다. 즉, 사회적 지지가 아동의 적응과 지각에 영향을 주는 역할을 하며, 아동에게 긍정적인 자아개념을 갖도록 하고 아동의 사회적 능력을 발달시키는 요인으로 추정할 수 있다(정예진, 2006).

4) 자기통제력

(1) 자기통제력의 개념

자기통제는 원하는 결과를 얻기 위해 외부로부터의 지시나 통제가 없는 상황에서 자발적으로 인지, 정서, 행동 등을 조절하는 것을 의미한다. 즉각적인 보상보다는 장기적인 측면에서 긍정적인 결과를 추구한다는 점이 만족 지연과도 연결된다. 1960년대 미국 스탠퍼드대학교의 심리학자인 Walter Mischel은 유치원 아이들에게 마시멜로를 주고 선생님이 돌아올 때까지 먹지 말고 기다리라고 지시하였다. 이 실험에서 끝까지 마시멜로를 먹지 않고 기다린 아이들은 그렇지 않은 아이들에 비해 이후 대학능력시험인 SAT에서 평균적으로 210점 정도 높은 점수를 기록하였고, 대인관계 능력이 뛰어나며 학업 중단이나 약물 중독과 같은 문제를 일으킬 가능성이 작은 것으로 조사되었다.

Kanfer는 자기통제가 자기점검, 자기평가, 자기강화의 3단계로 구성된다고 보았다. 자기점검이란 난관에 봉착하거나 새로운 문제에 부딪혔을 때, 그동안 어떻게 대처했으며 자신이 무엇을 하고 있는지에 대해 돌아보는 단계이다. 그리고 다음 과정인 자기평가에서는 자신의 행동양식과 자신이 설정한 목표 수준이 일치하는지에 대해 비교하게 된다. 이때 자신의 행동이 효과적인지 아닌지를 평가하고, 자기통제를 위한 노력을 기울이게 된다. 마지막으로 자기강화 단계에서는 수정된 행동과 결과에 대한 피드백으로 그 행동을 지속하거나 강화할 것인지 결정한다.

1990년대에 사회학자 Gottfredson과 Hirschi는 범죄자의 심리 특성과 연관시켜 낮은 자기통제력 이론을 주창하였다. 이 이론에 따르면 아이는 7~8세경 자기통제 수준을 발달시키고, 이것이 생애에 비교적 지속해서 유지된다. 자기통제력이 낮을 경우 범죄에 더 취약한데, 이들은 미래의 장기적인 결과보다는 현재에 초점을 맞추고 만족 지연 능력이 떨어지며, 충동적으로 행동하고 위험을 감수하는 경향이 높다. 또한, 타인을 잘 고려하지 않고 공감능력이 낮다. 이러한 낮은 자기통제력은 비효과적인 부모양육의 산물로서, 아이와 부모 간 애착이 약하거나 아이의 잘못된 행동을 제대로 수정해 주지 못한 데서 비롯된다.

그러나 많은 학자들은 자기통제가 근육과 유사한 것으로서, 변하지 않는 속성이라기보다는 충분한 훈련을 통하여 개발이 가능한 것으로 본다. 또한, Walter Mischel의 연구에서는 만족 지연이 신뢰와 연관되어 있다는 결과가 도출되었는데,

그것은 자기통제에서 애착의 중요성에 대해 언급한 Gottfredson과 Hirschi의 이론과 맥을 같이하는 부분이다. 그리고 자기통제는 충동조절 장애, 섭식장애, 인터넷 중독과 같은 임상적 치료 및 학업성취, 조직 구성원의 수행, 소비자 행동 분석, 스포츠 등 다양한 장면에서 활용되고 있다(두산백과).

발달의 지속성을 보이는 자기통제력은 아동발달에 있어서 다양한 영역에 영향을 미친다. 행동문제, 지적 성취, 사회정서적 발달 및 적응에 중요한 영향을 미치는 요인이며(방유진, 2012), 활동적인 인지요소로서 신중함 문제해결 능력, 계획, 평가를 포함한다. 이와 같은 요소로 인하여 자기통제가 되는 아동은 충동적이지 않다고 말할 수 있다. 반면, 자기통제력의 결여는 학업성취도에 영향을 미치고, 분노표현 등의 내면적 문제행동 및 과잉행동, 반항행동, 적대적인 공격행동과 같은 외현적인 문제행동을 발생하게 한다(정지영 외, 2005).

(2) 자기통제력과 방임

아동의 행동은 발달기에 부모나 교사와 같은 성인으로부터의 외부 감독에 의해 통제되고, 연령이 증가하면서 자기통제력과 관련된 기술을 습득하게 되어 점차 스스로 통제를 통한 내적 통제가 가능해진다(허정경, 2003).

자기통제력은 자연스럽게 저절로 나타나는 것이 아니라 유아기부터 아동기 동안의 사회학습을 통하여 모니터링하고 수정하면서 그 능력을 습득하게 된다(Kopp, 1982). 아동의 발달과 적응에 직접적으로 영향을 미치는 중요한 가족변인은 양육자인 부모이기 때문에 양육자가 아동의 양육과정에서 아동의 행동을 적절히 통제하고 어떠한 태도로 양육하는가에 따라 과거 경험을 달라지게 하여 자기통제력의 발달 경로가 변화하게 된다(최경숙 · 송하나, 2010)

즉, 부모는 일상생활에서 규칙을 이해시키고 아동은 그러한 부모의 지시를 이행하는 과정을 경험함으로써 자기통제력을 습득하게 된다.

자기통제력은 양육자의 양육태도에 영향을 받기도 하지만 외부의 사회체계 안에서도 영향을 받게 된다. 자기통제력은 학령기에 또래나 교사 등의 사회 모델의 행동에 대한 관찰학습을 통해 발달하게 된다. 학령기 아동은 학년이 증가할수록 많은 시간을 가정 이외에 학교에서 보내게 되며 학교생활의 대부분은 교실에서 이루어지게 된다. 따라서 학교생활에서의 친구와 교사의 영향력이 증가하게 되어 교실환경이 아동의 행동과 적응에 많은 영향을 미치기 때문에 아동의 자기통제와 교실의 심리사회 환경과의 관계를 살펴야 한다.

(3) 정서적 방임

학대 및 방임은 피학대자의 정서를 무시하는 것에서 시작한다. 오로지 학대자 자신의 정서를 앞세워 행동하는 것이기 때문이다.

정서는 흔히 기분이나 감정 등과 같이 혼동해서 사용되고 있다. 하지만, 정서와 기분, 감정의 개념은 다소 차이가 있다. '정서'는 '기분'보다 상황에 대한 인지적 평가에 더 많은 영향을 받으며, 정서가 유발되는 최초의 상태인 기분에 좌우된다고 볼 수 있다.

정서가 가진 특성은 다음과 같다. ① 정서반응에는 자극에 대한 자동적 평가기제(automatic appraisal mechanism)가 작동한다. ② 정서유발 상황에는 공통적인 요소가 존재한다. ③ 정서는 빠르게 생성되는데, 무엇이 일어났는지 지각하기 전에 생성된다. ④ 정서는 그 지속시간이 짧다. 정서는 빠르게 생성되지만 오래 지속되지는 않는다. ⑤ 정서는 특정한 사건에 의해 불수의적으로 생성된다. ⑥ 정서에는 뚜렷한 생리적 반응이 수반된다. 이렇듯 정서는 자동적 평가로 인해 빠르게 생성되며 지각도 못 한 상태에서 생리적 변화가 일어나기에, 자기 스스로 정서를 선택하는 것이 아니라 정서가 자신에게 일어나는 것으로 경험하게 된다(정옥분, 2007).

함께 생각해 봅시다

01 아동학대 신고율이 높은 지역사회에 거주하는 아동이 지각하는 방임과 학대 수준은 어떠한지 생각해 봅시다.

02 아동이 지각하는 방임 및 학대 수준에 영향을 미치는 지역사회의 구조적, 관계적, 제도적 특성은 무엇인지 생각해 봅시다.

03 아동 개인 및 가구 특성을 통제하였을 때, 아동이 지각하는 방임 및 학대 수준에 영향을 미치는 지역사회의 구조적, 관계적, 제도적 특성은 무엇인지 생각해 봅시다.

04 전문가가 자기방임 노인의 자기결정권 침해를 최소화하면서 사회적 보호 의무를 이행하기 위해 선행되어야 하는 것이 무엇인지 생각해 봅시다.

참고 문헌

강란혜, 공계순, 도미향, 박인전, 벽정윤, 송순, 이경희, 이소희, 조성연, 최영희 (2004). 아동학대 전문상담. 서울: 시그마프레스.

강민정 (2014). 부모양육태도와 부모양육스트레스가 영아 정서지능 발달에 미치는 영향. 배재대학교 대학원 석사학위 논문.

강호선 (2014). 1366 상담원이 실천 과정에서 경험하는 전문가 사고에 관한 연구. 한국가족복지학, 19(1): 103-130.

강희숙 (2009). 가정폭력쉼터 퇴소여성의 가정 복귀 성공 경험. 한국가족복지학, 14(1), 137-152.

경상투데이(2019. 10. 16). 노인학대 두고만 볼 일인가. 경상투데이, https://blog.nave er.com/gst3000/221679296967 에서 검색.

경인일보(2017. 2. 24). [사설] 자녀는 '내 소유물'이라는 인식 버려야. 경인일보, http://www.kyeongin.com/main/view.php?key=20170224010008655에서 검색.

고준기 (2012). 노인학대의 방지와 홀로 사는 노인 지원 및 부양자의 효향 장려 지원에 관한 법률제정에 관한 연구. 원광법학, 28(4), 원광대학교 법학연구소.

고지숙(2018). 방임 아동의 정서행동 변화 사례연구. 나사렛대학교 재활복지대학원 석사학위논문.

곽명순 (1998). 청소년의 자아존중감, 우울 정도 및 불안정도 조사연구. 공주문화 대학논집, 25, 389-405.

곽영숙, 신지용, 이숙영 (2000). 시설특성화를 위한 보호시설 가출청소년의 평가와 분류. 서울: 국무총리 청소년보호위원회.

곽영호 (2012). 대안학교의 유형별 실태 분석과 발전 방안, 경성대학교 교육대학원 석사학위논문.

구본용 (2007) 학업성취수준에 따른 완벽주의와 학교적응과의 관계. 상담학연구, 제8권 제2호, pp.707-718.

국가청소년위원회 (2006a). 청소년백서. 서울: 국가청소년위원회.

국가청소년위원회 (2006b). 2005년 청소년 유해환경 종합실태 조사결과. 서울: 국가청소년위원회.

권순재(2019. 8. 5). 고령사회 그늘 '노인학대'. 전라일보, http://www.jeollailbo.com/news/articleView.html?idxno=576146에서 검색

권지은 (2011). 아동기 가족의 가족여가활동 실태와 가족여가 만족도 및 장애들에 관한 연구. 울산대학교 대학원 석사학위논문.

그랜트 마틴 (2002). 가정폭력과 학대. 역자:김연. 서울: 두란노.

김경애 (2013). 빈곤 가정아동의 정서적 학대 및 방임이 자아존중감에 미치는 영향, 총신대학교 기독교사회복지대학원 석사학위논문.

김경은, 윤혜미 (2012). 청소년의 사이버폭력에 관련된 생태체계변인의 영향. 청소년복지, 14(1), 213-238.

김경호 (2006). 비행청소년의 신체적 아동학대경험과 폭력행동에 관한 사례연구. 청소년상담연구, 14(1), 23-37.

김경호 (2014). SNS 환경에서 미아 방지를 위한 얼굴 검색과 인증 시스템. 조선대학교 대학원 박사학위논문.

김계수 (2005). AMOS 구조방정식 모형분석. 서울: SPSS 아카데미.

김광혁 (2009). 아동학대 및 방임이 아동발달에 미치는 영향. 전주대학교 사회과학연구소, 24(2).

김권영 (2014). 가정폭력 방지 및 피해자 보호 효율화 방안 연구. 여성가족부 보고서.

김나미 (2001). 미술치료가 정서적 방임아동의 자기인식에 미치는 영향. 애착이론 중심으로. 명지대학교 사회교

육대학원 석사학위논문.
김나연 (2013). 부모의 학대와 방임이 청소년의 문제행동에 미치는 영향: 사회적 지지를 조절변수로 하여. 경기대학교 대학원 석사학위논문.
김동기 김은미 (2010). 사회 적응의 노인 심리학(p.285.). 서울: 학지사.
김미애 (2006). 우울이 청소년의 자살생각에 미치는 영향: 사회적 지지의 중재효과를 중심으로. 연세대학교 대학원 석사학위 논문.
김민경 (2011). 대학생의 가족학대경험, 가족스트레스와 행복의 관계: 사회적 지지와 가족탄력성의 매개효과를 중심으로. 한국가정관리학회지, 29(6): 41-54.
김서영 (2018). 협동미술활동이 유아의 창의성과 친사회성 향상에 미치는 효과. 숭실대학교 교육대학원 석사학위논문.
김선미 (2013). 자연놀이 원예복지 프로그램에 의한 유아의 친사회적 행동향상. 건국대학교 농축대학원 석사학위 논문.
김선찬(2019. 9. 22). 전북지역 장애인 학대 심각, 학대 판정 사례 전국 상위권. 전북도민일보, http://www.domin.co.kr/news/articleView.html?idxno=1263393에서 검색
김선태 (2016). 노인학대 재신고 제공 서비스에 대한 전문가적 개입 연구 : 2014년 노인학대 사례를 중심으로. 서울: 중앙대학교 행정대학원 석사학위논문.
김성경 (1997). 가출소녀를 위한 사회복지서비스연구. 서울: 여성인력개발원.
김성경 (1998). 가출소녀를 위한 사회복지서비스연구. 서울: 한국여성개발원.
김성경, 김혜영, 최현미 (2012). 아동복지론. 경기: 양서원.
김성우(2018. 11. 18). 여장 암매장남'에 '중형 30년형 선고'재판부는 어디에 주목했나?. 헤럴드 경제, http://news.heraldcorp.com/view.php?ud=20181118000005에서 검색
김성일, 정용철 (2001). 청소년의 우울성향과 가정환경의 관계. 한국청소년연구, 33, 5-27.
김성희 (2008). 청소년의 형제자매 신체폭력 가해에 관한 연구. 한국가족자원 경영학회지, 12(4), 47-62.
김수안, 민경환 (2001). 탄력성 척도의 비교 및 탄력성과 정서적 특성의 관계탐색. 서울: 한국 심리학회지, 25(2) pp. 223-224.
김수정, 정익중 (2013). 아동학대가 우울·불안과 공격성에 미치는 지속 효과와 최신 효과에 대한 종단 연구. 한국아동복지학, 43, 1-28.
김승경, 송미경, 김미경 (2014). 가정폭력 피해 아동·청소년 실태 및 대응방안 연구. 세종: 한국청소년정책연구원.
김신영(2019. 10. 1). 노인의 날 앞둔 가운데…인천지역 노인학대 5년간 증가. 인천일보, http://www.incheonilbo.com/news/articleView.html?idxno=987678에서 검색.
김엘림, 윤덕경, 박현미 (1999). 성폭력·가정폭력 관련법의 시행실태와 과제. 한국여성개발원, 5면.
김연옥, 박인아 (2000). 가정폭력의 유형별 관련성과 아동의 정신건강에 관한 연구. 한국가족사회복지학회, 한국가족복지학. pp.103-127.
김영만 (2011). 가정폭력의 현황과 문제점 및 예방방안연구. 한성대학교 행정대학원 석사학위논문.
김요완 (2016). 현장중심의 가정폭력과 상담. 경기: 교문사.
김유미 (1996). 아동의 권리실현을 위한 관련법 고찰. 한국아동학대예방협회 발표자료집.
김은경 (2006). 소송과정에서의 폭력피해자 보호현황과 쟁점들. 가정폭력피해지원 시스템의 문제와 과제. 가정폭력추방 연속토론회 3차 자료집, 31-63, 한국 여성의 전화연합.
김은영, 윤민우, 박선영 (2013). 가정폭력 피해여성의 신체적, 감정적, 성적 폭력피해에 영향을 미치는 위험요인에 대한 분석연구. 한국경찰연구, 12, 49-78.

김재엽 (2007). 한국의 가정폭력. 서울: 학지사.

김재엽, 송아영, 박경나 (2008). 일반긴장이론에 근거한 청소년 지위비행에 관한 연구-긴장 요인으로서의 자녀학대경험을 중심으로. 사회복지연구, 37, 295-318.

김재엽, 송아영, 한샘 (2001). 청소년 자녀의 가정폭력목격경험과 자녀학대피해 경험 중복피해에 따른 우울 및 폭력비행동에 관한 연구. 청소년학연구, 17(12), 1-26.

김재엽, 양혜원 (1998). 자녀학대 피해 청소년의 정신건강 연구. 연세사회복지연구, 5, 37-62.

김재엽, 장용언, 이승준 (2013). 부모로부터의 방임 · 정서학대 및 신체학대 경험이 청소년의 자살행동에 미치는 영향: 학교폭력 가해경험의 매개효과. 학교사회복지, 제25권, 제25호, pp.157-183,

김재엽, 조춘범, 정윤경 (2008). 청소년의 가정폭력 경험이 부모폭력에 미치는 영향과 인터넷 중독의 매개효과. 한국사회복지학, 제60권 제2호, 29-51.

김재엽, 최권호 (2012). 중복학대 피해 청소년의 우울, 공격성, 비행동: 신체학대와 방임의 중복을 중심으로. 청소년복지연구, 14(3), 193-213.

김재철, 최지영 (2001). 부모학대가 공격성에 미치는 영향: 자존감, 학교폭력 피해경험의 매개효과. 아동교육, 20(1), 19-32.

김정란, 김경신 (2003). 아내학대에 대한 생태체계적 접근. 한국가정관리학회지, 21(2), 88.

김정섭 (2004). 교사를 위한 교육 심리학. 서울: 서현사.

김주현 (2008). 가정폭력피해여성이 폭력에서 벗어나는 과정에 관한 연구. 한국가족관계학회지, 13(1): 271-297.

김주환 (2001). 회복탄력성(p. 7). 서울: 위즈덤하우스.

김준호, 박정선 (1993). 청소년의 가출과 비행의 관계에 관한 연구. 서울 한국형사정책 : 연구원, 24.

김지연, 정소연 (2014). 가출청소년 보호지원 실태 및 정책과제 연구. 세종: 한국청소년정책연구원.

김지영, 김상호 (2013). 아동기 방임경험이 우울과 대인관계에 미치는 영향-관광계열 대학생을 중심으로. 한국관광산업학회, 제38권 제4호, 398-39.

김지영, 이경희 (2015). 청소년의 학대경험이 자살생각에 미치는 영향: 자아존중감에 의해 조절된 우울 및 불안의 매개효과 분석. J Korean Acad Nurs, 45(5), 752-760.

김지영, 정정숙 (2011). 중학생들의 학교폭력 가해행동 재발방지를 위한 집단상담 프로그램의 효과, 서울 : 한국청소년학회, 청소년학연구. 제18권 제8호

김지우 (2019. 10. 1). 고령사회에 짙게 드리운 그늘 '노인학대' 제주일보 http://www.jejuilbo.net/news/articleView.html?idxno=131339 에서 검색.

김춘경, 이수연, 이윤주, 정종진, 최웅용 (2016). 상담학 사전. 서울: 학지사.

김치중 (2014). 10년 넘게 OECD 자살률1위, 이대로 놔 둘건가. ww.hankokilbo.com.

김태수, 백종섭, 신희영 (1998). 복지행정론. 대영문화사.

김향초 (1998). 가출청소년의 이해. 서울: 학지사.

김향초 (2001). 가출청소년의 이해와 개입방법. 서울: 나눔의집.

김향초 (2003). 청소년 가출의 실태와 문제점. 가출청소년 보호대책 토론회 자료집.

김혁돈, 손지아 (2018). 아동복지적 관점을 고려한 아동 '학대' 개념. 경북대학교 법학연구원, 제63집, p.347-372

김현수 (2002). 버려진 아이들. 2002 전국 가출 · 위기 청소년 보호시설 실무자 워크샵. 청소년보호위원회.

김현옥, 김호 (2001). 아동방임에 영향을 미치는 가족요인에 대한 사회적 자본의 조절효과 연구. 한국 영유아보육학, 제67권, 23-25.

김현주 (1999). 방송에서 표현된 청소년 가출의 전형성과 현실과의 관계. 청소년학연구, 6(1), 103-131.

김혜경 (2001). 아동복지법상 금지규정의 형사법적 검토. 형사정책연구 제21권 제1호, 한국 형사정책연구원, 3.

김혜진, 서경현 (2016). 중학생의 생활 스트레스와 삶에 대한 태도 간의 관계에서 자아탄력성의 역할. 청소년학연구, 제23권, 제6호, pp.297-316.

김희경 (2010). 알코올중독자 성인자녀인 대학생의 극복력. 인하대학교 일반대학원 석사학위논문.

나석권 (1998). 복지행정론. 대왕사.

남궁형진(2017. 3. 19). 송고 청주 4세 여아 암매장사건 1년…시신 행방은? 뉴스1. http://news1.kr/articles/?2940438에서 검색.

남미애 (1998). 여성가출청소년의 심리사회적 문제에 관한 연구. 청소년학연구, 5(3), 63-90.

남영옥 (1999). 청소년의 가출충동에 영향을 미치는 가족의 심리역동적 환경. 한국가족치료학회, 7, 97-128.

남영옥 (2001). 청소년 가출에 영향을 미치는 경계선 성격특성에 관한 연구. 청소년학연구, 8(2), 143-172.

노충래 (2002). 아동 및 가해자의 특성에 따른 아동학대의 심각성 예측요인에 관한 연구. 한국아동복지학, 13, 123-154

노충래, 이신옥 (2003). 중학생의 학교폭력에 영향을 미치는 요인에 관한 연구: 부폭력 목격 경험, 아동학대 피해경험, 내적 통제감 및 학교생활 인식을 중심으로. 학교사회복지, 1(6), 1-35.

노혜련, 김형태, 이종익 (2005). 가출청소년의 자살생각과 행동에 영향을 미치는 심리. 한국청소년연구, 제16권 제1호 통권 제41호, 한국청소년개발원.

두산백과 https://terms.naver.com/entry.nhn?docId=3408344&cid=40942&categoryId=31531에서 자기통제 검색

라혜민 (2015). 방임아동의 정서문제에 관한 미술치료 사례연구. 이화여자대학교 교육대학원 석사학위논문.

문은식 (2012). 중학생이 지각한 부모 양육태도, 또래애착 및 자아존중감과 우울의 구조적 관계. 인간발달연구, 제21권, 제2호, pp.23-36.

박광배, 지형기 (2004). 사회문제. 한국심리학회지, 제10권.

박귀영, 안우상, 오현숙, 정왕용, 허영숙 (2011). 노인복지론(p. 196). 서울: 양서원.

박기동(2014. 11. 4). 2살 입양아 학대 숨지게 한 엄마, 살인죄 적. 아시아뉴스통신, https://www.anewsa.com/detail.php?number=732395&thread=09r03에서 검색.

박기원, (2014). 부모의 방임 및 학대가 청소년의 학교생활적응에 미치는 영향: 사회적 위축의 매개효과. 아동학회지, 제5권, 제1호, pp.1-15.

박명희, 김창숙, 서영숙, 서희숙, 노현신 (1998). 청소년이 지각한 가족지지와 우울과의 상관관계 연구. 한국보건간호학회지, 12(2), 67-88.

박미정, 김희순, 박소미, 최지혜 (2001). 청소년의 자살충동 경험 유무에 따른 자아존중감, 지각된 삶의 만족, 우울 및 공격성 비교. 아동간호학회지, 17(4), 264-271.

박민제(2018. 1. 14). 내 새끼 내 맘대로 할 수 있다는 생각부터 버려야. 중앙선데이, https://blog.naver.com/sooji2/221188559247에서 검색.

박병국(2019. 9. 21). '서로 뺨 때리게 하고 촬영', 장애인 학대 판정 지난해만 900건. http://news.heraldcorp.com/view.php?ud=20190920000719에서 검색.

박병선 (2001). 남성알코올중독자의 우울과 삶의 만족도의 관계 가족기능과 가족지지의 역할을 중심으로. 서울: 한국정신보건사회복지학회, 정신보건과 사회사업 38, pp. 172-204.

박신혜 (2001). 아동학대가 사회성 발달에 미치는 영향에 관한연구. 경성 대학교 사회복지대학원 석사학위논문.

박애리 (2014). 지각된 방임이 아동의 우울에 미치는 영향: 자아존중감과 사회적 위축을 매개로. 청소년복지연구, 제16권, 제4호.

박영란 (2006). 여성인권의 시각에서 본 가정폭력 추방 정책의 현황 및 과제. 가정폭력추방 연속토론회 2차자료집, 한국 여성의 전화연합.

박은실 (2019). 청소년이 경험한 방임과 학대가 주의집중에 미치는 영향 : 휴대전화 의존도의 매개효과, 학위논문 서울한영대학교 대학원 박사학위논문.

박재연 (2010). 학교폭력이 청소년 우울 및 자살에 미치는 영향에서 탄력성의 매개효과 : 성별차이를 중심으로, 서울 : 한국사회복지연구회, 사회복지연구, 제41권, 제1호, 345-375

박해웅 (2007). 건설 일용근로자의 가족역할 갈등이 직무몰입에 미치는 영향 연구. 연세대학교 대학원 박사학위논문.

박현선 (1999) 고위험 빈곤청소년의 심리사회적 적응. 한국사회복지학, 37, 195-216.

박현영, 강승희 (2011). 중학생이 지각한 부모 애착, 학교생활적응 행동, 심리적 안녕감 간의 관계구조. 수산해양교육연구, 제23권, 제1호, 43-55.

박현준, 남정훈, 권구성, 이창수, 김주영, 김청윤 (2018. 12. 19). 세계일보. http://www.segye.com/newsView/20181219004064?OutUrl=naver에서 검색.

박형원 (2004) 가정폭력 노출 아동의 공격행동 감소 프로그램 개발을 위한 참여 연구. 한국아동복지학, 17, 101-130.

박혜리(2016. 6. 3). 상처 위에 피어난 꽃, 벽화길이 조성된 강력범죄 발생지 르포 "예쁘다" "겉치레다" 주민들 의견 분분. 일요신문, http://www.ilyo.co.kr/?ac=article_view&entry_id=184112에서 검색

방유진 (2012). 아동이 지각한 교사지지와 공격행동의 관계에서 자기통제의 매개역할. 경인교육대학교 대학원 석사학위논문.

방은령, 김지연, 김혜영 (2012). 청소년 한부모가족 종합대책 연구. 서울: 한국 청소년 정책연구원.

배병렬 (2014). Amos 21 구조방정식 모델링 원리와 실제. 서울: 청람.

배종대 (2010). 형법각론 (제7전정판). 홍문사.

배진희, 정미순 (2008). 노인이 인식한 가해자 특성이 노인학대에 미치는 영향, 서울 : 韓國老年學會, 韓國老年學. 제28권 3호 통권 제63호, pp.443-457 자료실정기간행물실(524호).

배해경(2014. 9. 17). 그 사건 그 후 [22] 칠곡 · 울산계모. 일요신문, http://www.ilyo.co.kr/?ac=article_view&entry_id=91602에서 검색.

배화옥 (2001a). 아동의 학대경험이 형제폭력에 미치는 영향: 자아존중감과 공격성의 매개효과 검증. 한국아동복지학, 34, 7-28.

배화옥 (2001b). 형제폭력을 매개로 한 폭력의 세대 간 전이 검증. 아동과 권리, 15(2), 251-269.

배화옥, 강지영 (2015). 아동방임 재발유형과 관련요인. 보건사회연구, 제35권, 제1호, 459, 재인용.

버논, R. 위헤 (2006). 아동학대 문제 다루기(pp. 61-63). 경기: 교문사.

법무부, 경기대학교(편) (2007). 가정폭력 행위자 재범위험성 평가도구 개발 연구: 2007년 법무부 연구용역 보고서.

법무부 법무연수원 편 (2018). 범죄백서 2017. (통권 제34호). 충청북도: 법무연수원 발행.

보건복지부 (1998). 보건복지규제개혁 백서. 백산인쇄.

보건복지부 (1999). 보건복지백서. 문영사.

보건복지부 (2001). 숙명여자대학교 산학협력단. 아동학대 실태조사, 75p.

보건복지부 (2004). 노인학대예방센터 업무수행 지침(2004. 9).

보건복지부 (2008). 2018 전국 장애인학대 현황 보고서 결과 발표.

보건복지부 (2014). 아동보호전문기관, 2014 전국 아동학대 현황보고서.

보건복지부 (2018). 2017년 전국 아동학대 현황보고서. http:// www.mohw.go.kr/front_new/index.jsp.

보건복지부 (2019). 2018 전국 장애인학대 현황 보고서 결과 발표 .

보건복지부 (2019). 2018 전국 장애인학대 현황보고서.

보건복지부 보도자료 (2019). 2018 전국 장애인학대 현황 보고서 결과 발표.

보건복지부 (2004). 노인학대예방센터 업무수행 지침.

보건복지부 (2010). 전국 노인학대 실태조사.

보건복지부 (2013). 중앙아동보호전문기관. 2013 전국아동학대 현황보고서, p. 61.

보건복지부 (2015). 노인보호전문기관 업무수행지침.

보건복지부 (2019). 2018 전국 장애인학대 현황보고서.

보건복지부 · 아동보호전문기관 (2019). 2018 아동학대 주요통계.

보건복지부 · 중앙아동보호전문기관 (2014). 2013 전국아동학대 현황보고서.

보건복지부 · 중앙아동보호전문기관 (2017).

서혜경, 정순돌, 최광현 (2006). **노인상담이론**(p. 393). 서울: 집문당.

성윤숙 (2005). 청소년의 온라인게임중독 예방 및 대책. 서울: 한국청소년개발원.

송미령 (2005). 부모의 정서적 방임과 아동의 자아탄력성 및 학교적응과의 관계. 숙명여자대학교 대학원 석사학위논문.

송선미, 권순용 (2014). 청소년의 외모만족도가 학교적응에 미치는 영향과 자기효능감의 매개효과. **미래청소년학회지, 제11권**, 제1호, 93-115.

송성자 (1993). 가정에서 버려진 아이들-방임아동에 대한 임상적 접근에 관한 연구. **한국아동복지학**, 1권 1호, 65-67.

송진영, 박민자 (2015). 부모의 학대가 청소년의 학교생활적응에 미치는 영향: 자아존중감과 자아탄력성의 매개효과를 중심으로. **청소년문화포럼, 제43권**, pp.57-84.

순정우 (2019. 10. 7). 서귀포시, 요양원 노인학대 넉달 만에 재발. 뉴스핌, newspim.com/news/view/20191002001295 에서 검색.

시민의 신문 (1997). 아동학대방지법 입법화 추진. 아동복지사업지침.

신미경 (2012). 정서적 방임 청소년의 분노표현 및 공격성 감소를 위한 인지행동 음악치료프로그램의 효과. 대전대학교 일반대학원 박사학위논문.

신민정, 최지영 (2015). 아동기 학대와 방임이 우울장애 환자의 성격병리에 미치는 영향. 한국건강심리학회, 719-738.

신우열, 최민아, 김주환 (2009). 회복탄력성의 세 가지 요인이 청소년의 온라인게임 중독 성향에 미치는 영향. 서울: 사이버커뮤니케이션 학보, 사이버 커뮤니케이션학회, p.51.

신재우(2019. 6. 14). 노인학대 지난해 12% 증가…가해자 65%는 아들 · 배우자(1). 연합뉴스, https://www.yna.co.kr/view/AKR20190613121100017에서 검색.

신준옥 (2013). 장애인 활동지원 서비스가 가족 부양부담에 미치는 영향. 성결대학교 대학원 박사학위논문.

신혜섭 (2000). 아내구타가정 아동의 행동문제에 관한 연구. **사회복지연구**, 16(1), 67-85.

심희정 (2014). 가정폭력피해여성이 애착손상 및 상태-특성 불안이 부부적응에 미치는 영향. 단국대학교 행정법무대학원 석사학위논문.

아산사회복지사업재단 (1997). **아동복지편람**. 정문출판사.

안동현 (2000). 아동방임의 본질과 사회적 의미. **한국아동권리학회**, 4(1), 10.

안동현, 홍강의 (1987). 한국에서의 아동학대현황. 정신건강연구.

안정만 (2001). 부모양육태도와 아동학대 피해경험이 학교폭력 대처방식에 미치는 영향에 관한 연구. 연세대학교 대학원 석사학위 논문.

안지연, 손영은, 남석인 (2014). 부모의 학대 및 방임과 청소년의 학교생활적응과의 관계에서 공격성의 매개효과. **청소년학연구**, 제21권, 제12호, pp.261-284.

안창규 (1992). 학생비행에 영향을 미치는 가정환경변인의 측정연구. 성곡논총, 21.

엄승현 (2019. 10. 1). 학대 노인 갈 수 있는 쉼터는 전북에 1곳…그것도 최대 5명만, 전북일보 http://www.jjan.kr/news/articleView.html?idxno=2063005&sc_sectioncode=S1N3&code=S1N3&sc_sub_section_code=S2N15 에서 검색.

여성가족부 (2007). 전국가정폭력실태조사보고서. 여성가족부.

여성가족부 (2014). 청소년유해환경 접촉 종합실태조사. 서울: 여성가족부.

여성가족부 (2016). 가정폭력예방교육 표준강의.

여성가족부 (2016). 전국가정폭력실태조사보고서. 여성가족부.

여성가족부 (2016). 2016 가정폭력 실태조사 연구.

여성가족부 (2018). 청소년매체이용 및 유해환경 실태조사.

연진영 (1992). 아동학대의 실태 및 영향. 한국형사정책연구원.

오경자, 홍강의, 이혜련 (1997). 청소년자기행동평가척도 (K-YSR). 서울: 중앙적성연구소.

오미영 (2008). 언어 폭력 확산과 미디어: 공격성에 대한 사회 학습 이론과 점화 효과를 중심으로. **현상과 인식**, 32(3), 54-72.

우정구 (2018. 5. 8). 노노학대. http://www.kbmaeil.com/news/articleView.h tml?idxno=444218에서 검색.

월간복지동향 (249) (2019) 70-71(2 pages), 참여연대사회복지위원회 인용

위키백과. https://ko.wikipedia.org/wiki/%EB%B0%A9%EC%9E%84에서 방임 검색.

유성경, 이소래, 송수민 (2000). 청소년 비행예방 및 개입전략 개발을 위한 기초연구 : 비행수준별, 유형별 위험요소 및 보호요소분석. 서울 : 한국청소년상담원.

유재형 (2014. 4. 16). 울산지검, 계모 의붓딸 학대 사망사건 항소. NEWSIS. http://www.newsis.com/ar_detail/view.html/?ar_id=NISX20140416_0012859849&cID=10203&pID=10200에서 검색.

윤덕경, 이미정, 천재영, 차인순, 윤정아 (2015). 여성폭력 피해자 보호·지원의 통합적 운영을 위한 법제 정비방안 연구, 한국여성정책연구원, p. 166.

윤정숙, 송원역 (2017). 노인학대행위자 상담·교육 커리큘럼 개발. 중앙노인보호전문기관 연구용역보고서.

윤철경, 유성렬, 김신영, 임지연 (2013). 학업중단 청소년 패널조사 및 지원방안 연구. 서울: 한국청소년정책연구원.

윤현영 (2005). 가출청소년쉼터 실태조사. 한국청소년쉼터협의회.

윤혜미 (1997). 아동학대와 방임의 개념 및 사회적 개입에 대한 일반인과 전문가 집단 인식 조사. **韓國社會福祉學**, 31, pp.393-422.

윤혜진 (2008). 아동학대에 대한 보육교사의 역할에 관한 연구 : 수도권 지역 보육교사들의 인식을 중심으로. 경희대학교 행정대학원 석사학위논문.

이가영 (2019. 10. 28). 술만 먹으면 때리는 아들…어머니는 끝까지 용서했다. 중앙일보, https://news.joins.com/article/23616749 에서 검색.

이경아, 정현희 (1999). 스트레스, 자아존중감 및 교사와의 관계가 청소년의 학교적응에 미치는 영향.

이동석 (2004). 장애학의 다중 패러다임과 한국 장애인복지의 성격. **한국 사회복지학**, 56(3).

이동석 (2004). 장애학의 다중 패러다임에 따른 한국 장애인 운동의 성격 분석. 재활복지.

이명진, 조주연, 최문경 (2007). 부모의 아동학대가 청소년 비행에 미치는 영향. 사회연구, 14.

이명훈 (2016). 공업계 고등학생들의 회복탄력성, 전공만족도, 취업준비도 간의 구조적 관계. 서울: 대한공업교육학회, **대한공업교육학회지**, 41(1), 44-45.

이미자, 조성제 (2014). 청소년의 비행에 영향을 미치는 학대와 방임에 관한 연구-경기도와 서울에 있는 사회복지시설을 중심으로. **한국과학기술정보연구원(KISTI)**, 15(1), 186-187.

이미진, 김혜련 (2016). 노인학대유형별 노인 및 학대행위자 특성 비교: 노인보호전문기관의 노인학대사례 분석. **노인복지연구**, 71(3), 53-89.

이배근 (1993). 한국아동에 대한 신체적 학대의 실태와 예방대책에 관한연구. 중앙대학교 대학원 석사학위논문.

이배근 (2001). 가출청소년 경로 현황 및 단계별 대응과제. 서울: 청소년보호위원회.

이부영 (1987). **행동과학**. 서울: 서울대학교 출판부.

이세원 (2018). 한국 아동학대범죄에 대한 입법적·사법적 관점에서의 변화과정 연구 서울 : 한국보건사회연구원, **보건사회연구**, 제38권 제3호 (2018년 9월), p.217-246

이소희 (1990). 아동학대 확인을 위한 가정환경 분석 연구. 숙명여자대학교 대학원 석사학위논문.

이순래 (2002). 학교폭력의 원인 및 대처방안에 관한 연구. 서울: 한국형사정책연구원.

이순형 (2002). 가족해체에 따른 청소년 보호시설 대응 현황 조사. 2002 가출 및 가족정책포럼 자료 서울: 청소년보호위원회.

이술기(2019. 10. 2). 장애인학대 신고 들어와도 빠른 대처 끙끙. http://www.ablenews.co.kr/News/NewsContent.aspx?CategoryCode=0014&NewsCode=001420191002135228840680 에서 검색

이예진, (2014). 전환기 청소년의 개인특성, 또래애착 및 부모양육행동 학교생활적응에 미치는 영향: 휴대전화 의존도의 매개효과 검증. **대한 가정학회지**, 제52권, 제5호, pp.519-528.

이원영, 박찬옥, 노영희 (1992). 유아의 사회성 발달을 위한 프로그램 개발연구. 서울: 한국어린이육영회.

이윤경, 정경희, 강은나, 오영희, 양찬미 (2016). 한국형 노인학대 유형 정의 연구, 세종: 한국보건사회연구원.

이윤호, 배정환 (2012). 청소년의 가정폭력 피해경험이 학교폭력 가해행동에 미치는 영향:적대감의 매개효과. **형사법연구**, 2(1), 79-10.

이인선, 최지현 (2014). 청소년의 부모로부터의 학대와 학교폭력의 중복피해 경험에 관한 연구. **한국청소년연구**, 25(3), 259-281.

이종복, 이배근 (1997). **아동학대의 원인과 대책**. 홍익제.

이종선, 권정혜 (2002). 부부의 대인관계, 의사소통 방식, 결혼만족도가 부부폭력에 미치는 영향. 한국 심리학회지: 임상, 21(2). 313-330.

이주영 (2003). 가정폭력행위의 실태와 대처방안. 정책연구보고서, 28.

이진경 (2019. 9. 23). 지난해 학대 피해 장애인 10명 중 7명은 지적장애인. 세계일보, http://www.segye.com/newsView/20190923505804에서 검색.

이충권, 양혜린 (2015). 청소년의 학대, 방임 경험이 정서문제와 또래관계에 미치는 영향: 정서문제와 또래관계 간 상호인과성을 중심으로. **청소년복지연구**, 제17권, 제1호, pp.261-285, 2015.

이태신 (2000). **체육학대사전**. 민중서관.

이현기 (2005). 아동학대 유형별 위험요인에 관한 연구. 한국사회복지정책학회, 23권.

이혀지, 박석돈 (2003). 가출 여성 청소년들의 삶과 사회적 환경에 관한 연구. **청소년학연구**, 10(3), 1-20.

이현진 (2013). 아버지의 양육태도가 유아의 놀이성 및 사회성 발달에 미치는 영향. 우석대학교 대학원 석사학위논문.

이환직 (2017. 12. 3). 아동학대 뉴스 많은 인천, 실제로도 그럴까?. 한국일보, https://www.hankookilbo.com/News/Read/201712300438184743에서 검색.

임성희 (2019. 6. 12). 지난해 노인 학대 사례 총 2,090건, 데이터솜 http://wwwdatasom.co.kr/news/articleView.html?idxno=99682 에서 검색.

임중선 (2019. 9. 20). 지난해 장애인 학대의심사례 1835건에 달해, 보건뉴스 http://www.bokuennews.com/news/article.html?no=180953에서 검색.

임혜나 (2016). 심리적 외상 경험 아동을 대상으로 한 국내 심리치료 메타분석 연구. 한양대학교 대학원 석사학위논문.

장덕희 (2001). 가정폭력 경험자녀의 적응을 위한 사회복지실천 개입방안에 관한 연구. 대구대학교 대학원 박사학위 논문.

장복희 (2005). 국제법상 여성의 지위와 인권. 연세대학교 법학연구소, **법학연구**, **제15권**, 제3호, 76-77.

장애우 권익문제연구소 (2016).

장예진 (2019. 6. 14). 노인학대 지난해 12% 증가…가해자 65%는 아들 · 배우자. 연합뉴스, https://www.yna.co.kr/view/AKR20190613121100017에서 검색.

장인협, 오정수 (1993). **아동청소년복지론**. 서울대학교출판부.

장희순 (2013). 아동의 신체적 학대경험과 반응적 공격성과의 관계에서 의도적 통제와 사회정보처리의 매개효과. 이화여자대학교 대학원 박사학위 논문.

전건주(2019. 09. 30). 2017년~2019년 6월까지 연간 1,333건, 일평균 3.6명 검거, 경도일보 https://blog.naver.com/chonchu/221663616847에서 검색.

전수미 (2014). 회복패러다임에 근거한 알코올 의존 회복척도 개발. 가톨릭대학교 대학원 박사학위논문.

전영실 (2000). 피학대아동 보호방안에 관한 연구. 서울: 한국형사정책연구원, 31-32.

정경희 외 7인 (2010). 2009년도 전국 노인학대 실태조사. 한국보건사회연구원, 282.

정기원 · 오미영 (1994). 아동권리의 증진을 위한 법적, 제도적, 행정적 조치(정책연구자료). 한국보건사회연구원.

정묘순, 서수균 (2014). 청소년 자살시도 예측변인. **한국청소년연구**, 25(2), 145-17.

정석현 (2019. 9. 19). 전북지역 노인학대 최근 3년간 694건 발생… 재학대도 26건에 달해. 전민일보 http://www.jeonmin.co.kr/news/articleView.html?idxno=207759에서 검색.

정영희 (2019. 5. 2). 한인노인들 '학대' 받아도. 한국일보 한인사회, http://www.koreatimes.com/article/1245379에서 검색.

정예진 (2006). 아동이 지각한 학대경험정도와 사회적 지지 및 사회적 능력과의 관계. 숙명여자대학교 대학원 석사학위논문.

정옥분, 정순화, 임정하 (2017). **정서발달과 정서지능**. 서울: 학지사.

정익중 (2011). 아동방임의 재조명: 방임의 사회적 방임을 넘어서. 동광, 107: 1-33.

정익중 (2012). 방임, 과보호, 사교육이 유아발달에 미치는 영향. **한국유아교육학회**, 32권 4호.

정익중, 박재연, 김은영 (2001). 학교청소년과 학교 밖 청소년의 자살생각과 가출청소년의 공격성과 자살생각

정지영, 도현심, 최미경 (2005). 유아의 기질 및 부모의 언어적 통제유형과 유아의 자기 통제력간의 관계. **아동학회지**, 26(6).

정지원 (2019. 10. 30). 20대 국회 장애인권리보장법 제정 '비관적'. 에이블뉴스, https://cafe.naver.com/dscil1577/241 에서 검색.

정평화, 노충래, 이경선, 성민현, 송재덕 (2014). 부모의 아동학대와 방임이 학령기 아동의 휴대폰 중독에 미치는 영향 : 우울과 공격성의 매개효과 및 성별 비교. 대전 : 한국아동복지학회, 2014. 9. 30.

정현숙 (2001). **가족관계**. 도서출판 신정.

정혜숙 (2007). 매맞는 여성의 떠날 수 없는, 머물 수 없는 이유. **사회복지연구**, 32, 269-298.

정혜숙 (2009). 한국여성학. **한국여성학회지**, 25(4), 109-139(31 pages).

정혜숙 (2011). 가정폭력과 아동학대의 중복발생과 관련된 국내 사회복지 현장 실무자의 경험에 관한 질적연구 : 따로 또 같이. 한국사회복지학, 63(3), 83-108.

정혜숙 (2013). 미국 한인 가정폭력피해 한부모 빈곤여성들의 자활경험. 한국사회복지학, 65(4), 245-269.

조국 (2002) 가출청소년보호 관련법제의 현황과 문제점. 2002 전국 가출 · 위기 청소년보호시설 실무자 워크샵.

조미숙, 이윤로 (1999). 아내구타가정과 아동의 적응: 연구 논점과 과제. 한국가족복지학, 3, 165-186.

조선교 (2019. 10. 1). 노인학대 신고 · 판정 해마다 늘고 있다. 충청투데이, http://www.cctoday.co.kr/news/articleView.html?idxno=2026934에서 검색.

조옥자 (2004). 어머니의 정서적 학대와 방임 및 아동의 자기조절능력이 아동의 우울성향에 미치는 영향. 인하대학교. 대학원 석사학위논문.

조학래 (2002). 전국가출청소년 실태조사 연구. 한국청소년쉼터협의회.

중앙아동보호전문기관 (2013). 2012년 전국아동학대 현황보고서.

중앙노인보호전문기관 (2018). 2018 노인학대 현황보고서 가이드북.

지명원, 이주연 (2012). 정서노동자의 자아탄력성, 스트레스 대처방식이 직무스트레스에 미치는 영향. 한국보육학회지, 제12권, 제2호., 249-263.

최경숙, 송하나 (2010). 발달 심리학. 교문사.

최지원 (2013). 아동의 정서적 학대 및 방임경험과 자기 통제력 간의 관계, 성균관대학교 일반대학원 석사학위논문.

하정희, 안성희 (2008). 대학생들의 자살생각에 영향을 미치는 요인들: 스트레스, 대처방식, 완벽주의, 우울, 충동성의 구조적 관계모형 검증. 한국 심리학회지, 상담 및 심리치료, 제20권, 제4호, 149-171.

학생정신건강지원센터 (2018. 10). 선생님을 위한 뉴스레터 vol. 8(p. 1-2).

한국교육심리학회 (2000). 교육심리학용어사전. 서울: 학지사.

한국청소년상담원 (2000). 청소년의 우울. 서울: 한국청소년상담원.

한국청소년정책연구원 (2011). 한국 아동 · 청소년 인권실태 연구.

한국청소년정책연구원 (2019). 한국아동 · 청소년 인권실태 2018 총괄보고서.

한나래, 김도희 (2015). 부모의 학대와 학업스트레스가 청소년 자살생각에 미치는 영향: 공격성의 매개효과. 청소년학연구, 2(1), 487-51.

한동희, 김정옥 (1994). 대한가정학회, 대한가정학회지. 제32권 4호 통권99호 (1994. 10), pp.45-56, 자료실정기간행물실(524호).

한미영 (2003). 단주자조모임에 참여하는 알코올중독자의 지각된 가족지지와 희망과의 관계연구. 이화여자대학교 대학원 석사학위논문.

한상철 (1999). 가출청소년의 위험행동과 대처방안에 관한 탐색적 연구. 청소년행동연구, 4.

한승곤 (2018. 7. 25). 성민이 사건을 아시나요?…어린이집 학대 처벌 강화될까. 아시아경제. http://view.asiae.co.kr/news/view.htm?idxno=2018072510440299415에서 검색.

한인영 (2000). 아동학대예방과 치료를 위한 아동보호서비스 수행방안모색. 동광 한국복지재단, 5-51.

허세희 (2016). 청소년 방임과 또래애착 간의 관계에 대한 자아탄력성의 매개효과: 비저소득 가구와 저소득 가구 비교 분석, 서울시립대학교 대학원 석사학위 논문.

허정경 (2003). 학령기 아동의 자기조절능력 척도 개발과 관련 변인 연구. 숙명여자대학교 대학원 박사학위논문.

허현덕(2019. 10. 1). '장애인학대' 정확한 규정 없어, 정부 수수방관하는 사이 반복되는 시설 문제, http://beminor.com/detail.php?number=13891&thread=04r03에서 검색.

홍미, 김효진 (2007). 아동학대 및 방임 실태와 정책과제. 보건복지포럼, 제128권, pp.47-59.

홍세희, 조기현, 이현정, 김효진, 윤미리, 강윤경, 손수경 (2019). 청소년 회복탄력성 검사개발 및 타당화. 미래청소년학회, 미래청소년학회지, 제16권, 제1호 (2019년 3월), p.57-86.

홍정애, 추진아, 김혜진, 박수연, 양화미, 유지현, 권오영 (2016). 한국간호과학회 학술대회. 서울: 한국간호과학회. p. 228.

홍창희 (1997). 가정폭력과 여성의 정신건강. 여성연구논집, 8, 41-58. 부산여자대학교 여성 문제연구소.

KBS NEWS(2019. 10. 30). 학대받는 장애인 어디로…'탈시설' vs "자립 아닌 방치", KBS NEWS http://news.kbs.co.kr/news/view.do?ncd=4313191&ref=A 에서 검색.

A. A. Hane, C. Cheah, K. H. Rubin, and N. A. Fox,(2017). The role of maternal behavior in the relation between shyness and social reticence in early childhood and social withdrawal in middle childhood. *Social Development*, *Vol.17*, No.4.

Achenbach, T. M. 1991. *Manual for the child behavior checklist*. Burlington, VT: University of Vermont.

Afifi, T. O., Boman, J., Fleisher, W., & Sareen, J. (2009). The relationship between child abuse, parental divorce, and lifetime mental disorders and suicidality in a nationally representative adult sample. *Child Abuse and Neglect*, *33*(3), 139-147.

Ahn, G. Y. R. (2006). Research Review about Psycho-social Risk Markers related to Dating Violence. The *Korean Journal of Health Psychology*, *11*(4), 709-726.

Akers, R, L. (1998). Social Learning and Social Structure: A General Theory of Crime and Deviance, Boston: Northeastern University Press.

Allen, J., Aber, J., & Leadbeater, B. (1990). Adolescent problem behaviors: The influence of attachment and autonomy. *Psychiatric clinics of Moth America*, *13*, 455-467.

Baek, W. H. (2010). The Experiences of Dating Violence and Perceptions of Dating Relationships in High School Students. *Korean Journal of Youth Studies*, *17*(1), 1-32.

Barnett, O. W. (2000). Why battered women do not leave, part I: External inhibiting factors within society. *Trauma, Violence, and Abuse*, *1*, 343-372.

Bowlby, J. (1988). *A Secure base: parent-child attachment and healthy human development*. New York: Basic Books.

Brodsky, B. S., Oquendo, M., Ellis, S. P., Haas, G. L., Malone, K. M., & Mann, J. J. (2001). The relationship of childhood abuse to impulsivity and suicidal behavior in adults with major depression. *The American Journal of Psychiatry*, *158*(11), 1871-1877.

Bromfield, L. M., & Higgins, D. J. (2005). Chronic and isolated maltreatment in a child protection sample. *Family Matters*, *70*, 38-45.

Cho, C. B., & Lee, H. (2013). The effect of physical child abuse on date violence in youths : Focusing on the mediating effect of aggression. *Studies on Korean Youth*, *24*(4), 31-54.

Choi, N. G., & Mayer, J. (2000). Elder Abuse, Neglect, and Exploitation. *Journal of Gerontological Social Work*, *3*(2), 5-25.

Choi, Y. K., & Song, W. Y. (2014). The Effects of College Women's Domestic Violence Experiences on Dating Violence Exposure: Mediated Effect of Explicit and Implicit Gender Stereotypes. *Korean Journal of Woman Psychology*, *19*(4), 433-446.

Cicchetti, D., & Rogosch, F. A. (1997). The role of self-organization in the promotion of resilience in maltreated children. *Development and Psychopathology*, *9*(4), 797-815.

Dalton, C., & Schneider, E. M. (2001). *Baterd women and law.* New York: Foundation Press.

Dienemann, J. E., Boyle, D., Baker, W., Resnick, N., & Campbell, J. (2000). In timate partner abuse among women diagnosed with depression. *Issues in Mental Health Nursing, 21*(5), 499-513.

Ethier, L., Lemelin, J. P., & Lacharite, C. (2004). A longitudinal study of the effects of chronic maltreatment on children's behavioral and emotional problems. *Child Abuse and Neglect, 28*(12), 1265-1278.

Ezzell, C. E., Swenson, C. C., & Brondio, M. J.(2000). The relationship of social support to physically abused childrens adjustment. *Child Abuse & Neglect, 24*(5), 641-651.

Foshee, V. A., Bauman, K. E., Ennett, S. T., Suchindran, C., Benefield, T., & Linder, G. F. (2005). Assessing the effects of the dating violence prevention program "safe dates" using random coefficient regression modeling. *Prevention Science, 6*(24), 245-258.

Frederico, M., Jackson, A., & Black, C. (2008). Understanding the impact of abuse and neglect on children and young people referred to a therapeutic program. *Journal of Family Studies 14*(2/3): 342-361.

Geles, R. J. & Cornel, C. P. (1983). *International perspectives on family violence.* Lexington. KY: Lexington Boks.

Gilbert, R., Widom, S. C., Browne, K., Fergusson, D., Webb, E., & Janson, J. (2009). Burden and consequences of child maltreatment in high-income countries. *The Lancet, 373*(9657), 68-81.

Havighust, R. J. (1972). *Development tasks and education* (3rd ed.). New York: David Makay.

Jackson, S. L. (2014). Al elder abuse perpetrators are not alike: The heterogeneity of elder abuse perpetrators and implications for intervention. *International Journal of Ofender Therapy and Comparative Criminology, 60*, 265-285.

Jung, H. Y., & Min, H. S. (2013). Development & Evaluation of Web-Based Dating Violence Prevention Program for Middle School Students.

Kamimura, A., Nancy, C., Jenifer, T., Jeanie, A., & Lenora, M. (2014). Prevalence of intimate partner violence and its impact on health: Female and male patients using a fre clinic. *Journal Care Por Undersery, 25*(2), 731-745.

Kim, D. K. (2009). The Study of relationship between family violence and dating violence, and mediation effect of the acceptability of violence. *Korean Journal of Youth Studies, 16*(6), 135-159.

Kim, E. K. & Om, A. S. (2010). The Mediate Effect of Patriarchal Attitudes between Family Violence Witness and Dating Sexual Violence among College Students. *Korean Journal of Woman Psychology, 15*(4), 759-777.

Klohnen, E. C. (1996). Conceptual analysis and measurement of the construct of ego resiliency. *Journal of Personality and social psychology, Vol. 70*, No. 5, 1067-1079.

Kopp, C. B. (1982). Antecedents of Self-Regulation: A developmental perspective. *Developmental Psychology, 18*(2), 199-214.

Longitudinal associations between teen dating violence victimization and adverse health outcomes. *Pediatrics, 131*(1), 71-78.

Lowenthal (1999). Effects of maltreatment and ways to promote children's resiliency. *Childhood Education, 75*(4), 204-209.

Luthar, S. S., Cicchett, D., & Becker, B., (2000). The construct of resilience: A critical evaluation and guidelines for future work. *Child Development, Vol.71*, No.3, pp.543-562.

Rabiner et al. (2004). A conceptual framework of financial exploitation of older persons. *Journal of Elder Abuse and Neglect, 16*.

Spencer, M. B. (1999). Social and cultural influence on school adjustment: The application of an identity-focused cultural ecological perspective. *Educational Psychologist*, *Vol.34*, pp.43-57.

Straus, M, A., & Geles, R. J. (1900). Physical violence in American familes: Risk factors and adaptations to violence in 8,145 familes. New Brunswick, NJ: Transaction.

The Effects of Prejudice on Dating Violence and the Mediating Effects of Violence Acceptability and Relationship Conflict. *Social Science Research Review*, *27*(4), 127-151.

Tueth, M. J. (2000). Exposing fnancial exploitation of impaired elderly persons. *The American Journal of Geriatric Psychiatry*, *8*, 104-11.

Walace, H. (2005). *Family violence: Legal, medical and social perspectives* (4th ed.) New York, NY: Pearson Education Inc.

Walsh, F. (1988). *Strengthening family resilience* (p. 180). New York: Guilford.

Werner-Wilson, R. J., Zimmerman, T. S., & Whalen, D. 2000. Resilient response to battering. *Contemporary Family Therapy*, *22*(2), 161-188.

Youth risk behavior surveillance United States (2013). Morbidity and Mortality Weekly Report: *Surveillance Summaries*, *63*(4), 1-168.

https://blog.naver.com/o_or_x/221702786266. 2018. 8호. 아동기 부정적 경험(학대)은 어떤 영향을 미칠까요?
경상북도 노인보호기관 홈페이지. http://noin1389.or.kr.
중앙노인보호기관 홈페이지. www.noinboho.or.kr.

저자 소개

윤명길

- 서울신학대학교 사회복지학과 졸업
- 서울숭실대학교 일반대학원 사회복지학과 졸업
- 서울신학대학교 일반대학원 사회복지학과 졸업 (사회복지학박사)
- America Evangelical University (상담학 박사)

[약력]

- 前 서부재가노인복지센터 시설장 역임
- 前 한국가출청소년쉼터협의회 사무국장 역임
- 前 한국요양보호사협회 중앙회 기획본부장 역임
- 現 인천아동청소년희망재단 사무처장
  행복을 만드는 아카데미 연구소장
  행복한쉴터 선교회 대표
  글로벌사이버대학교 사회복지학과 겸임교수
  열린사이버대학교 사회복지학과 특임교수
  나사렛대학교 사회복지학과 출강
  청운대학교 사회복지학과 출강
  동원대학교 사회복지학과 출강
  KC대학교 사회복지학과 출강
  인천대학교 기초교양학과 출강

[주요 저서]

- 사회복지기초(법학원, 2018)
- 백세시대 부모교육(북트리, 2017)
- 인성아이(북트리, 2017)
- 사회복지사 1급 기출문제집(서원각, 2017)
- 사회복지사 1급 수험서(서원각, 2016)

학대와 방임

초판 1쇄 인쇄 2020년 2월 25일
초판 1쇄 발행 2020년 2월 28일

지 은 이 | 윤명길
펴 낸 이 | 김기섭
편 집 인 | 김민수
펴 낸 곳 | 창지사 www.changjisa.com
08589 서울시 금천구 가산디지털 1로 83 파트너스타워 1차 9층
전화 (02)719-2211~3
팩스 (02)701-9386
등 록 | 1977년 4월 28일 · 제1-421호

ISBN 978-89-426-1279-6 (93330)

값 20,000원

「이 도서의 국립중앙도서관 출판예정도서목록(CIP)은 서지정보유통지원시스템 홈페이지(http://seoji.nl.go.kr)와 국가자료공동목록시스템(http://www.nl.go.kr/kolisnet)에서 이용하실 수 있습니다.(CIP제어번호: CIP2020008433)」